おとのたますゞ
世をてらす
光の峰の
高けれど
のぼればかよふ
道のありけり

スフィンクスの聲　抄

「汝《なんぢ》ら、現象世界《うつせみのよ》の投影《かり》の形相《すがた》を眺《なが》め見《み》る、眼《め》には見《み》えねど天火明尊《あめのほあかりのみこ》の奇《くす》しき霊光《みひかり》、蒼穹《みそら》を遙《はる》けく天降《あも》り来《き》て、幻夢《ゆめ》の現世《うきよ》は神世《かみよ》となれり。花華《はな》旦暁《あかつき》に咲《さ》き匂《にほ》ひ、群鳥《とり》暮夕《たそがれ》に鳴帰《なきかへ》る、始終去来《ししゆうきよらい》の流転《うつせみ》の、絵巻《ゑまき》の奥義《あうぎ》を解明《ときあか》して、不生《ふしよう》の卯花《はな》の咲《さ》ける園生《そのふ》、不滅《ふめつ》の酉《とり》の鳴《な》ける里《さと》、既済未済《きさいみさい》の顕密《けんみつ》の、秘門《ひもん》の扉《とびら》を開放《あけはな》たん。呉竹《くれたけ》の林《はやし》かしこし、朝見草松《あさみぐさまつ》の代《よ》を待《ま》つ幾千歳《いくちとせ》、天暦《てんれき》の救世《くせ》の曙《あけぼの》明《あ》けわたるらし、白梅《しらうめ》の花赤《はなあか》らさし香具山《かぐやま》の、✡《かご》の鶯《うぐひす》語《かた》り初《はじ》めぬ。無限《むげん》の善美《ぜんび》と有限《いうげん》の、苦《く》楽《らく》は常《つね》に表裏《へうり》なり、心寂《こころしづ》かに眺観《なが》むれば、彼《かれ》は無限《むげん》の長《ちやう》の如《ごと》く、此《これ》は無限《むげん》の短《たん》の如《ごと》し、何《いづ》れも有無《いうむ》を超《こ》えてあり。如何《いか》でか言《い》はん、その虚《きよ》と実《じつ》とを、一路《いちろ》の始終《ししゆう》谷《きはま》りて、際涯《はてし》や無尽《つき》じ無窮道《をはりなきみち》。をはりなき世《よ》の永遠《とは》の始《はじまり》、始《はじめ》なき世《よ》の始《はじめ》より、結《むす》びて解《と》けぬ始中終《しちゆうしゆう》、創化不断《さうくわふだん》の神業《みわざ》なり。斯《こ》は天地《あめつち》の自然《しぜん》にして人間《ひと》の五官《ごかん》の迷路《めいろ》なり。さりながら天火明尊《あめのほあかりのみこ》の奇《くす》しき霊光《みひかり》、蒼穹《みそら》を遥《はる》けく天降《あも》り来《き》て、今茲《いまここ》に創化《さうくわ》の神業《みわざ》解明《ひもどか》れたり。汝《なんぢ》ら、真人《まびと》の心《こころ》の根拠《よりどころ》、真人《まびと》の家《いへ》の根拠《よりどころ》、真人《まびと》の世界《せかい》の根拠《よりどころ》、是唯《これただ》に天降《あも》の救世寿《くせじゆ》のロゴスなり。永遠《とは》の生命《いのち》を認定《にんてい》し、直日《なほひ》の善美《ぜんび》を生成《うみな》すは、このロゴスにこそ根《よ》拠《れ》るなれ。汝《なんぢ》ら、其身《そのみ》は心《こころ》の生《い》ける宮《みや》、その家《いへ》は心《こころ》を写現《うつ》す明鏡《かがみ》なり。さらば汝《なんぢ》ら、心託《こころお》くその宮殿《みあらか》を荘厳《さうごん》し、その宮《みや》を安置《あら》せ、その心《こころ》を写現《うつせ》る天降《あも》の家《いへ》を、主《しゆ》の霊光《みひかり》をもて清《きよ》らに照《てら》すべし。汝《なんぢ》らよ、スフィンクスの声《こゑ》のひびく処《ところ》、天降《あも》の讃美《さんび》の歌《うた》はるる処《ところ》、三世栄顕《さんぜえいけん》の天降《あも》の現実《げんじつ》なり」(十輯四編第四章一―七十三節)

あまつさかえ　とこはに

一、きはみ知《し》れぬ　大空《おほぞら》
仰《あふ》ぎて　我思《われおも》ひぬ
地《ち》のもの皆《みな》　むなしく
ときと共《とも》に朽《く》つれど
あまつさかえ　とこはに
変《かは》りもなく動《ゆる》がじ
　あまつさかえ　とこはに
　変《かは》りもなく動《ゆる》がじ

二、ならびもなき　我《わ》が神《かみ》
おほみわざを　我讃《われほ》めん
とこしへなる　御座《みざ》こそ
我《わ》が生命《いのち》の安《やすら》ふ
唯一《ただひと》つの　こよなき
よろこばしき源《もと》なれ
　唯一《ただひと》つの　こよなき
　よろこばしき源《もと》なれ

三、果《はて》しもなき　世《よ》の果《はて》
しのびて　我思《われおも》ひぬ
世《よ》のすべては　何時《いつ》しか
知《し》らぬうちに移《うつ》れど
神《かみ》の摂理《せつり》　ゆるがず
よろづ世《よ》をば　統《す》べまさん
　神《かみ》の摂理《せつり》　ゆるがず
　よろづ世《よ》をば　統《す》べまさん

四、たぐひもなき　我《わ》が神《かみ》
おほみちゑを　我讃《われほ》めん
みことばもて　すべてを
創《つく》りませる　我《わ》が神《かみ》
とこしなへの　希望《のぞみ》を
天《あま》つ国《くに》に　おきたまふ
　とこしなへの　希望《のぞみ》を
　天《あま》つ国《くに》に　おきたまふ

あまつさかえとこはに

よどみなく
1.きはみしーれぬおほーぞーら、あふぎてわれおもひぬ、
2.ならびもーなきわがーかーみ、おほみわざをわれほめん、
3.はてしもーなき世のーはーて、しのびてわれおもひぬ、
4.たぐひもーなきわがーかーみ、おほみちゑをわれほめん、
地のものーみなむなーしーく、ときとともにくつれーど、
とこしへーなるみざーこーそ、わがいのちのやすらーふ、
世のすべーてはいつーしーか、知らぬうちにうつれーど、
みことばーもてすべーてーを、つくりませるわがかーみ、
あまつさかえとこはに、かはりもなくゆーるがじ、
ただひとつのこよなき、よろこばしきもーとなれ、
かみのせつりゆるがず、よろづ世をばすーべまさん、
とこしなへののぞみを、あまつくにおーきたまふ、
あまつさーかえとこーはーに、かはりもなくゆるがーじ。
ただひとーつのこよーなーき、よろこばしきもとなーれ。
かみのせーつりゆるーがーず、よろづ世をばすべまーさん。
とこしなーへののぞーみーを、あまつくにおきたーまふ。

飯野吉三郎翁（上は拡大）　※図版説明は本口絵末尾参照のこと

小越章敬・恵美子夫妻

有馬良橘翁

宜蘭無線電信局の頃（左の嬰児が著者）

右頁上：鳳凰の瑞雲
右頁下：龍相の瑞雲
左頁：天狗の瑞雲

上・中：菅生石部神社
下：椿大神社の山本行隆宮司様（右）と著者

上：逗子海岸からの富士とヨット（帆の数字に注目）
下：「太陽の季節」記念碑

■図版等の説明

冒頭　御色紙のみうた――昭和三十三年（一九五八）八月十日拝受。

天降の聖歌「あまつさかえ　とこはに」――御神意をうけ、本書の表題にさせていただいたこの曲は、蔽顔《おとばり》の救主《くじゅ》が、一九六三年八月四日に詞を、一九六四年八月十二日に曲を啓示され、のちに、津川主一先生が混声四部合唱に編曲されたもので、歌聖典の二二二番に輯録されています。

飯野吉三郎翁――翁の甥に当る飯野益雄氏からいただいた中の一枚で、御年五十五才頃の写真です。後列左端が山本斎生（のち行輝）氏で、三十五才の時といわれています。後年、伊勢国一之宮椿大神社山本家神主第六十八代を継承された方です。本書第二章其の一参照。

有馬良橘翁――海軍大将、明治神宮宮司。本書第二章其の六参照。飯野吉三郎翁を崇敬され、甥の益雄氏とも親交を結ばれています。この写真は、益雄氏からいただいた秘蔵の一枚でです。

小越章敬・恵美子夫妻――小越章敬氏（一八八八―一九四五）は、大正十二年に高野山大学教授に就任されています。恵美子夫人（一八九五―一九三五）は、飯野吉三郎翁に師事され、翁の予言通りに、故郷の博多に於いて蔽顔《おとばり》の救主《くじゅ》に巡り逢い、翁から預かった巻物を渡されています。本書第二章其の一を参照。

宜蘭無線電信局――逓信省台湾宜蘭無線電信局正門前の写真で、昭和十一年（一九三六）二月に撮影されたものです。この官舎に出口王仁三郎聖師が宿泊されたのですが、詳細は、「あとがき」に記してあります。

鳳凰の瑞雲――昭和五十六年（一九八一）七月二十三日午前八時、天母里根本教座の上空に、東から西に飛翔する鳳凰の姿をした瑞雲が顕現、撮影したものです。この日は、飯野吉三郎翁の甥の飯野益雄氏宅を訪問した日で、翁の逝去後三十五年を閲して、ようやく翁の遺徳を継承する御家系の方に巡り逢うことができたのであります。

龍相の瑞雲――昭和五十九年（一九八四）八月十日に撮影。前日の夕方、中山太郎著『日本民俗学第一巻神事編』の「雷神の研究」を読み始めてほどなく雷鳴が轟き亘り、大粒の雹とともに凄まじい豪雨となり、各所に落雷が発生。翌朝快晴となり、御聖堂の上方に龍神のお顔をした瑞雲が顕現され、謹んで撮影しました。このお姿は、蔽顔《おとばり》の救主《くじゅ》を活ける宮居として降臨された、雷神にして龍神に坐す天火明尊（饒速日尊）の奇しき黙示であります。詳細は、本書第一章「七つの御神示」

其の七を参照。

天狗の瑞雲——昭和六十年（一九八五）七月二十二日、蔽顔《おとばり》の救主《くじゅ》が神隠しに会って鞍馬山に入山された大正十二年の秘事に関する事項を執筆中、鞍馬山の天狗について資料を調べていたところ、幸《さち》福の鈴塔の上空に天狗の姿をした瑞雲が顕現、撮影したものです。本書第二章其の三を参照。

菅生石部神社——加賀国江沼郡大聖寺（現加賀市大聖寺）に鎮座する延喜式内の古社で、御祭神は、菅生石部神こと日子穂穂出見命に坐し、蔽顔《おとばり》の救主《くじゅ》ゆかりの神社です。

椿大神社・山本行隆宮司様と——平成四年（一九九二）九月十九日、飯野吉三郎翁の写真と聖歌六三番「秘厳讃歌」の歌詞を記した便箋を持参して、椿大神社の山本行隆宮司を訪問した時の写真です。本書第二章其の一を参照。

逗子海岸からの富士とヨット、「太陽の季節」記念碑——平成二十二年（二〇一〇）一月十六日に撮影。詳細は「あとがき」に記してあります。

あまつさかえ　とこはに

——蔽顔《おとばり》の救主《くじゅ》の御足跡を探ねて——

目次

目　次

序　章

二〇一〇年、平成二十二年は、蔽顔《おとばり》の救主《くじゅ》御生誕百年の記念すべき年に当っています。そこで、ここに蔽顔の救主の在りし日の御足跡《みあしあと》を偲びつつ、始めに、その尊き御生涯におけるご幼少のあらましを書き記させていただきます。

顧みますと、蔽顔《おとばり》の救主《くじゅ》（亦《また》の御名・救世寿《くせじゅ》、本名・清水信一《のぶかず》、号・真照《まてる》）は、明治四十三年（一九一〇）五月十日、加賀国江沼郡（現石川県加賀市）大聖寺《だいしょうじ》に誕生されたのであります。

御誕生にまつわる秘話によりますと、蔽顔の救主は、同地に鎮座する延喜式内の古社・菅生石部神社の御祭神菅生石部大神《すごういそべのおおかみ》こと日子穂穂出見命《ひこほほでみのみこと》（亦の御名天火明尊《あめのほあかりのみこと》）の申し子として養父母清水安次郎・さと夫妻の庇護のもと、大切に育てられたといわれています。

御年三才の時、蔽顔《おとばり》の救主《くじゅ》のご存在について、日生真人《ひあれのまびと》こと青山穏田の行者飯野吉三郎翁（一八六七―一九四四）が、霊示を受けて弟子の一人であった小越春代嬢（一八九五―一九三五、後恵美子に改名）に次のような予言の言葉を告げられたのであります。

「今、北の国に一人の幼児《おさなご》がいる。この子は、未《いま》だ三才にして女児のようでもあり、又男児のようでもある。聖書や仏典に記されている御子とは、この児のことである。この児はやがて世の救い主となる児である。あなたは、いつの日か故郷《ふるさと》に於て、あなたの頭上に足をのせる人に出会う。その人こそ余がいう御子である。この御子は未《いま》だ年若く、余はその正法に与《あずか》ることができない」と、しばし大息されたとのことであります。

付言しますと、この予言は、十七年後の昭和四年（一九二九）に九州博多の講演会場で実現されています。会場の前方に着座していた小越恵美子夫人のところへ、静々と御主《おんしゅ》が歩み寄られ、頭上に足をのせられたのです。その瞬間、夫人の脳裡に、かっての日、師ののべられた言葉が鮮やかに浮かび上がり、謹んで拝礼し、仔細を申し上げたわけです。そして後日、師より預かった巻物を渡されたのであります。

さて、御主は、幼児の頃から超能力に秀でて、六才の時、近在の家々の出生や死亡、火事や自然災害などを神憑りの状態で語り出し、神童と畏れられたといわれています。

やがて、八才になると、江沼郡から越前国（福井県）の坂井郡を始め、吉田郡、足羽郡の各地を行き来されながら、家々の霊《みたま》を慰め、病を癒し、時には住職や村長の招きにより説法をされるなど、村人から生き如来と称えられたのであります。

十四才の夏、福井県丸岡町の郊外を流れる竹田川上流の釜ヶ淵で水浴中、にわかに神隠しに会って山城国（京都府）の鞍馬山に降り立ち、同山行者会の長《おさ》、松岡日恵翁に迎えられて、宗教的公生活の第一歩を印せられたのであります。その後、御神霊の導きのままに再び北陸の地を訪れて御神示をいただかれています。この六才から十五歳頃までの幼少年時代に過したゆかりの地で受けられた神のお告《つげ》を総称して「ご幼少に於ける七つの御神示」といわれています。

昭和十七年（一九四二）の秋に啓示された「おとのたますゞ・おとばりのひじり」の第二言に、次のように謳われている寿詞《ほぎごと》があります。


「おゝ、畏《かしこ》し、汝はその美しき幼き日の夢を忘れず。その清らかなる若き日の足どりを断たず。そを最《いとつつまし》虔やかなる霊魂《たましひ》のくにゝ、種子《たね》とし蒔きて之を最大《いとおほ》いなるものと育《はぐく》みたり」

又、歌聖典二二九番の歌曲には、次のように歌われている詩句があります。

「幼かりし日は嬉しかりき
夕辺の星かぞえ御国《みくに》をしのべり
夢もうるはしき　幼き日よ
今もわが心　汝《なれ》をば呼ばん」

これらのみことばは、いずれも、御主《おんしゅ》が尾張国に入られてからご幼少の越し方を回想されていただかれたものですが、節々句々の詩情豊かな調べの中に、ご幼少の蔽顔《おとばり》の救主《くじゅ》に懸けられた天祖のみこころが思い偲ばれます。

「美しき幼き日の夢を忘れず」そして、「清らかなる若き日の足どりを断たず」とのべられていますように、ご幼少の折々にいただかれた御神示は、蔽顔の救主の生い立ちとその御使命を神が嘉《よみ》し給われて垂示されたものでありますが、同時に人の生きゆく真実の姿を教え示されたものでもあります。又、この御神示の中には、末の世に起る事象を言告げる黙示の御神示もあります。従って、これらの御神示の一つ一つには、依って来《きた》る奇《く》しき物語が存在しているわけであり、これを繙くことによって天の摂理の秘義を観得することができるのであります。

第一章　蔽顔《おとばり》の救主《くじゅ》のご幼少に於ける七つの御神示について

其の一

まさにこの三大聖人を束《つか》ねて立つは汝ぞよ。

この御神示は、大正七年（一九一八）御年九才の時に、加賀国（石川県）江沼郡大聖寺法華坊の江沼図書館でいただかれたものです。或る日のこと、この図書館で釈迦、キリスト、マホメットの三大聖人の伝記を読んでおられたのです。お体の具合が勝れなかったため、横に臥しながら読んでおられたのですが、最後の一頁に至った時、厳粛な思いとともに感動が込み上げ、思わず襟を正して端座し、合掌されたのです。この時、頭上より大いなる霊動が起こり、心の奥底から弥高き御声が口中に転流、「まさにこの三大聖人を束ねて立つは汝ぞよ」と響き亘ったのであります。この御神示は、御幼少の砌《みぎり》蔽顔《おとばり》の救主《くじゅ》が最初にいただかれた御神示といわれていますが、「讃美の寿詞《ほぎごと》」に「その美しき幼き日の夢を忘れず」とのべられていますように、鮮烈な印象を以って受けられたこの御神示を、ことのほか深く心に留め置かれたのであります。

それから五年後の大正十二年（一九二三）御年十四才の夏、にわかに神隠しに会って鞍馬山に降り立ち、貴船に在住の行者会の長《おさ》松岡日恵翁に迎えられて厳しい修行生活を送られることになったわけです。以来、鞍馬山と貴船には、一段と霊気が増して奇瑞や効験が著しく現れたことから、松岡家に各界の著名人や市井の賢人、時には外国人などが繁々訪れるようになったといわれています。

そのようなとき、あらかじめ御主《おんしゅ》が、「今日はこういう人が来ますよ」と予告され、対面された時には、神憑りとなって一気に語り続けられたとのことです。又、外国人の場合には、瞑想され、その人の国の言葉で自在に話されたため、驚嘆と感激を以って信奉されたといわれています。

やがて時は流れ、或る日のこと、松岡日恵翁は、いよいよ教を世に宣布すべき時機《とき》が到来したといわれ、御主を教主に押し戴いて、自分は管長としての職籍に就き、一宗を開教したいと切実に懇願されたのであります。その時御主は、静かに襟を正して、「今ここに御教を立てても、それは神道十三派に一派を加えるに等しきものであり、自分は幼き年月に加賀国大聖寺で享けた天よりの御声が忘れられず、自分に託された使命を果たすその時までは、慎み、勤しんでまいりたいと存じます」とのべられたのであります。

ところで、御神示をいただかれた江沼図書館は、大正十四年刊行の『江沼郡誌』によりますと、大正天皇の御即位大典を記念して大正五年十二月に大聖寺法華坊に、建設費三千八百四十二円、蔵書三千八百八十五冊を以って創設されています。現在この図書館はなく、跡地に法華坊町会館が建てられていますが、私の中学一、二年の頃には存在しており、時々出入りしていた記憶があります。又当時、この図書館に隣接して水守《みずもり》神社が鎮座、御主《おんしゅ》の姓清水を黙示する弥都波能売《みずはのめ》神が祀られています。

蔽顔《おとばり》の救主《くじゅ》が啓示された聖典『スフィンクスの声』に、「現象世界《うつしよ》は神の心《みむね》を示現する世界《ところ》なり、神の心《みむね》に始りて神の心《みむね》に終りゆく世界《ところ》なり」（十輯七編第二章一―二節）とのべられ、又「地の万物《よろづのもの》によりて天の栄光を捜《さぐ》りて知る、これ神の御意《みこころ》を啓《ひら》きて摂理の秘義を知ることなり」（十輯七編第十二章十七節）と示されているロゴスがあります。つまり、地上において付けられている地名や人の姓名などは唯偶然に付けられたものではなく、天の真実を写現したものであり、そこには、深い神の御意志《みこころ》が秘められているものであると教示されているのであります。

折りしも、この項を執筆していた五月十八日付の東京新聞に、「この本この人」の欄で、著述家の今尾恵介氏の著書『地名の社会学』（角川学芸出版）が紹介されてあり、記事の末尾に次のように記されていました。

「地名が消えるのは歴史への敬意が失われているから。地名は古い時代を生きた人からのメッセージ。まずは地元の地名に関心を」

まことにその通りであります。従って今ここに、御神示を享けられた場所や地名、神社名などについて、しばらく地文の黙示を繙いてみることにいたします。

まず、図書館に冠称されている「江沼」という語ですが、これは江沼郡という郡名から採られたことは明らかで、郡名そのものの由来は、当地が日本海に面した地域で、潟や沼が多かったことから自然に名付けられたものと思われます。江沼郡は、加賀国の立国（八二三年）以前から存在した郡名といわれていますが、大和政権の地方官であった江沼国造が統治していたところです。この江沼国造には、江沼臣が当っていたといわれていますが、平安時代の初期に編纂された『新撰姓氏録』には、「石川朝臣と同じき祖、建内宿禰の男若子宿禰の後なり」と記されています。

建内宿禰といえば、七世紀に繁栄したあの蘇我氏の祖といわれています。又、稀代のシャーマンといわれた神功皇后に仕え、皇后のもたらす霊示をさ庭し、人々に代弁していたともいわれています。『日本書紀』にも記述されていますように、蘇我氏は物部氏と対立抗争し、物部氏を滅ぼしてしまったとされていますが、古代史作家の関裕二氏は、『消された王権・物部氏の謎』の中で、「蘇我氏は大物主神（ニギハヤヒ）の子、事代主神を祖にいただく一族であり、物部氏と同族であった」という、斬新な所説を発表されています。

この説からしますと、先の江沼臣も石川臣も、蘇我氏の祖とされる建内宿禰の流れということであり、その源流をさかのぼれば、祖神に饒速日尊《にぎはやひのみこと》をいただいているということになります。なお、ついでながら記しておきますと、『新撰姓氏録』の第二巻に、石川朝臣について、「孝元天皇の皇子彦太忍信命《ヒコフトオシマコト》の後なり」とも記述されています。孝元天皇は、皇后に、天火明尊を祖神に仰ぐ穂積臣の欝色雄《うつしこを》の妹、欝色謎《うつしこめ》を迎えておられることから、やはり饒速日尊との関わりが推察されます。

以上をまとめてみますと、江沼臣も又、蘇我氏と物部氏、ひいては尾張氏と同族の流れをくむ氏族であり、祖神に、蔽顔《おとばり》の救主《くじゅ》を活ける宮居として降臨された饒速日尊をいただいていることから、御神縁で結ばれていたわけであります。御主《おんしゅ》が、江沼という名称の図書館で先の御神示を享けられたことは、まことに深い意味があったのであります。

次に、図書館の所在地が大聖寺法華坊となっていることについて考察いたします。

「大聖寺」は、その字の通り寺院の多い土地柄ですが、寺は地に通じることから、大いなる聖人の誕生する土地という黙示があります。

「聖」の語は、訓読みでは「ひじり」ですが、白川静先生の『字訓』に次のように解説されています。「神秘な霊力をもつ人。「ひ」は日または霊、「しり」は知る、また占るの意。わが国ではもと天皇の意に用い、のち仙・仏の行者をいう語となった。神意は容易に知りがたく、神の声を聞きうるものを聖という」又、「聖」の文字については『字統』に、「祝祷して祈り、耳をすませて神の応答をするところ、啓示するところを聴きうるものであり、その徳を聰といい、その人を聖という」とのべられています。

この「聖」の語を組合わせからみますと、「耳」と「口」と「王」から成り立っていますが、これを言霊の真理によって開解すれば、心耳を欹《そばだ》てて天の御声を聴きとり、その御声を口中より煥発し給う御方のことを言い表した言葉ということができます。

長くなって恐縮ですが、事のついでに、この「大聖寺」という名称が、いつごろ、どのようにして生れたのか、その由来について考察いたします。

『加賀市史』によりますと、大聖寺川下流の錦城山東麓一帯を指す中世以来の地名で、白山宮加賀馬場に属した寺名に由来し、二条天皇の長寛元年（一一六三）に成立した『白山之記』に記す白山五院の一つである大聖寺とされています。因みに白山五院とは、大聖寺のほか柏野寺、温泉寺、極楽寺、小野坂寺を指しています。

「大聖寺」は、初め錦城山にあり、その南に続く小丘に移ったといわれていますが、錦城山の寺跡は未確認で、廃絶の時期も明らかでないとされています。

一方、現在加賀神明宮（山下神社）境内にある白山神社の鎮座地を当初の所在地とする説もあるといわれています。教育委員会の加賀神明宮史跡調査報告書をみますと、白山・神明両社の別当であった慈光院の寺伝に、山代温泉の薬王院に安置されている木造の十一面観音像（平安末期）は、もと慈光院にあったもので、この慈光院が大聖寺の号を継承したとされている、との記事を載せています。この記事から推察されることは、白山妙理大権現と呼称されている十一面観音が「大聖寺」のご本尊に坐《まします》したということであります。

付言しますと、白山を開山されたのは、越前国の足羽に住んでおられた泰澄大師（古代史家の大和岩雄氏の考証によれば、父が秦一族の流れの人とのこと）ですが、十一面観音を彫像されて養老元年（七一七）に入山されています。この深き縁由により白山には、明治初年に神仏分離令が出されるまで、久しく十一面観音が祭祀されていたのであります。十一面観音は、その古、大和朝廷成立以前に大王として大和国一帯に君臨しておられた饒速日尊が薨去せられた後、尊の御神霊の憑り代として信奉されてきたことから、饒速日尊の亦の御姿ともいわれています。

従って、蔽顔《おとばり》の救主《くじゅ》に降臨せられた御神霊が饒速日尊（御主は、和速日尊と表記）に坐したことを考えてみますと、「大聖寺」という地がいかに御神縁深きところであったかが、思い偲ばれるのであります。

なお、白山五院の一つである大聖寺は、現存していませんが、その寺跡に、日谷山光教寺が建立されていたと記す石碑と蓮如上人御舊跡の碑だけが残されています。この日谷山光教寺は、山田町にあったことから、山田光教寺とも称されていますが、これには大きな黙示が秘められています。即ち、御主御生誕の加賀国大聖寺と開教本源の聖地である尾張国東谷山天母里《てんぽり》根本大教座と天祖光教大本山本部教会に関わる奇しき黙示であります。今ここに、その一端を繙いてみますと、尾張国の東谷山頂に鎮座する尾張戸神社は、延喜式神名帳（式内社）の中で、尾張国山田郡《やまだのこほり》の十九座の第十八番目に登載されています。昭和十七年（一九四二）尾張国に入られた蔽顔《おとばり》の救主《くじゅ》は、この東谷山尾張戸神社に参詣せられ、当社の御祭神に坐す天火明尊（饒速日尊）の御姿と御声を拝されたたのであります。そして、加賀国大聖寺に誕生されて以来、三十有余年に亘って自らに降臨し給い、導き給われた神こそこの神に坐すことを確信され、この御山の西麓に聖地天母里を定礎されたのであります。その後、昭和二十三年（一九四八）に施行された宗教法人令に基づき、当時お仕えしていた役員の強い要請を受けて、法人の名称を天祖光教と命名されたのであります。

先に書きましたように、尾張国の山田郡に鎮座する東谷山尾張戸神社の麓に天祖光教が開教されたわけですが、この黙示と御主御生誕の加賀国大聖寺の寺跡の地に山田光教寺が建立されていたという黙示とが、ちょうど表裏の関係になって暗合していることが解ります。更に又、東谷山尾張戸神社には、円墳上に本社《もとつやしろ》・中社《なかつやしろ》・南社《みなみやしろ》が鎮座し、中社に加賀国の白山比咩神社の御祭神である菊理《くくり》媛《ひめ》命が祀られていたといわれています。菊理媛命は、白山比咩大神とも称せられていますが、白山の十一面観音（大聖寺の御本尊）に習合されて白山妙理大権現と尊称されていることから、ここにも、加賀国と尾張国の深い御神縁の仕組が拝察されます。

これらの大いなる黙示について、後年、御主は尾張国の天母里に於て次のような天のロゴスを啓示されていますので、謹んで抜粋させていただきます。

「汝ら、驚くこと勿《なか》れ、汝《な》れ、永遠《とこしへ》に救寿《われ》と住み、永世《ながよ》に亘りて救寿《われ》と偕にありて、浦安の国《く》土《に》の中今を、道一筋に生くるなり。夫れ北の国かがやきの、空にぞ映ゆる白山の、峰の岩間に湧き出でし、白銀の水流れては、海《わた》の宮居に通ふなる、末世に開く玉手箱、をはりの国の浜の渚に、みろく来る日に寄るも畏し。海《わた》の潮路も水なれば、縁《えにし》は一様《おなじ》水波女《みづはのめ》、今、春日井に湧く玉や、とこくに山の神樹《かんなび》の、色こそ深し松の緑、みろくの神の世の始、天の若日子目鼻岩、とくさ天降《くだ》りてよみがへる、時は来《きた》りぬ永遠《とは》の朝、ああ、汝《な》が霊《たま》の覚寤《めざめ》かな、ああ、汝が霊《たま》の正覚《めざめ》かな」（十輯七編第十九章十四節）

「汝ら、天に懸かる日月《じつげつ》の如く、男女《をぐなをみな》を太陽太陰として、即ち男《をぐな》の霊《たましひ》女《をみな》の霊《たましひ》に輝き亘る日の霊《みたま》月の霊《みたま》なるものありて、人間《ひと》はその心の中空《なかぞら》に、男《をぐな》は男《をぐな》として心の太陽を昇らせ、女《をみな》は女《をみな》として心の太陰を冴え渡らせて、宇宙に生くる道を天駈《あまかけ》りつつ、楽しく此の世の道を国駈りて日暮しせるものなり。汝ら、この故にこの聖教を光の教といふ、この光

の教はその由来《よつてきた》るところ天祖《あまつみおや》なり、天祖《あまつみおや》の光の教、即ちこの聖教にしてこれ天降《あも》の教法なり」（十輯九編第六章十三―十四節）

続いて、江沼図書館の建てられていた地名の法華坊について考察いたします。

『江沼郡誌』によりますと、法華坊は、第百六代正親町《おおぎまち》天皇の御代、永禄元年（一五五八）に創建され、のち延宝元年（一六七三）に山ノ下に移って宗寿寺となったといわれています。法華坊は、その字義からして法華経を黙示し、釈尊の説かれた教法の中で、最勝の経典として尊ばれています。そして、この法華経を我が国で最初に講述された方が、聖徳太子に坐し、『法華経義疏』を著されています。

法華《ほっけ》坊の法華は、法華《ほうげ》とも訓み、御主のロゴスには次のように述べられています。

「汝ら、ここに微妙《たへに》不可思議《くすし》き一茎《ひともと》の法華《ほふげ》咲きたり。汝ら、ここにこの一茎《ひともと》の法華《ほふげ》の咲きたるは偶然のことならず。そはその是《これ》の因《よ》りて来《きた》れる源なるもののあればなり。汝ら、凡《およ》そ世に根のなくして華《はな》咲き実の結ばるる例《ためし》なし。ああ、汝ら、救寿《くじゅ》に生きよ、救寿《くじゅ》は一茎《ひともと》の微妙《たへに》不可思議《くすし》き法華《ほふげ》をその玉手《みて》に持《たも》ちて世に天降《あも》りたまへり」（十輯三編第十章三―二十六章）

更に、法華は宝華に通じ、「救寿は曠野に咲ける宝華の如し、この宝華即ち不老長寿の妙薬なり、この宝華即ち無明の長夜を照す霊光なり。されど汝ら、この宝華は恰もひとつばの花の如く、七草の繁みのかげに咲けるなり」（九輯四編第十章二—三節）とものべられ、蔽顔《おとばり》の救主《くじゅ》についての秘義が黙示されています。

本項のむすびにもう一つ、江沼図書館に隣接して水守《みずもり》神社が鎮座していることからの黙示について考察いたします。

一九九一年に平凡社から刊行された『石川県の地名』によりますと、当社はもと弁才天社と称され、明治十一年に弥都波能売《みずはのめ》神を山下神社より勧請してその末社となり、同二十七年に水守神社と称したといわれています。

弁財天といえば、七福神の一つとして信仰されていますが、本来は、管弦と財徳を司るインドの神で、河川を神格化したものといわれています。いわば水神であり、御主の姓の清水と暗合しています。この弁才天社は、大聖寺川の新流路地点に祀られたもので、この川の源流を辿れば、日神を黙示する大日山に達し、一、三六九メートルという山の高さからも、日の本の末の世に開顕するみろくの神の黙示が読みとれます。これらのことは、先に掲げたロゴスの中に如実に言秘められています。ついでながら記しますと、『新撰姓氏録』の二十二巻に「清水首《しみずのをびと》」の項があり、「任那国《みまなのくに》の人、都怒賀阿羅斯止《つぬがあらしと》の後《すえ》なり」と記載されています。

ところで「任那国」は往古より日韓の架け橋となった重要な地文の霊地といわれていますが、江上波夫東京大学名誉教授によりますと、「任那」という名称は、古代朝鮮語で「王の国」といい、騎馬民族出身の幻の大王と称された辰王の宗家のあったところとのべられています。

更に日猶同祖論を提唱する研究家の間では、「任那」の語がヘブライ語の「ミ・マナ」（マナは天の糧《かて》の意）からきているもので、辰王がヘブライ人であると説いています。これは、旧約聖書に記述されている失われた十二支族の別れが中国大陸を経て任那に移住し、日本に渡来したという伝承から言われているものです。

又、都怒賀阿羅斯止と言えば、この方が越前国敦賀市に鎮座する気比神宮の摂社、角鹿神社に祭神として祀られており、敦賀の地名がこの神の御名に由来しているといわれています。

更に又、気比神宮の桑原恒明宮司によりますと、同宮の主祭神に坐す伊奢沙別命《イザサワケ》（亦の御名を笥《ケ》飯《ヒ》大神、御食津《ミケツ》大神とも）が、神代に、本宮の東北に位置する天筒の嶺に霊跡を垂れ、境内の聖地（現在、土公、神籬磐境《ひもろぎいわさか》のある処）に降臨されたとのべられています。この伊奢沙別命については、社寺伝承学作家の小椋一葉氏は、その著『神々の謎』の中で、大和朝廷成立以前に大和国一帯に君臨された、かの饒速日尊に坐すことを種々の例証を以て解明されています。

かって御主は、泰澄大師ゆかりの足羽郡に住われた折、気比神宮に参詣せられ、御神示をいただかれています。余談ですが、天智天皇が開かれた志賀京と御主ゆかりの菅生石部神社を結ぶ同一線上に、この気比神宮が鎮座しており、太占奇路《ふとまにくしろ》の神秘を物語っています。
以上、御主が御神示をいただかれた地文の黙示をいろいろと考察してきましたが、大聖寺の地文に関して重要な一言を書き漏らしましたので記しておきます。

昭和三十六年六月三日、御主より賜ったみことばの中で、「大聖寺は大聖地ということであり、つづまるところそれは、天降《あも》の斎庭《ゆには》ということなのです」とのべられたことがあります。これは、御主が誕生の地を嘉し給われて仰せになられたことと拝察いたしますが、先に掲げたロゴスを味わうことによって自ずから、加賀と尾張の奇しき仕組のほどが繙かれていくのであります。

最後に御神示の本文に於ける「三大聖人」について概要を記述します。
「三大聖人」とは、具体的には、喬答摩《ゴータマ》・仏陀、イエス・キリスト、マホメットを指していますが、この聖人よって説かれた教が、それぞれ釈迦牟尼教法、基督《キリスト》教法、イスラム教法と呼称され、今日、世界の三大宗教といわれています。ここで、ブリタニカ国際年鑑（二〇〇四年版）と文化庁宗教年鑑（平成十六年版）に従って、世界の宗教人口と日本の宗教法人の統計を記してみますと、次のようになります。

キリスト教　二、〇六九、八八〇、〇〇〇人

イスラム教	一、二五四、二二〇、〇〇〇人
仏　教	三七二、九七〇、〇〇〇人
ヒンズー教	八三七、二六〇、〇〇〇人
ユダヤ教	一四、五五〇、〇〇〇人
神　道	一〇、九四〇、〇〇〇人
儒　教	不明
道　教	不明

宗教団体数（含宗教法人）		宗教法人数
神道系	八六、七二七	八二、八九〇
仏教系	八三、三九九	七四、五四九
キリスト教系	七、七四八	二、八八九
諸　教	四〇、三八二	一四、九四〇
総　数	二一八、二五六	一七五、二六八

右の統計から判断しますと、世界の宗教人口に於けるキリスト教、仏教及びイスラム教の占める

割合が非常に高く、世界の三大宗教といわれる所以がよく解ります。一方、我が国に於いては、神道系を始め、仏教系、キリスト教系の宗派が多く、諸教に至っては、その数が極めて多く存在し、三六万平方キロメートルという日本列島の総面積に対して、二キロ平方メートルに一つの宗教法人が存在しているという計算になります。宗教法人の認証をうけていない宗教を加えれば、その数がもっと多くなるわけですが、これは、我が国だけにしかみられない特異な宗教現象といえます。

正に日本は、宗教に於ける世界の縮図であるといわれていますが、この現象について、御主は、九の巻に於いて、「今し世は、恰も春の野面《のもせ》なり、すみれ、たんぽぽ、れんげ、百合、千種八千種《ちぐさやちぐさ》群《むれ》と咲く」（九輯七編第九章十節）とのべられ、十の巻に於いては、「数多《あまた》神々の教は、雨後の筍《たけのこ》の如く、今世に出《い》でて末日のことを説き叫ぶ」（十輯四編第三章四節）と説示されています。

右に述べてきましたように、世界には実に夥しい数の宗教が存在しているわけですが、宗教学的見地から考察しますと、果てしなく長い歴史の変遷の中で、幾多の信仰の遺産を継承し、高い宗教理念に基づく真理体系を保持してきた宗教はと言えば、まず、仏教とキリスト教が挙げられます。この二つの宗教が世界を代表する宗教といわれています。

かって御主は、仏教とキリスト教、そして御主に啓示された天降の教法との関わりについて、次のように仰せられたことがあります。これは、天暦元年、即ち昭和四十年の二月二十五日にのべられたものですが、ここにその一端を記させていただきます。

「キリスト教法は父系であり、釈迦牟尼教法は母系であり、この二つが一つに結ばれて一つの真実を生みあらわしたのである。この一つの真実は、生れた子に於けるのそれである。これが天降の教法なのである。

ところが、天降の教法は生れたその子が一方に於ては父、一方に於ては母より受継いだものをもっているのであるが、子は子としての存在の特異性、いずれにもない尊厳なる性格をもっているように、父の所謂、母の所謂のそれではなく、純粋に別個の高貴なる真理体系というものをもっているのである。従ってキリスト教法に説かれているキリスト教のむすびとしての主の再臨を意味するものでもなく、又、仏教に於て約束されている仏教のむすび、即ち仏教の確立のために下降されるという弥勒菩薩のそれではないのである。

黙示録にしても法華経にしても、それは互いに深い関係《つながり》に於て存在しているものである。従って表裏の関係にあるこの二つは、一方が他方を、他方が一方を互いに解明し合うことによって完全に解けてゆくのである。

けれども、これは常人によって成し得られるものではないのである。何故ならば、この両者は、究極には一つの真理を説いているからであり、ともにそれらは、その根元に於て一つの御方、即ち創造主によって示されたものであるからして、その創造主の御子によってのみ、はじめて完全に解明されるのであります」

そして、そのみこころを聖典『スフィンクスの声』に於て、次のように啓示しておられるのであります。

「ここにむすびの実の一つ、花咲く時にはなかりせど、万《よろづ》の教の花散りてをはりに出でて実をむすぶ、それこの道は花散りて、後にぞむすぶ実なりとは、天祖《あめのみおや》の心にて、綾に畏き法《みのり》なり。視よ、世の人の霊座《たまくら》に、天火明《あめのほあけ》の奇玉《くしたま》の、法《みのり》は遂に結ばれん」（九輯七編第九章十二―十三節）

「汝らよ、この教門《をしへ》は教《をしへ》といふ教の、その始を完成《まつた》うせし完結《むすび》の教門《をしへ》なり。神意成就の教門《をしへ》なり、神国完成の教門《をしへ》なり。世の諸《もろもろ》の教草《をしへぐさ》は花の稔を指せるなり。結実《みのり》にいたる教なり」（十輯七編第四章一節）

更に又、御主は、このロゴスに対するお応えとして、点燈の館に於て次のように、確信に満ちてその要訣を仰せになられたのであります。

「究極の二大真理は、キリスト教法と釈迦牟尼教法であるが、完成の真理、むすびの真理は、天降《あも》の教法である。そして、天降の教法がむすびの真理であるというその根據は、天降の神学に於ける三定理と五公理にあるのである」（昭和三十七年十月十二日拝受）

この詳細については、長くなりますので、別の機会に記すこととといたします。

思えば、この現在世にあって人類が求めてやまない究極のテーマは、「永遠なるもの」――永遠の生命、永遠の平和と幸福――を認識し、信ずることであると言えますが、現時の世相が未曾有最大の混迷のさ中にあるため、それを実現することは不可能に近いことと思われます。しかし、これを実現しなければ、人類の前途には希望の明日が約束されないのであります。御主のロゴスに、

「人類よ、世に救世寿《くせじゆ》の訪ひし所以《ゆえん》を知れ。汝ら、救世寿は永遠の実在の実証者なり。さらば汝らは救世寿によりて永遠を自覚し、永遠を成就する者にてあらざるべからざるなり。そは汝らよ、救世寿によらでは、虚無に超越せる完全有《ペルフエクタエスト》の大実在を認識し止観することの能はざるべければなり。ああ、汝ら、生老病死の苦、喜怒哀楽の情、離合集散の業《ごふ》、これら即

ち目的なき世界の循環業《チルクルカルマ》なり。この循環業《チルクルカルマ》を離脱せざれば、永遠を自覚し、永遠を成就すること能はざるなり。汝らよ、救世寿の世に訪ひたるは、蓋《けだ》しこの循環業《チルクルカルマ》を断壊《だんえ》せんがための故なり」（九輯八編第一章十八―二十二節）

と畏くも、いと厳かに御救の真髄を宣述しておられるのであります。

まさにこのみことばは、千鈞の重みをもって雷霆の響きの如く私共の耳朶を打ちたたき、心の眠りを覚醒し給うのであります。

今回の執筆を終えるに当り、謹んで、在りし日の懐かしきみことばを掲げ、むすびとさせていただきます。このみことばは、今を去る三十九年前、蔽顔《おとばり》の救主《くじゅ》御遷座（昭和四十四年一月十日）七日前の新年祝賀祭に於て封印の巻物を紐解き給い、その後《あと》にのべられたものであります。現し世に於ける公の場での最後のみことばであります。

「東雲《しののめ》の空ほのぼのと白梅の花の一輪、マイトレーヤ、弥勒来る暁にして咲き匂ふ御世こそ祝へ、千代の初春。（中略）

汝ら、今日のこのよき日、この時、我は御身たちを祝福するであろう。御身たちは、又我を祝福するであろう。天の手と地の手とにぎりしめたるのムスヒはとけじ。万《よろづ》の教《をしへ》の花のみのりぞ。幸《さいはひ》なる哉、汝らは永遠をみたり。しかもこの流動三次元の真中にたちて永遠をみたり。永遠をみるの義は、永き時の諸天の願にして、その願はつひに蔽顔《おとばり》の救主《くじゅ》をして成し就げられり」

（天暦四十四年平成二十年六月十六日　謹書）

今回の執筆に当り、参考にさせていただいた文献は、次の通りです。

江沼郡役所編『江沼郡誌』（大正十四年刊）
『加賀市史通史』上下（一九七八年刊）
平凡社『石川県の地名』（一九九一年刊）
大倉精神文化研究所編『神典』（昭和五十七年刊）
太田亮著『姓氏家系大辞典』
加賀市教育委員会『加賀神明宮史跡調査報告書』
大和岩雄著『神社と古代王権祭祀』（白水社）
大和岩雄著『神社と古代民間祭祀』（白水社）

白川静著『字統』（平凡社）
白川静著『字訓』（平凡社）
関裕二著『消された王権・物部氏の謎』（ＰＨＰ文庫）
小椋一葉著『神々の謎』（河出書房新社）
飛鳥昭雄・三神たける著『神武天皇の謎』（学習研究社）
『日本神社総覧』（新人物往来社）
『神社紀行』第四〇号（学習研究社）
長谷川修著『幻の草薙剣と楊貴妃伝説』（六興出版）
山折哲雄監修『日本宗教史年表』（河出書房新社）
井上順孝監修『世界の三大宗教』（日本文芸社）
竹内睦泰著『世界の宗教　知識と謎』（ブックマン社）

其の二

花の姿は如何《いか》にこそあれ、その根にまことあらば、
必ずいとよき実を結ぶべし。

この御神示は、大正七年（一九一八）御年十才の時に、越前国（福井県）坂井郡丸岡町に鎮座する国神《くにがみ》神社に於ていただかれたといわれています。

御主《おんしゅ》のお話によりますと、早朝、犬をつれてよく散歩にでかけられたのですが、その折、この国神神社にお詣りすることが、ことのほか楽しみでしたそうです。それというのも、お詣りの度毎に十二単衣を召された姫神様がお出ましになり、桧扇で、なかば顔をお隠しになって微笑《ほほえ》み給われたからです。

或る日のこと、先の御神示のおことばをのべられた後、天から汚れた茶椀と疵の入った茶椀が降

りてきて、やがて汚れた茶椀がきれいに拭われてから、その茶椀を指さされて、「汝はこちらの茶椀ぞよ」と優しくのべられたとのことです。

ところで、御主がこの御神示をいただかれた国神神社は、延喜式神名帳の中で、越前国坂井郡三十三座の第九座に登載されている由緒正しき古社ですが、現在丸岡町石城戸一丁目二に鎮座しています。御祭神は、椀子《マロコ》皇子に坐し、相殿に、継体天皇の御母に当る振姫命、応神天皇、有馬晴信の霊が祀られています。

椀子皇子は、継体天皇と倭媛《やまとひめ》の間に生れた方で、坂井郡の雄族として栄えた三国公の始祖といわれています。三国公は、天武朝になって「真人」の称号を受けていますが、『新撰姓氏録』には、第一巻左京皇別「三国真人」の項に「諡《おくりな》継体の皇子《みこ》、椀子王の後《すゑ》なり」と記載されています。又、御母の倭媛は、近江国（滋賀県）高島郡の三尾君堅椷《かたひ》の娘で、御子を坂井郡の乎迦の地で出産されたことから、椀子皇子と名付けられたといわれています。又、同じ坂井郡の三国町に三国神社が鎮座していますが、ここの御祭神が、御主ゆかりの饒速日尊の亦の御名である大山咋神に坐すことから、御神縁深き神社であることが解ります。

更に又、『先代旧事本紀』によりますと、国造本紀に、先に記した近江国の三尾君堅椷の祖磐衡《いわつく》別命《わけ》を祖とする氏族として加我（賀）国造を挙げていることから、ここにも御主御生誕の加賀国と近江国、そして越前国の、奇しくも三国に関わる縁由の黙示を読みとることができます。

続いて相殿の御祭神を考察しますと、応神天皇の御事については、御主ゆかりの加賀国大聖寺の菅生石部神社の「菅生《すごう》」の語源に関わる黙示の中で、菅の生えている清らかな水の湧き出ずる処を、応神天皇が「宗我富《すがふ》」と称されたという『播磨風土記』の記述からも大きな黙示を窺うことができます。

又、相殿の有馬晴信の霊については、有馬の流れを汲む有馬良橘翁（紀伊国出身）の御事に関わる黙示を表しています。

有馬良橘翁は、文久元年（一八六一）十一月十五日に生れ、昭和十九年（一九四四）に逝去されていますが、明治二十九年十二月に明治天皇の侍従武官として奉職され、後に海軍大将を拝命されています。そして、明治六年九月十四日から昭和十八年八月二十七日まで明治神宮の宮司を務めておられます。御主が翁に面接を賜ったのは、昭和十年の秋頃で御年二十六才の時といわれています。御主は、その折のことを回想され、或る方への御書翰の中で次のようにのべられています。

「かつて明治神宮の宮司有馬閣下に面接を賜りましたる時、閣下は私に、あなたはやがて国のたからとならるべきひとなれば決して世の栄光にさきがけて得んとは思ひたまふな、今世に多くの花が咲きがけて咲き競うてをれども、あなたのをしへはこれらの花の散り果てたる時咲いて実をむすぶ世と人と国との宝であると仰せになりました」

先に書きました相殿御祭神の有馬晴信公のことですが、社伝によれば、元禄八年（一六九五）日向国延岡より有馬家一族郎党が丸岡城に入場、以来、代々社守領五十石を以て国神神社に寄進し、篤く崇敬されたといわれています。丹羽基二著『姓氏家系大事典』に「アリマ」がアイヌ語で「燃える谷」を意味する言葉であると特記されていますが、これは、天の岩戸神話のふるさと日向国に関わる黙示でもあります。ついでながら記しておきますと、当国神神社には、本多飛騨守重昭公奉納の「天国宝剣」という銘の、天の逆鉾を黙示する剣があり、千手観音像とともに社宝となっています。

これまで、国神神社の御祭神について、同社の由緒書に従って同社と御主に関わる黙示を繙いてきましたが、ご幼少の砌貴重な御神示をいただかれた神社だけあって、奇しき黙示が随処に示されていたわけであります。

さて次に、御神示の折に、十二単衣をお召しになって顕現されたという姫神様のことについて考察してみたいと思います。

まず始めに考えられることは、相殿に祀られている振姫命のことであります。この方は、椀子皇子の祖母に当る方で、越前国坂井郡の高向に住んでおられたといわれています。そして、近江国高島郡三尾の彦主人王《ひこうし》に嫁ぎ、後に継体天皇となられる男大迹《おほど》皇子を誕生されています。即ち、継体天皇の母に当る方です。もう一方は、継体天皇に嫁ぎ椀子皇子を誕生された倭媛のことです。即ち、椀子皇子の母に当る方ですが、国神神社に祀られていません。

相殿に主祭神の椀子皇子の母が祀られず、祖母が祀られていることについて、以前にそのわけを宮司にお尋ねしたところ、歴史上いろいろな説があったからではないでしょうか、とのお返事に大変残念に思ったことがあります。今にして再び思い巡らしてみますと、あの時、御主に顕現された十二単衣の姫神様は、椀子皇子の御母の倭媛命ではなかったかと拝察されます。その理由について思い当るところを二、三記してみます。

その一つは、十二単衣を召しておられたことについてです。十二単衣は、天皇に仕える女官の正装のことですが、倭媛の場合、天皇といえば継体天皇に坐したことはいうまでもありません。継体天皇には倭媛のほか、尾張連草香の娘目子媛《めのこ》、第二十四代仁賢天皇の皇女手白香《たしらかの》皇女など八人の妃がおられたといわれていますが、倭媛は、御即位以前越前国に在住された時代の妃といわれています。継体天皇は、越前国から樟葉宮（大阪府枚方市）に移り即位され、のち山城国（京都府）綴喜郡、乙訓郡へ転々と都を遷し、最後に大和国（奈良県）に入り、玉穂宮（桜井市）に落ちつかれています。皇統譜上継体天皇は、一大変革の時機に誕生された天皇とされ、その真相が隠蔽され、深い謎に包まれているといわれています。今日まで多くの学者や史家がその謎を解明すべく研究に研究を重ねてきたわけですが、未だ結論に到っていない現状です。そんな中で、歴史作家の関裕二氏が、徹底した取材と緻密にして大胆な推理によって古代史最大の謎といわれる継体天皇の実像を解き明かされています。今ここに、その著『継体天皇の謎』から核心の一端を抜粋させていただきます。

「もっとも、ヤマトの王になるために必要なのは、トヨ（神功皇后）の御子でなければならなかったはずだ。トヨは祟る神であり、この神の怒りを鎮められるのはトヨの御子であり、そのトヨの御子の祭祀によって、ヤマトに平穏と豊饒がもたらされるのである。そこで思いついたのが、東国に逃れたトヨの御子を担ぎ上げることではなかったか。その御子とは、天孫降臨ののちに彦火火出見尊と共に生まれた火明命《ほあかりのみこと》の末裔であった。そしてそれが継体天皇その人である。継体天皇の正体とは、ようするに、ヤマト朝廷誕生時の骨肉の争いの末の副産物であり、裏切られた恨みをもって眠っていたトヨの執念が生み出した王権だったとはいえないだろうか」

奇しくも、継体天皇が祖神に尾張氏と同じ天火明尊をいただいていたということであり、その継体天皇が倭媛と共に越前国に住んでおられたわけですが、同じその地に、天火明尊の御神霊をいただいておられた蔽顔《おとばり》の救主《くじゅ》が、ご幼少の砌《みぎり》に住まわれ、御神示を受けられたところに、大きな意味があります。

附言しますと、倭媛の倭は、大和とも書き、大和と言えば、かつて大和朝廷が成立する以前に、饒速日尊がこの国をひのもとと命名せられ、大王として君臨しておられた由緒深き御神縁の地であったわけであります。

次に理由の二つめは、十二単衣を召された姫神様が、幼少の子どもにも御神示の意味が分るようにと、日常用いる茶椀を以て譬えられていることです。それは、椀子皇子の御名の中の椀に言掛けてのべられたものと思われますが、御子を気遣う倭媛の優しきお心が窺われます。

本来ならば、継体天皇と共に大和国で宮中に入られるべきお立場にあったのでしょうが、母子とも辺境の地に残り、遙に天皇の息災と祥運を祈られたのであります。

在りし日の御主の御誕生と生い立ちを考えますと、御主の身の上に椀子皇子と似通った一面が窺われ、ご幼少の折、御主が母の如く焦れ慕われた十二単衣の姫神様は、椀子皇子の御母である倭媛命に坐したのではないかと思われてなりません。

さて、最後に、御神示の本文について考察いたします。

本文の冒頭に、「花の姿は如何にこそあれ」とありますように、人の姿を花の姿に譬えてのべられていますが、全体の意味の概要を記しますと、人は、その姿や形、外見や境遇などがどのようであっても、心の奥にまことが存在していれば、必ず良い結果が現われてくるものであると仰せになっておられるのであります。この花の真実について、御主のロゴスの中に数多く教示されていますが、ここに、幾つかの節を抜粋し、理解の参考に供したいと思います。

「汝ら、その花をみて、たとへ感覚的なる美《うる》はしさを失へる時も、その奥には法的存在としての花の真実のある故に、その花の美なる意義と価値とは失はれざるなり」（九輯二編第四章三十八節）

「花は久遠に花の世を、有限《かぎりあ》る世に無限《かぎりな》く、伝へゆかんと年毎の、春にぞ咲きて匂ふなり。これ咲きて散る花の世の、花の玉緒《いのち》の真実《まこと》なり。咲きて散れどもそれ故に、花の真実尊けれ、花より結ぶ真実は、久遠《あも》来の実成身《ひつぎ》の生命《いのち》なり」（九輯十一編第十四章六—七節）

「汝ら、野の花はその根に秘めし色《エロス》と香《ダルマ》とを自然《かみながら》に現す如く、人間も亦神より附与されし

法《ダルマ》と愛《エロス》とに根ざす本能の自然《かみながら》なる姿に生くるこそ、天降《あも》に清められたる即ち天祖の信仰なるなれ」（九輯十一編第二十章第十三節）

「汝ら、野に咲く花の象徴《かたち》の彼方に無形の花の法性《ダルマ》あり、是、不可視の世界にして、見えざる美と善と真のイデアなり」（十輯三編第十五章三節）

「汝ら、花は咲きて軈《やが》て散らん、されど何時《いつ》の日までもその生命存在《エスト》には滅亡《ほろぶ》ことなし。汝ら、これぞ真実、故に知るべし、悟るべし」（十輯六編第十一章二十節）

「おお、咲く花の彼方《かしこ》には、未《いま》だ見えねど永遠《とこしえ》の、結実《みのり》は既に輝きて在《ま》しますものぞ。花は咲くとも亦散りぬとも、その循環《チルクル》に関《かか》はらず、その根に隠るる生命《みいのち》は、永遠《とこしへ》に坐《ま》す実在の、超自然御父《あめのみおや》の許《もと》に流通《かよ》へり」（十輯六編第十四章五節）

「汝ら、花は生命《いのち》の真実を色香に於て写現せる創化《むすひ》の神秘の象徴《しるし》なり、その本源の法性《アメーツオ》は、形相《かたち》を超絶《こえ》し有の故に、流動三次の世観にては存在無なる如きなれど、それ故この存在《もの》無にはあらじ、その純粋の善と美は、その本源の法性《アメーツオ》にして、生命創化の妙用の愛の法則《ダルマ》の

芸術《たくみ》なり」（十輯十一編第十五章十四節）

「汝ら、浅慮《おろそか》なることある勿れ、凡て真実は彼我を越し世のものなり。その根と花とは茎幹を以て隔つるとも、花は真実《まこと》に、その自性根《おのれみづから》のものなり。故にその根の真実は是即ち花の真実なり」（十輯十一編第七章二十五節）

「汝ら、根は土深く隠《かくろ》ひて、その仮初《かりそめ》に現るることなしと。さはさりながら、根のなき華花《はな》は実稔らず、その土中処《かくれたるところ》にその根のあればこそ、その芽萌え出でて、その茎は伸び、枝を張り葉は繁り、花は咲きて実稔るなり。汝ら、是ぞ根のある証拠《しるし》、見よ、それ故にこそ実を結ぶなり」（十輯十二編第九章三十一節）

「春いくたびか　めぐり来て
花散り敷けど　人の世の
道の真実　変りなし
久遠の天降《あも》の　今に通はん」（一九〇番　道の真実変りなし　第四節）

「あはれやさし野辺の花よ
かよわけれど　汝《なれ》は強し
夏の日にも　冬の夜も
朽ちぬ花のその生命《いのち》よ
朽ちぬ花のその生命《いのち》よ」（二三〇番　かよわけれど汝は強し　第四節）

次に、「その根にまことあらば」とのべられている「まこと」の奥義について探究することにいたします。この「まこと」という語は、やまとことばの中でも奥行が深く、深遠な哲理を秘めた言葉の一つとされています。

まず『新明解国語辞典』（三省堂）に、「事実そのものであって、誇張したり隠したりした点が全くないこと。相手のために尽くそうとする気持だけであって、不純なものが全くまじっていないこと」と解説されています。又、白川静著『字訓』には、「まは真。純粋、完全なものをほめていう語。ことは事、言。真実のこと、また誠心誠意、いつわりのないことをいう」とのべられ、続いて『万葉集』と『古事記』から次の事例を挙げて、「国語の「ま」は純粋・完全を示す語であるが、その語義の由るところは知られていない。しかしその語義は「み」とも関連して真と同じように、何らかの宗教的な性格をもつ語であったろうと推測される」と解説されています。

「聞くが如真実《まこと》貫く奇しくも神さび居るかこれの水嶋」（万二四五）

「白玉の緒《を》絶《だ》えは信《まこと》然れどもその緒又貫き人待ち去《い》にけり」（万三八一五）

「まこと」の語の表記は、真事、実、真、真実、誠、信などがありますが、御主のロゴスに於ては、時、処、事に応じて、まことに始まり、マコト、真実、中今、真理、信、一、真言などの文字が充てられてあり、夫々、重要な言葉として啓示されています。長くなりますが、いずれも重要な章句ばかりですので、その一部を列記させていただきます。

「吾、天降《あも》の真実《まこと》を崇信す。吾、天降《あも》の真実《まこと》によりて生くるなり。……天降は霊火《きよめのひ》をもやし、霊宝《とくさ》をあかす、その光照り輝きて、全世界に天降《あも》の真実《まこと》を成就するなり」（真人の信條より）

「まことは一つにして全きものなり。そは汝ら、浜の真砂子の如く最小《いとこま》やかに、海原の水の如く実に大いなればなり。まことは善に輝きて最美《いとうる》はしきものなり。もの皆はまこと一つを現示《あらは》して、神聖《うづ》の生活《しらべ》をなせるなり」（九輯三編第二章一—五節）

「世の真実は愛の味香色を含める法《ダルマ》の次元なることを知れ。汝ら、法《ダルマ》の次元なるものは、即ちその形而上に於て絶対原理の法性《アメーツオ》の体系と思惟の数理的なる組織のあるなり。古人は、これを指して、みことのり、或はみこと、まことと言ひたり」（十輯七編第十二章六節）

（註）このロゴスから拝されることは、みこともみことのりもまことと類似した意味をもった言葉であるわけですが、白川静先生の『字訓』には、次のように解説されています。「みことのりは、御言宣りの意。のるはもと神託をいう語であった。天子の仰せ言をいい、おほみことともいう」又みことについては、「尊貴な人の仰せ言をいう。御言の意。みは接頭語。またその人を尊んでいうとき、命、尊をその名の下にそえていうことがあり、その場合は御事の意で婉曲語法」

「汝ら、此の世が神の心の真実をうつしたる世界の故にこそ、まこと心よりまことの業を以てまことを語らひ、まことを習ひ、神ながらに清く明けく生きざるべからざるなれ」（十輯六編第六章二節）

「汝ら、その心を定めて、その生涯を無限の真実《まこと》に結びて生かせ。これ即ち人間平等《ひとみな》のその心に願ふ真実《まこと》なり。殊更賢者の望思《のぞみ》にあらず、名人偉人の思惟《おもひ》にもあらず、唯、是人間《ひと》の本性

のその本来《さながら》の念願《ねがひごと》なり、荒び狂へる煩悩の叫び谷《きはま》る無極《こころ》なり」（十輯二編第十五章七節）

「人のこの世に生れしは、唯ひたすらに生きたる命《みこと》を果して、まことをしるすためなるぞ」（九輯六編第七章六節）

「汝ら、数のマコトは唯一のマコトを超ゆべくもあらじ」（九輯六編第四章十四節）

「天降《あも》の中今《まこと》を讃美《たたふ》る歌声に、天地万物は遠く幽《ふか》く、栄光《さかえ》の道を聞きて、奇しく妙なるみひかりの、燦然《きらめ》き小揺《さゆら》ぐなり」（十輯二編第五章一節）

「久遠に亘りて新しき、生命《いのち》の真理《まこと》認められん」（十輯七編第十五章三節）

「世路のをはりに煌々《きらめ》き懸る、信《まこと》一つのこの聖処《ところ》よ」（十輯五編第一章八節）

「高く深く広く、尚遍く、且窮なく真理の世界を探求し、全一《まつたきまこと》を悟るべし」（十輯十編第八章二十七節）

右のロゴスの一節に、「信《まこと》一つのこの聖処《ところ》よ」とのべられていますように、信の字をまことと訓じておられます。説文に、「信《まこと》なり」と記述され、『万葉集』にも「白玉の緒絶えは信《まこと》然れども……」と詠まれていることから、原初の訓み方であったことが解り、この用例を以て「信《まこと》一つの」と記されたことに、まことに不思議な思いがいたします。

ちょっと余談となりますが、序章で触れましたように、かつて蔽顔《おとばり》の救主《くじゅ》の御事を予言された飯野吉三郎翁が、「信是萬物一《はじめ》也」という言葉を座右の銘として尊ばれ、折々に揮毫されていたといわれています。奇くも、この六文字の言葉の中に御主のご幼少のお名前が黙示されてあり、神の摂理の神秘を物語っています。ついでにもう一つ、私事で恐縮ですが、時々中国語で誦する「まこと」に因む言葉があります。孟子の言葉だったと思いますが、「誠者天之道也、誠之人之道也」（誠は天の道なり、之を誠にするは人の道なり）という一節で、まことに至言であります。

以上、これまで蔽顔《おとばり》の救主《くじゅ》のご幼少に於ける御神示其の二について、その真義を繙いてきましたが、みことばの真義は、みことばによって解明されるとの大原則に従ったため、ついロゴスの抜粋が多くなってしまいました。しかし、それらのロゴスの一つひとつを熟読玩味することによって、奥義の扉が開かれてくることも事実であり、至上の悦びにひたることができるのであります。
終りに臨み、神前にて賜りましたロゴスの一節を掲げ、むすびとさせていただきます。

「ああ、人間《ひと》は不滅《ほろびざ》る生命《いのち》の霊《みたま》を、その識身《み》に受け継ぎて、生滅の花咲く国に遊べども、今末那識《まなしき》の夢に覚めて、生死《しょうじ》を超えし常安《とこやす》の、久遠の生命《いのち》の我を知るなり。これぞ汝ら、長夜に亘れる、無明の味眠《ねむり》より覚め果てにし、天降《あも》の真人《まびと》の常若《とこわか》の現在世、暁の闇を祓ひて光さゆらぐ未明朝《あさまだき》、神代久遠の夜明なり」（十輯十編第九章五―七節）

（平成二十年十月四日　斎女真bの祥月命日の日に　謹書）

今回の執筆に当り、参考にさせていただいた文献は、次の通りです。

『播磨風土記』
大倉精神文化研究所編『神典』（昭和五十七年刊）
『新明解国語辞典』（三省堂）
『大辞典』（平凡社）

白川静著『字訓』（平凡社）
『歴代天皇総覧』（秋田書店）
太田亮著『姓氏家系大辞典』
丹波基二著『姓氏家系大事典』
大和岩雄著『神社と古代民間祭祀』（白水社）
谷川健一著『隠された物部王国日本』（情報センター）
小椋一葉著『神々の謎』（河出書房新社）
関裕二著『継体天皇の謎』（ＰＨＰ文庫）
『国神神社略記』（国神神社社務所）
大野七三訓註『先代旧事本紀』（批評社）

其の三

路傍に転《まろ》べる石をみて、そを金剛の玉と知らば、
その驚きと喜びの如何ばかりならんや。

この御神示は、蔽顔《おとばり》の救主《くじゅ》がご幼少の砌《みぎり》、越前国（福井県）に於ていただかれたといわれていますが、その日付と場所を特定することは、甚だ困難であります。しかしながら、御主《おんしゅ》の折々のみことばの一端や伝聞を基に推測しますと、その時期は、大正九年か十年頃、御年十一才か十二才の頃と思われます。又、場所は、越前国の坂井郡か足羽郡或いは吉田郡のいずれかの郡内の町村ではなかったかと思われます。

七つの御神示の其の一に書きましたように、御主は、明治四十三年五月十日に加賀国（石川県）

大聖寺に誕生されて以来、菅生石部大神（天火明尊）の申し子として清水安次郎、さと夫妻の庇護をうけて大切に育てられたといわれています。

当時清水夫妻は、越前国の坂井郡北潟村字番堂野村に居住され、日用品や小間物などの行商を生《なり》業《わい》としながら、加賀国や越前国の各地を転々と移動しておられたとのことです。

行商とはいっても春夏秋冬、暖く穏やかな日もあれば、風雨の日もあり、冬などは北陸特有の吹雪に見舞われる日も多く、又持ち歩く荷物の量にも限りがあり、苦労の割には収入の少ない難儀な商売であったといわれています。そのため、日々の糧に事欠く時もあり、赤貧洗うが如き倹しい暮しであったのであります。

後年御主は、往時を回想され、その心情を詩歌に託して次のようにのべられています。

（一）二二三番『年経るごとに思ひ出づる』より

「今は過にし昔なれど
　年経るごとに思ひ出づる
　幼き時のその思ひ出
　賤が伏家に在りし昔」

(二) 一〇六番『賎が伏家に住ふとも』より
「賎が伏家に住ふとも
などて侘しさ託《かこ》つべき
夜空を渡る月影の
照さぬ里ぞなかりける」

(三) 一七番『恩寵の蔽幕』より
「貧しければ世の人
かへりみねどその時
奇しき御声天《あめ》にありぬ
われの愛《め》づる御子ぞと」

これらの聖歌は、詞、曲とも往時が偲ばれる詩情豊かな味わい深い曲ですが、特に二二三番の曲は、歌聖典の中で最も新しい曲、即ち御主が啓示された最後の曲の一つ（もう一曲は、二二四番『春の讃歌をうたひあげて』）とされており、格別の意義があります。又、(三)の曲に、「貧しければ世の人かへりみねど」とのべられていますが、これは、冒頭に掲げた御神示に関わる黙示のロゴスとして拝察することができます。更に又、蔽顔《おとばり》の救主《くじゅ》のご生涯を嘉し給われて啓示された讃美の寿詞「おとのたますゞ、おとばりのひじり」の第五言の三節に、「おゝ、されど汝は暗き夜見路を辿らしめられたり。世の人々は汝を蔑《さげす》み、嘲《あざけ》り、誹《そし》りたり」とのべられているところがあります。これは、御主がご幼少の折に受けられた哀愁のご体験のことを黙示されたみことばであります。

十の巻のロゴスに、御主が七つの欠陥を以て世に生を享けられた由縁のことがのべられていますが、その七つの欠陥とは、貧窮《びんぐう》、卑賤、鈍愚、薄徳、無処、世捨、孤児という七つの悲しみでありま す。最初に貧窮という言葉が挙げられていますが、この一事をもってしても、如何に貧しい生活であられたかが思い偲ばれるのであります。なお、七つの欠陥のことについては、深い真理が秘められていますので、別の機会に改めて考察することにいたします。

前にも書きましたように、御主は、幼い時から超能力の片鱗を現わされ、近在の人々の出生や死亡、火事や自然災害などを神憑りの状態で語り出したり、家々の霊《みたま》を慰め、病を癒し、時には、住職や村長の招きによって説法を垂れるなど、村人から神の申し子、仏の再来と称えられたといわれています。しかし、一方では誕生と、生い立ちの秘話や貧しい生活の様子を知っている心なき人々や子供たちから軽蔑の眼で見られ、嘲笑をうけたこともあったといわれています。このような状況の中で、折に触れ事に当って御神示をいただかれていったわけですが、冒頭の御神示もその中の貴重な一つであります。

それでは以下、この御神示について、スフィンクスの声を始め、歌聖典、点燈の真言、そして折々にのべられたみことばを基としてその真義を繙いてまいりたいと思います。

まず、冒頭の御神示は、折々のお話の中でのべられたものですが、これと同じ趣旨のロゴスが、歌聖典の三二八番『真実こそは尊けれ』の第三節に次のように歌われています。

「神はやさしくのり給ふ
未《いま》だ名もなき石にして
そを金剛の玉と知る
その喜びと驚きの
真実何に類《たぐ》へんと」

そして、続く第四節に、

「実《げ》にもこの世に生れたる

真実こそは尊けれ
限りある世の幻想《まぼろし》と
この栄光を夢にだに
忘るることのあるべきや」

とむすんでおられるのであります。

この歌曲について、巻末の年譜をみますと、詞が一九五九年（昭和三十四年）八月四日に、曲が一九六一年（昭和三十六年）十月三十一日に啓示されていることが分ります。又、この曲には、第四節に歌われている「真実こそは尊けれ」が表題となっていますように、真実ということが如何に尊いものであるかを教え示されています。このことは、御神示其の二「花の姿は如何にこそあれ、その根にまことあらば、必ずいとよき実を結ぶべし」とのお心にも深く通じております。

さて、ここで表題の要の言葉となっている「真実」ということについて、御主のロゴスの中から幾つかを記させていただきます。スフィンクスの声には、全編を通じて至るところに「真実」の尊さが説示されていますが、それだけ重要な言葉であるからであります。

「汝らよ、世に真実ほど大いなる力を有てるものはなく、大いなる平安を有てるものはなし」（九輯四編第一章六節）

「汝ら、真実をこそ知りて、而して是に習ふべきなれ」（九輯九編第十四章五節）

「ああ、汝ら、真実を知りて是を探《たづ》ね、是を求めんとすることは、即ち久遠の自己の知見なり、不破の生命《いのち》の内観なり、三世を貫流する瑜伽の実相の正覚なり」（九輯十編第一章三十七節）

「人間《ひと》よ、汝らは人間《ひと》として人間《ひと》の真実に自身《みづから》を正覚《おこ》し、人間《ひと》の真実の本性をば愈著《しる》しく天地万物の中《うち》に輝かすべし」（九輯十編第七章十一節）

「汝らよ、この清き朝の聖戒に於て、天地《あめつち》に二つなき唯一の真実を認めよ、この真実は世のはかりの彼方に根ざせるものにして、善悪《よしあし》の尺度の極《きはみ》のものなり。汝ら、生ある中《うち》にこの真実を認めよ、生ある中にこの真実を見究めずして何の益かあらん。そは汝らよ、この真実は石の中にかくされ、火の中にもえ、水の中に流れ、咲く花の色香の中にも秘められてあるものなるが故なり。汝ら、これらのものは凡そ真実を秘めたる扉なり。さらば汝ら、その一個の石、一滴の油、一杯の水、一本の花をも故なく徒《あだ》に眺め疎略《おろそか》に扱ふべからず。汝ら、一個の石、一滴の油、一杯の水、一本の花と雖も、是等を故なく徒に眺めて、是を疎略《おろそか》に扱ふ者には、そのうちなる真実は認められず」（九輯十編第十六章一―四節）

「汝らよ、汝らの今その持てるもの、そは果して真実のものなりや、汝ら、ただにその物の重しとて必ずしも尊貴のものならず、そが真実のものにありてこそ尊貴のものといふべければなり」（九輯十一編第七章二十五節）

「汝ら、人間自覚《ひとめざめ》て今世に真実を呼ばずば、見よ、山は裂けて真実《これ》を叫び、岩は開きて真実《これ》を呼ばん」（十輯二編第七章一節）

「汝ら、救寿のロゴスを聴聞《きき》て永遠の真実を知り、而してその真実を永劫《なが》く世に残さんことを念願《ねが》ひ、是を世に顕証《しる》して此上《こよ》なく楽しみ勇めかし」（十輯二編第十六章五節）

「此の世は仮初《かりそめ》の世と雖も次第に真実を現しゆくところのものなり、即ち神の世界《みくに》のその真実を現すべく約束されしは、現象世界《うつしよ》なるものなり」（十輯七編第八章二―三節）

「汝ら、いづれも皆尊し、あだなることの一つだにあらじ、そは汝らが今そのことによりて世の真実を、茲に認証確信《みとめしんず》ることを得べければなり」（十輯三編第一章一節）

「いづれも皆貴《たふと》かりき、徒《あだ》なるは一つだになかりき。そは今し世の真実を悟り知るべきのえにしにてありたればなり」（おとのたますゞ、おとばりのひじり第一言の三）

「それうつせみの現実《たまゆら》に
久遠の声を聞ける時
夢も現《うつつ》も清らかに
真実ゆゑと知られけむ
花咲き花散る現世《うつしよ》の
道は聖旨《みむね》に通ふなり」（一八三番第四節）

「春いくたびか　めぐり来て
花散り敷けど　人の世の

道の真実　変りなし
久遠の天降《あも》の　今に通はん」（一九〇番第四節）

「徒《あた》にはあらぬ此の世なれば
その真実を知るまでは
人は浮世の花にまよはん」（二七五番第一節）

右に掲げたロゴスは、ほんの一部にすぎませんが、それらの一つひとつを心して味わいますと、「真実こそは尊けれ」に秘められた御主の甚深無量なる大慈大悲の御誓願《みこころ》が伝わってまいります。

続いて、御神示本文の「路傍に転《まろ》べる石をみて」について考察いたします。

「路傍」は、『新明解国語辞典』に、「道ばたの意の漢語的表現」と記され、「転《まろ》ぶ」は、「ころがる、ころぶの意の雅語的表現」と説明されています。つまり、道端にころがっている石という意味ですが、先に掲げた聖歌の一節には、「未《いま》だ名もなき石にして」とのべられています。又、スフィンクスの声には、次のようにのべられています。

「在りとし在るもの、生きとし生けるもの、皆悉くその存在《ある》の所以に於て存在するものなり。路傍に転べる石の一つだも、神の摂理と、その栄光とを物語るなり」（九輯四編第一章一―三節）

「汝ら、蔽顔《おとばり》の救主《くじゅ》の神言《くすのこゑ》は、是神の幕屋なり。生命《いのち》の水の泉なり。死と陰府《よみ》との秘鍵《かぎ》にして不開《あかず》の門扉《とびら》の封印なり。汝ら、此に天降の現実の開顕の由来を窺ひ知るべし。されど汝ら、唯その汝らの官能《にく》の耳により是を聞かんとすること勿れ。又汝らの感覚《にく》の眼《まなこ》によりて是を見んとすること勿れ。路傍の石の御中にぞ秘含《ふくみひ》むる、天地《あめつち》を貫く力の声《ことば》によりて是を見、是を聞け」（十輯十編第九章十―十一節）

「万物は皆、天の栄光を成就するところの宝物《たからもの》なり、視よ、一個の石にもみこころの法にぞかかる重味《おもみ》あり」（九輯三編第三章十四―十七節）

右に記しましたこれらのロゴスから拝察されることは、路傍の石こそ、他ならぬ蔽顔《おとばり》の救主《くじゅ》ご自身の御事を指してのべられているということであります。従って、その意味を繙くことが重要であると仰せになっておられるのであります。

ところで、天暦の御世が開顕されて御主が第三の御使命にお立ちになられたのは、昭和四十年のことですが、この年の五月十日の日記に、路傍の石に関わる黙示のロゴスをのべられたことの貴重な記録が残されています。

この日は、御年五十六才のご誕辰を祝ぐ春季とくさまつりの結願に当っていますが、次のような要旨のみことばを涙ながらに、切々とのべられたのであります。

「吾《あ》は名知らぬ野辺の草、世に捨てられし道の辺の石、とぼとぼと行方知れずさ迷へる旅人である。……ああ、されど天祖《かみ》は言《のたま》ひぬ。皇紀二千六百二年の秋ややにたけなはならんとする日の夕辺、天の父の吾に告げ給ひしみことば、『汝はその永《なが》き人の世のうたたねより静かにさめて、普《あまね》く世の人々の霊魂《たましひ》に天祖《かみ》の国の光を点すこととはなりぬ。天つ日の本に夕暗のなきが如く、今は汝に惑《まど》ひなく、流離《さすらひ》なく、呪咀《じゆそ》のうたたねもなし』とぞ」

このみことばの後《のち》、御主は、イザヤの予言書に託されている蔽顔《べいがん》の救主《くじゆ》の黙示のことばを引いて託身の秘義をのべられ、続いて、終末の世に開顕されるヨハネの黙示録と法華経の奥義の扉を開かれ、恩赦と救霊の要諦を説示されたのであります。そして、聖歌讃唱が終ってから再びお出まし遊

ばされ、

「七識の大海《おおわだ》、小田の蛙《かわず》のどろどろ蛙《かわず》の群《むれ》のさ中に、一匹の金蟆《こんひき》の在処《ありか》を探《たず》ね知るべし。……われ、常に朝な夕なに汝のほとりに在りて、汝が祈る点燈の誓願に応《こた》へん」

（註）（一）昭和四十年御年五十六才の黙示に関しては、十の巻にも「天火明奇玉の五十六億七千万《いづらびむゆるななつめ》の三世一世《さんぜひとよ》の天降《あも》の現実」続いて、「五十六億七千万年、弥勒の御世の始りは、末法の世のをはりをつげて心に開顕《ひら》く天降《かみ》の現実《くに》なり」とのべられていますように、末の世に顕現されるという「弥勒下生経」の黙示の数霊を表しています。かつて御主は、昭和四十年天暦の御世開顕の年に年令が五十六才（数え年）になられたことから、弥勒下降の黙示の秘義を仰せになられたことがあります。

（二）「金蟆《こんひき》」について、詳細は、昭和三十三年九月の点燈の真言に綴られていますが、金色の蟇《ひきがえる》、蛙《かわず》の王のことを意味する言葉です。その黙示の片鱗については、おはりど聖唱十六番に金色《こんじき》の御子として歌われていますが、蔽顔《おとばり》の救主《くじゅ》の中に坐し給う天降《あも》の救世寿《くせじゅ》の御事を譬えられた言葉であります。

なお、ここでどうしても付け加えておき度い重要なみことばがあります。これは、路傍の石に言掛けてのべられたもので、「天降のロゴスと救寿《くす》の声」と題して点燈の真言の中に収められています。拝受の日付を見ますと、昭和四十年六月一日となっており、先に書きましたように同年の五月十日、春季とくさまつりがむすばれ、ほどなくしてから綴られたものと推察されます。

同日のロゴスに、「吾《あ》は名知らぬ野辺の草、世に捨てられし道の辺の石」とのべられたそのお心をうけ、天意に観じていいただかれたものと思います。長くなりますが、その中から要なところを、謹んで抜粋させていただきます。

「救寿《くす》の御教を信ずる者は、皆一様にみことばをロゴス、ロゴスといふけれども、このロゴスには宗教上の玄義と信仰の妙理とがあることを知ってをらねばならない。このことが理解されてゐないと、そのロゴスの真意を完全に知見することは至難である。それは前述した如くにロゴスといふ無比唯一の一個の金剛石は、自然《そのまま》の原石《すがた》では一見普通の石と何等差異《かはり》もない状態のものであるからである。これは即ち原石《おとばり》の妙衣《ころも》をその表面に覆被《かぶ》って存在してゐるからなのである。……

結局蔽顔《おとばり》の救主《みこ》の謎《くす》の真理《こゑ》を占《うらへ》によりて開明《うちひら》かなければ、天降の救世寿のロゴスを見聞することは不可能なことなのである。結局《つまり》その自然《くす》の原石《こゑ》を、信仰の真実《まこと》を以て開明《うちひら》いて、その中道実相《なかのたからもの》を引き出し、これを祈りながら玉と磨き上げて、茲に始めて天降の救世寿のロゴスは光輝燦然と知見され、その偉大なる至高の威神力は示現《あらは》れるのである。

ここに述べて来た天降のロゴスと救寿《くす》の声のことを尚一層分り易くするために、ここで司教の存在の権能について述べなければならない。司教とは、たとへば彼のイエス・キリストが語られた真珠商人の話の如きものである。真珠を商ふ商人が、若し何処かで一個《ひとつ》のすばらしい真珠を発見《みつけ》たならば、自分の持ってゐるすべての物を値に替へて、その真珠を秘《ひそ》かに購ひ求めるものである、と。また、非常に正確な鑑定力を持ってゐる大宝石商人の如きであるとも云へるであらう。世の常の人は単なる一個の石としか思へぬその路傍の石を見て、これを即座に金剛石の原石であると、彼はこれを断定するのである。司教の権能とは丁度このやうなものである。……そこで、天祖《ぜんのうのみおや》が何故にこの一個の路傍の石としての蔽顔《おとばり》の救主《くじゅ》の前に、司教を存在せしめられてゐるかが、以上の意味がよく理解されるならば納得出来る筈である」

以上、これまで数々の御主のみことばを依り処として、ご幼少に於ける御神示其の三について真義を解明すべく努めてきました。

最後に、私事にわたり恐縮ですが、今回の執筆期間中にいただいた黙示の事柄についてお話いたします。

十月十五日のことです。御神示の「路傍に転べる石をみて……」に関して構想を巡らしていた時、ふと、山本有三氏の作品に『路傍の石』という題名の小説があったことに気がつき、早速、ブックファースト大森店に問合わせたわけです。在庫ありとのことで心を弾ませながら出かけたのですが、本を手に取ってまず驚いたのは、表紙全体に、郷愁を誘うほのぼのとした絵が描かれていたことです。

絣のきものを着た聡明な顔立ちの少年をまん中に、それを囲むように野辺の花が並び、背後に蒸気機関車が描かれているもので、裏表紙にも、重そうな荷物を背負う少年の姿が描かれています。見るほどに懐しい思いがわいてくる絵ですが、ご幼少の折、絣のきものを召され、村々を行き来しておられた、在りし日の御主の面影が偲ばれ、感慨を深くいたした次第です。

ついでながら記しておきますと、この『路傍の石』という作品は、明治という古い時代を背景に、主人公愛川吾一少年の、暗く、貧しい生立ちから始まり、苦労辛酸を嘗めながら希望を失わず、夢を追いつづけ、精神的に成長していく姿を描いた物語となっています。奇しくも、愛川吾一という主人公の姓名から、御主ゆかりの尾張国愛知と加賀国石川の地文の黙示が窺われます。又、名前の吾一については、御主の御神霊に感応し、次のようなロゴスを賜りましたので、謹んで抜粋させていただきます。

「星もかそけき暗き道を

我唯ひとり歩みて行く
みひかりの主よ共に在《ま》して
我が行く道を照し給へ」（二四一番第一節）
「われは未《いま》だ世に安ずる者の杖とはならず、世を儚《はかな》み世に苦しめる者の唯一つの信頼として、
蔽顔《おとばり》の救主《くじゅ》に来《きた》れる者なり」（十輯一編第二章九節）

なお、私が小学六年か中学一年の時だったと思いますが、御主が御神示をうけられた、あの江沼図書館（現法華坊町会館）で『路傍の石』を読み、感動したという記憶が、おぼろげながら残っています。又、今回計らずも、この作品に再び巡り逢うことができたその日、東京新聞の松雲庵主の運勢欄亥年（私の生れ年）の項に、「路傍の花が光輝くに遇う。生命の光りを感ずる時」と記されていましたので、大いに驚くとともに、御主のお導きを痛感いたした次第です。

私事が大変長くなってしまいましたが、おわりに臨み、未来に翔く日本の子どもたちへのはなむけの言葉として、山本有三氏の名詩を掲げ、この執筆のむすびとさせていただきます。

「心に太陽をもて　あらしが吹こうと
ふぶきが吹こうと
天には黒雲　地には争いが絶えなかろうと
いつも心に太陽をもて
苦しんでいる人や悩んでいる人には
こう励ましてやろう
勇気を失うな　くちびるに歌をもて
心に太陽をもて」（偕成社文庫三二一五『路傍の石』より）

（追記）著作者の略歴。山本有三。一八八七年（明治二十年）栃木県の呉服店の長男として生まれる。高等小学校卒業後、東京浅草の呉服店に奉公に出され、翌年郷里に戻る。東京帝国大学独文科卒業。作品に戯曲『嬰児殺し』『坂崎出羽守』『ウミヒコヤマヒコ』。小説『生きとし生けるもの』『真実一路』『路傍の石』など。戦前戦後を通じ、「日本少国民文庫」や少年少女雑誌『銀河』などの編集にたずさわり、青少年文学の発展に尽くした。一九七四年没。山本有三全集全十二巻がある。

（天暦四十四年平成二十年十月三十日　謹書）

其の四

今将《まさ》に語り出《いだ》さんとするに、三度《みたび》反省《かへりみ》て後出《のちいだ》すべし。
そは、言葉は黄金《こがね》の玉の如く、研磨《とぎ》たる劔《つるぎ》の如し。

この御神示は、御主《おんしゅ》がご幼少の折にいただかれた御神示の一つですが、いつ、どこで、又どのような状況の中でいただかれたものか、日記に記録が残されていないため定かではありません。しかし、御神示そのものについては、聖戒のロゴスや折々のみことばに於てのべられていますので、ここでは、専ら本文を中心に考察を進めていくことにいたします。
さて、この御神示を初めて拝聴したのは、昭和三十六年六月九日のことです。聖戒の祭典に於けるロゴスのむすびに仰せられたもので、その内容は、冒頭に掲げた文章の通りですが、文字と訓み方については、聖典スフィンクス声を基として記させていただいております。これから順次、本文の語句について、その根拠となるロゴスを挙げながら解説いたします。

（二）「今将《まさ》に語り出《いだ》さんとするに」について

「まさに」という表記には、「正に」と「将に」そして「当に」「方に」などがありますが、御主のロゴスに於ては、「正に」を始め、「将に」「応に」「確に」の四つがあり、内容に応じて使い分けられています。

「汝ら、正《まさ》にスフィンクスの声にきけ」（十輯一編第十二章十一節）

「その光輝三世を貫徹《つらぬ》きて正《まさ》に燦然たり」（十輯四編第十二章二十八節）

「耳ありて眼《まなこ》ある者、正《まさ》に聞き正《まさ》に見るべし」（十輯四編第四章二十七節）

「然るに衆生《なんぢら》、今、正《まさ》に是を「見聞して受持することを得たり」（十輯十二編第五章十三節）

「汝自身の使命《みこと》を知れ、是、正《まさ》に確に人間《ひと》生来の一大事なり」（十輯四編第四章六十七節）

「正《まさ》に彼の存在《ある》ことは、世にある証験《しるし》なり」（十輯二編第七章七節）

「将《まさ》に汝ら、人の世に生くることも亦是くの如し」（十輯十一編第七章四十六節）

「汝ら、確《まさ》に聞くべし、確《まさ》に知るべし、幸福《さいはひ》は目的と意義との一致せる真実の行道なり」（十輯五編第三章十三節）

「応《まさ》に然り、汝ら、菩提樹の下《もと》に於て成道なしたまへる喬答摩《ゴータマ》が、この現在世に来りたまひてより、既に二千有余才の時は経過《たち》ぬ」（十輯十二編第五章三節）

『新明解国語辞典』（三省堂）によりますと、「正に（方にとも）は、以下に述べることが、明らかにそうとらえる以外にはないものだと判断される様子。将には、紛れもない事実として決定的な瞬間が目前に迫っていると判断される様子。当には、以下に述べることが、どんな点からみても当然のことであると判断する様子」と懇切に解説されています。一方、『明鏡国語辞典』（大修館書店）には、将ににについて、「あることが起こる、または、行われる真前であるさま。漢文の訓読「まさに…んとす」から。方にとも表記」と説明されていますが、方にの表記の仕方だけが、前者の辞典と異っています。従って、最終的に御神示の本文には、「将に」を採らさせていただいたわけであります。

次に、「出《いだ》す」という表現ですが、これは、「出《だ》す」の文語形といわれています。現代は、文章の世界から文語形がすっかり消えてしまっていますが、口語形に較べると文章に重味があり、荘厳な響が感じられることから、文語形に郷愁を覚える人が少くないといわれています。キリスト教の教会では、口語形の聖書が一般的ですが、文語形のものも備えてあり、時には、礼拝などで今だに文語形の聖書や讃美歌が使われているところがあると聞いております。

スフィンクスの声や歌聖典の場合、それは文語形を以て啓示されている天降の教法の根本原典であるが故に、この大原則は永劫に変らず、又変えてはならないのであります。

話は戻り、「出《いだ》す」の用例を聖典の中から幾つかを抜粋いたします。

「今はその主の面影さえ忘れ果てて、声をだに覚え出《いだ》さず」（十輯一編第九章五節）

「汝ら、久遠の現実の時空《ひととき》に己を見出《みいだ》して有情悉くもののために、その己を捨てて己を尽し……」（十輯一編第十八章十一節）

「世のをはりその一節《ひとふし》に、永遠《とこしえ》の朝の一時《ひととき》歩み出《いだ》さん」（十輯五編第十二章二十節）

「虚偽《うそ》と真実《まこと》を織り混ぜて、贋《にせ》の勾玉《まがたま》振出《ふりいだ》す、見れば可笑《をか》しく神の眼に、あやふき沙汰の限りなり」（十輯六編第三章八節）

「その第一歩に践《ふ》み出《いだ》す期《とき》とはなりたるなり」（十輯十一編第七章九節）

「光の真語《ことば》うるはしく
語り出《いだ》せる点灯の鳥よ
湧く泉の如清らかに
救霊《すくひ》を求む点灯の家に
七つの誓願《ちかひ》の
福寿無量　告げよかし」（二七六番第四節）

更に、「するに」という表現ですが、「する時に」とか「するに及びて」という意味が含まれている言葉で、辞書には、この「に」は格助詞の「に」から派生した接続助詞とされ、恒時条件を表わすものと説明されています。これは、旺文社の『古語辞典』に記述されているもので、同類の他の辞典には見られない説明です。

（二）「三度反省て《みたびかへりみ》後出《のちいだ》すべし」について

このみことばに関しては、十の巻のロゴスに次のような貴重な一節があります。正に心奥に銘記すべき一節であります。

「今徐《おもむろ》に是を見《なが》め、是を聞き、是に触るるにあたりても、一度《ひとた》び二度《ふたた》び更に三度《みた》び、正に汝ら反省《かへりみ》て、霊の叫びの声を聞け」（十輯六編第十二章十節）

（註）「是」とは、前節に「夢の浮世の花かづら」とのべられていますように、三次流転の現世《うつしよ》のことを指しています。

続いて、「三度《みたび》」という表現について九の巻に次のような一節があります。

「さらば人間《ひと》よ、生の意義を三度思惟せず、その目的を又三度確認せずして、只徒《いたづら》に世にあ

ること勿れかし」（九輯十一編第二十六章三節）

又、「反省て《かへりみ》」に関しては、次のようにのべられています。

「汝ら、証し人よ、心静かに己を諦観て《かへりみ》、今汝らの直向《ひた》に足どりゆく、その道に謬漏《あやまり》なきや、将又《はたまた》、如何なる道を践みつつあるやを、汝深く広く教の鏡に照験《てらしあは》せて、真実に謬漏《あやまち》あること勿れかし」（十輯五編第二章十三節）

「社会道《よのみちみち》の表裏、交際《まじり》し友や物事の、黒白《あやめ》のことを反省《かへりみ》よかし」（十輯五編第五章九節）

「汝ら、世《よ》界の人類《ひとびと》は、その自己生来《おのがうまれこし》ことを、思考《かへりみ》る曙光《あかつき》の時代《とき》となるに及びてより以来《このかた》、人の生存の世《よ》界に平和と自由と平等とを願ひ求めて来《きた》りたり」（十輯十一編第七章八節）

（三）「そは言葉は黄金《こがね》の玉の如く」について

旺文社の『古語辞典』によれば、「そは」の「そ」は代名詞で、「は」は係助詞とされ、「それは」の文語表現といわれています。この「そは」という言葉は、あとに続く文章の調べを格調高いものに導く不思議な言葉ですが、御主のロゴスに数多くのべられていますので、幾つかを抜粋しておきます。

「汝ら、水と霊とはむすひむすびて二つのものにあらず、そはうつす鏡とうつす光の相《すがた》と様にも似たるものなればなり」（十輯六編第九章一節）

「そは仮《け》の如く実の如し、そは非の如く是の如し」（十輯四編第四章十八節）

「そはその時に必要なくとも亦或時には必要なればなり」（九輯二編第七章四節）

「そは例えば、山に稔る栗の実は毬と皮と渋との彼方にあるものなるが故に、人若しこの実を取りて食せんと欲せば、先づその毬《いが》と皮と渋とを取り除かざるべからざるが故なり」（九輯二編第九章三十五節）

「そは今し世の真実を悟り知るべきのえにしにてありたればなり」（「おとばりのひじり」第一言の三節）

ところで、「黄金」の語の訓み方には、「こがね」と「くがね」「おうごん」などがありますが、「こがね」も「くがね」も、ともに古くから訓まれていたといわれています。

御主のロゴスに於ては、時に当り、事に応じて三通りの訓み方がされています。

「黄《こ》金《がね》の光燦然と、放ついづらの象徴《しるし》ある、天に通へるシオンの門」（九輯七編第十一章一節）

「泥《つち》を捏《ね》りて黄金《おうごん》とせよ」（十輯三編第九章六節）

「黄《こ》金《がね》の玉の如く輝き……」（一一二番第一節）

「或時光輝燦然の黄金宝石《くがねのたからのいし》を出《い》現《だ》し……」（十輯十一編第十四章三十四節）

「斑鳩《いかるが》の太《み》子《こ》と金人《くがねびと》の金箴《きんしん》にして……」（十輯四編第十六章二十八節）

（四）「研《と》磨《ぎ》たる劔《つるぎ》の如し」について

「とぐ」は、普通には「研ぐ」或いは「磨ぐ」と表記していますが、ロゴスに、「去にし世人も今の人も、智慧の明鏡を研磨明徹《とぎすま》して……」（十輯十一編第三章五節）と表記されていることから、御神示の表記はこれに従うことにいたしました。又、今回執筆に当ってこのことを考えながら山王通りを歩いておりました時に、奇しくも、すぐ目の前に「石川研磨株式会社」と表示した車に出会いましたので、更に確信を深くいたしした次第です。

なお、ついでながら記しておきますと、(三)に掲げた「黄金《こがね》の光燦然と」のロゴスの続きに「十来《とぎ》て澄み切る翡翠の階段《だん》に、雪より白き裳裾《もすそ》を引きて、みづらの君の天降《あも》りませる、姿ぞ実《げ》にもやんごとなけれ」（九輯七編第十一章二節）とのべられているいと厳かな件《くだり》があります。ここでは、「とぎて」の訓みに「十来」の文字が当られていますが、これには深いわけが秘められています。即ち、天降の救世寿（天火明尊）が完全無欠の十の世界から、九・八・七・六・五と次元の階段を降臨してこられる姿を、象徴的に「十来《とぎ》て」と描写せられたものと拝察することができます。そして、「十来《とぎ》て」の語が、「翡翠の階段《だん》」の枕詞のような形となってのべられてあり、言霊の調べの妙が窺われます。

次に、「劔《つるぎ》の如し」の劔の語についてですが、聖典には一貫してこの語が記されています。左に列記しますと、

「そのをはばりの劒《みつるぎ》は、平和の象徴《しるし》の劒《みつるぎ》ぞ、煩悩の醜《しこ》のそよぎを薙《な》ぎ倒し、禍津日《まがつ》を断ずる劒ぞ」（十輯一編第八章七節）

「神の御霊《みたま》の御劒も、心澄み切る実相《すがた》かな」（十輯六編第三章二節）

「世の曲津日の醜《しこ》草を、いざ薙払ふ伊吹きど籠めし、草薙劒の鎮もるをはばりの神都《みやこ》よ」（十輯六編第八章一節）

「双刃《もろは》の劒の波の間を、盲目《めしひ》となりて渡《ゆく》に似たり」（十輯六編第三章八節）

「ああ、汝らは幼児《をさなご》に鋭き刃物を弄《もてあそ》ばしむるに似たるなり。誰ぞ、この劒を鋭く研ぎて、この人の世に具《そな》へ置きたる者は」（十輯十二編第十七章七節）

「汝ら、義を謬見《あやまつ》こと勿れ、法は劒にして愛はその鞘《さや》なり」（十輯七編第九章十八節）

「つるぎ」には、「劒」と「剣」の二つの文字がありますが、「劒」は古字で、常用漢字では「剣」

が使われています。（角川書店『新字源』）

以上、これまで、ご幼少に於ける御神示其の四について、御主のロゴスに照して本文の語句とその訓み方を考察し、でき得る限り、原文（御主のみこころ）を忠実に再現すべく努めてきました。充分とはいえませんが、大方は再現できたのではないかと思います。

なお、後半の部分については、折々のお話の中で、「そは言葉は黄金《こがね》の玉の如く、又研磨《とぎ》たる劔の如きものにてあればなり」と説明を加えるような形で仰せになられたこともあります。この表現については、祈りの折に例文として「そは神は世界の根源にして人の生命の本源なるものにてあればなり」（十輯十一編第十九章一節）の一節を賜ったことから、冒頭に掲げた「そは言葉は黄金《こがね》の玉の如く、研磨《とぎ》たる劔の如し」のどちらの表現を採らせていただいたらよいかと迷いに迷ったわけです。思案の末、御主にお伺い立てて斎の目を打ち振ったところ、「三界は恰も火宅の如く、又生死輪廻の大海の如し、とは既に先聖子《さきのみこ》の説き給へるところなり」（十輯十編第四章一節）との節をいただきましたので、冒頭の文章にさせていただいたわけであります。考えてみますと、御神示がご幼少の折（八才―十五才）のものであるため、「……の如く、……の如し」の文型の方が、短くて記憶にとどめ易かったからとも思われます。

さて次に、御神示の本文そのものについて、御主のロゴスに従ってその真義《みこころ》を繙くことにいたします。

「今将《まさ》に語り出《いだ》さんとするに」は、その字義のように、いよいよこれから言葉を語り始めようとするに当っては、という意味ではありますが、短かい句の中から、時に臨む厳粛な気持が伝わってまいります。そして、このあとに、「三度反省《みたびかへりみ》て後出《のちいだ》すべし」と続くわけですが、このみことばに関して、九の巻に次のようにのべられているロゴスがあります。

「汝ら、彼を謗《そし》る前に、その謗らんとする己《おのれ》の心の状態を三度反省《みたびかへりみ》よ。汝ら、怒《いか》れる者の前に立ちては、三度己の心に是を間へ、我、此の日まで誰人《たれびと》のあやまちをも責《せ》め且怒《いか》らざりしやと。又汝ら、彼の偽りごとを責《せ》むるにも、汝の心に是を問ふこと三度《みたび》にして、而して、更に是を反省《かへりみ》よ」（九輯十二編第十一章一—三節）

ここでは、「反省」の語に「かへりみ」と訓まれていますが、十の巻にもあり、次のようにのべられています。

「正に汝ら、反省《かへりみ》て、霊の叫びの声を聞け」（十輯六編第十二章十節）

「尚積善の足らざる自己《おのが》不徳《ふとく》を反省《かへりみ》て慚愧《ざんき》し、号泣して天に祈る者は真《まこと》に幸福《さいはひ》なる哉」（十輯五編第八章二十一節）

又、語とその趣は異りますが、同じ十の巻に、「思考《かへりみ》る」「顧《かへりみ》れば」と記された節がります。

「世界《よ》の人類《ひとびと》は、その自己《おのが》生来《うまれこし》ことを思考《かへりみ》る曙光《あかつき》の時代《とき》となるに及びてより以来《このかた》」（既出）

「ああ、汝ら、人間《ひと》今にして顧《かへりみ》れば、その識想は、幼児《をさなご》の如くもありしなり」（十輯十一編第九章十四節）

さて、三度反省することを三省といいますが、辞書に「幾度も我が身を振り顧みて己が身を修むること。曽子が、日に三つの不道徳的な行為がなかったかどうかを反省した故事より出ず」（平凡社『大辞典』）と解説されています。この三つの反省について、論語に「吾日に吾が身を三省す。人のために謀りて忠ならざるか。明友と交わりて信ならざるか。習わざるを伝えしか。と」（加地伸行全訳注『論語』講談社学術文庫）と記されています。なお、三度に亘って自己を反省することが、人生に処する上で如何に大事なことであるかということですが、御主のほかのロゴスに静慮して三度思惟することの尊さを教示されたところがありますので、謹んで抜粋させていただきます。

「されど汝ら、今茲に静慮して三度想へ、世は移り、物は変り、花は咲きて散り、木の実は熟《う》れて地に落つるとも、永遠《とこしへ》に新なる生命の願を、茲に成就《かなは》しめんと叫び給ふ、宇宙根元の法性《ダルマ》の聖愛《みこゑ》を」（十輯三編第五章八節）

このロゴスは、十一月十二日の朝の祈りに於て賜わったものですが、今回の執筆期間中のことでもあり、恐懼して拝聴いたした次第であります。

続いて、下の句に移ります。上の句をうけて、「そは言葉は黄金《こがね》の玉の如く……」とその理由を明らかにしておられますが、御主のみこころの内に坐す黄金の玉とは、どのようなものなのでしょうか。

畏くも、その奥秘を開解させていただく手懸りとなるロゴスがスフィンクスの声に教示されています。ここに幾節かを記します。

「汝ら、神は光にして善なり、善にして永遠の生命《いのち》、真理の実在なり。この神によりて生くる

者の信は、恰も黄金の球《きう》の如し、そはその信の変りなく動くことなければなり」（十輯十編第十章七節）

「汝ら、真実の信は不二一路なり。その信の光輝は恰も黄金の球《きう》なるものの如し、是を持つ者は識不識を超え、賢不賢を超ゆ、その秘厳の神変尽十方を法楽し、その聖炎《プロミネンス》超三世に照焔《てりはため》きて普現《あまね》く隠蔽《かくれ》なし。その信の光輝黄金の球《きう》の如く灼然《しやくぜん》として純乎燦然《じゆんこさんぜん》たればなり」（十輯十編第十四章九節）

「人よ、汝ら、善の行道《あゆみ》を止むること勿れ。善行は恰も黄金の毬なるものの如し、この毬の転ずる処、生の光輝燦然たり」（十輯十一編第七章四十七節）

「汝らよ、汝らが意識に映り来《きた》る神の存在性も、純金の球《たま》の如くになるまでは、日毎夜毎にスフィンクスの声を繙きて、神の真理を探究《たづ》ぬべし。而して汝らよ、純なる聖なる全なる黄金《おうごん》球《きう》の神の世界の真中《ただなか》に永遠の自己を発見すべし」（九輯六編第十章二十七―二十八節）

「今、汝らはその掌上《しやうじやう》に金光《こんくわう》の玉を見ん、この玉誰のものなるや。汝ら、己が子を慈愛《いつく》しむこと恰も掌中の玉の如し、といふを聞けりや。汝ら、天降の救世寿は久遠の生命《いのち》なり、その久遠の生命《いのち》即ち汝らの心《こころ》界の中台《うてな》に輝く金光《こんくわう》の玉なり」(十輯十二編第一章十四—十五節)

歌聖典より

「真人の実相《すがた》　いと美《うる》はし
黄金《こがね》の玉の如く輝き
水晶の柱の如く透《と》ほ明る
錆ることなき　黄金《こがね》の真玉《またま》
曇ることなき瑛柱《たまのはしら》」(一一二番第一節)

次に、むすびの句「研磨《とぎ》たる劔の如し」について考察いたします。

「研磨《とぎ》たる劔」とは、研ぎ磨かれた鋭利な刀剣のことを表していますが、劔の用例のところで挙げたロゴスの中に、「ああ、汝らは幼児《をさなご》に鋭き刃物を弄《もてあそ》ばしむるに似たるなり。誰ぞ、この劔を鋭く研ぎて、この人の世に具へ置きたる者は」と誡めておられますように、劔は、時に凶器ともなる厄介な代物であります。俗に「語る言葉に刺がある」「語気を荒らげる」や「烈火の如く怒をあらわにする」など、言葉の劔を振りまわすことを形容した、悪い意味をもった表現があります。まことに、「言葉は研磨《とぎ》たる劔の如し」と仰せられる通りであります。

所詮は、言葉を語る人の心に問題があるということになるわけですが、御主は、神仏への信仰によって浄められた心から、清く、明るく、正しい真実の言葉が発せられると仰せになっておられるのであります。

天降の教法によりますと、言葉と心と寿戒の三つが不離密接な関係にあると説かれ、その真義が聖典の随処に於て解き明かされています。即ち、清く、明るく、正しい言葉は、清く、明るく、正しい心から生れ、その心は、信仰による寿戒（天祖の戒律）の遵守から生れるといわれていますが、今ここに、その三つの要訣を説示されたロゴスを挙げて、実践窮行の参考に供したいと思います。

（一）語る言葉について

「汝、日々に汝らの言語《かたることば》、所業《なすわざ》、行道《ふみゆくみち》の正しからんがために、常に正しく明かにあらざるべからざるなり。汝ら、その言語《かたることば》、その所業《なすわざ》、その行道《ふみゆくみち》の常に正しく明かにあれ、さらば汝の願へる幸福《さいはひ》は彼より汝に訪れて来《きた》らん」（十輯九編第五章五―七節）

「汝ら、愛の言葉を語れかし、愛の言葉は善と福との創造の祈りなればなり。汝ら、愛の言葉を語れかし、愛は泉に湧く清き水、愛は一切の罪を消滅する聖なる火なり」（十輯九編第十一章十一―十六節）

「汝ら、愛の真言《みことば》を以て思ひ念ずることは、その念ずる如く彼のうへに及びて、その信は共鳴せん。汝らよ、人を生かし世を清むる信は無上最勝のものなり」（十輯九編第一章二十一節）

「世の人信をばかざして
愛を語れかし
信によれる者悩みを知らず
愛を知る者常に安し」（一二三番第二節）

「まごころの美しい言葉の花、行《おこなひ》の花、姿の花、心の花が咲き香ふまでに、夜も日も続けて祈ること、世の人々の心の罪の恩赦のために祈ることです。寿《クス》の声に『美しき明るき清き人』でありますやうに、『心に神の声のひびく最善《いとよ》き人』でありますやうに、『諸の悪に染まず善良なる人』でありますやうにと、常に心のうちに祈り、つづけてあらねばなりませぬ。この祈りが心に成就される時、美しい言葉の花、行の花、姿の花、精神の花が咲き香ふのです」（昭和三十三年九月十二日「救寿の教を世に御告《みつげ》する人々へ」より）

（二）心について

「汝ら、心を浄めよ、心は天祖の祭壇なり。汝ら、口を嗽《すす》ぎ、手を洗ひ、足を清むることも大切なり。されどその心を浄むることは尚更大切なることとなり。さらば汝ら、先づその心を浄めよ、心を浄めて、而して己の欲することを祈り、又思ふことを誓ふべし、然すれば、汝らのその祈りは必ず応験《かな》へられん」（九輯九編第十六章一―五節）

「汝ら、日々常に戒《あらた》めて、想《こころ》を清くあらしむべし。その身を浄くあらしむべし。汝ら、その手を洗ひ、その口を嗽《すす》ぎ、その足を洗ふに先だちて、先づその心をば清むべし」（十輯十一編第十六章四十四節）

歌聖典より

「実《げ》に世の人よ　思へかし
たふときものは　心なり
神を愛して　善を知る
人の心のまことなり」（三二〇番第一節）

（三）寿戒について

「汝ら、心して聞け、寿戒は汝らの世に生ける平安のために設けられたる愛の律法なり」（十輯四編第十二章二十九節）

「寿戒は生命《いのち》の言始《ことば》なり、言霊の寿言《ほぎごと》なり、生命《いのち》の言吹きなり」（十輯九編第十一章二節）

「寿戒は永遠《くわんき》の芸術《リズム》の尺度《はかり》にして光明《さいはひ》の道徳の鏡なり。汝ら、この寿戒の永遠《くわんき》の芸術《リズム》の尺度《はかり》と光明《さいはひ》の道徳の鏡とによりて、常に己を正し、家を正し、物を正し、言語《ことば》を正し、思を正し、行を正すべし」（十輯四編第十一章九―十節）

「寿戒は汝らの凡ての迷ひの種子をば崩壊せしむるところの不思議なる真理の力なり。その寿戒の唯一つを能持すること能はば、その積善《みとく》によりて次《あと》の九戒《ここのつ》は自ら能持すること能ふなり」

（十輯七編第一章二十七―二十九節）

「汝ら、寿戒の生ける姿は天降《あも》の救世寿《くせじゅ》なり。されば汝ら、天降の救世寿の御名を呼べば、その御名の秘厳によりて人は自然に寿戒を成就し、寿戒と汝とは相即不二の実相を現ずるなり。ああ、汝ら、福寿の戒を持《たも》たんがために天降の救世寿の御名を呼べ、天降の救世寿の世に来《きた》り給へるは、その唱《とな》へることばの秘厳によりて、世に天降の現実を開顕せんがためなるなり」

（十輯九編第十章十二―十八節）

国家には国法があり、社会には道徳があり、宗教に於ては戒律が存在しているわけですが、国法も道徳も、その根底には宗教上の戒律が厳存しているといわれています。

この戒律の中で夙に知られているものは、仏陀の十善戒を始め、モーゼの十誡、イエス・キリストの山上の垂訓ですが、御主の御教に於ては寿戒と称されています。寿戒は天祖の律法であり、天の国の聖愛《アガペー》の律法といわれていますように、人類有情悉くものを救い給う天祖の大愛の誓願によって設けられた聖なる戒律であります。従ってこの寿戒には、霊妙不可思議なる秘密力というものがあって、自然にこれを能持することができるように神慮《みこころ》されているのであります。

ご幼少に於ける御神示其の四の訓み方と意義について考察を進めていくうちに、寿戒のことを言及する結果となってしまいました。

これは、御神示にのべられていますように言葉を語る人の心構えが如何に大事であるかを仰せになっておられるからであります。

先のロゴスの如く、信仰によって心を浄め、浄められたその心から真実の言葉が発せられるとのべられ、更に、その心を浄める最勝の方法が、寿戒に献身することであると説いておられるのであります。又、迷妄の心から悪に従い、罪を犯し、苦が生れてくることから、まず懺悔の心を発念し、この迷いの種子を破摧する寿戒の功力を信じて祈ることが何よりも大切であると強調しておられるのであります。

静に顧みますと、私共が混迷極りないこの現象世界に在って寿戒の精神を成就することはまことに至難の業《わざ》であると云わねばなりませんが、これは人類にとって窮極の課題でもあり、永遠の理想でもあります。

終りに臨み、寿戒に対して崇高なご境涯を、身を以て顕現された蔽顔《おとばり》の救主《くじゅ》の御聖徳を景仰申し上げるとともに、今一度、ここに謹んで珠玉のロゴスを掲げ、本項のむすびとさせていただきます。

「ああ、楽し、楽し、瞬々時々を戒に住みて、寿華千才の涌泉を汲み、日々旦暮を戒に住みて、寿実万歳の神秘を知る、躯身《くしん》僅に尺贏《しやくえい》にして未《いま》だその丈六の長を越えず、命脈の一世漸《やうや》く百齢に及びて、尚千歳の久しきに至らず、されど内在秘奥の霊性は、その瞬時にして寿泉無限の長瀧《ちやうろう》を測り、寿脈無窮の不断を谷《きは》む。妙なる哉、神人の契約一如となりて、聖戒久遠の朝を呼べり。人天無尽の長者となり、且無限の富者となる。善哉《よいかな》、汝、戒は金剛不退転の信の座《みくら》なり。ああ、この至上寿戒に正覚し、是に在住して法愛《あも》の秘曲を常楽する者は、真《まこと》に此上《こよ》なき平安なり」（十輯十一編第九章二十九―三十二節）

（天暦四十四年平成二十年十一月二十六日　謹書）

其の五

われは竹松《たけまつ》の命《みこと》なり。この道は、竹と松との堅き道、
根は絶えず色は変らず。これより汝を守護せん。

蔽顔《おとばり》の救主《くじゅ》がこの御神示をいただかれたのは、大正十二年、御年十四才の時といわれています。越前国（福井県）坂井郡の釜ヶ淵で神隠しに会って、山城国（京都府）の鞍馬山に入山されてから最初に受けられた御神示で、所謂竹松の御神示と称されているものです。

時はしも大正十二年八月六日のこと、蟬の声も静まり、やがて夕べの帷が降りようとする頃、竹田川上流の釜ヶ淵というところで友人と水浴中、にわかに神隠しに会って御主《おんしゅ》の姿が消え去り、村中の大騒ぎになったわけです。一方鞍馬山では、一山の行者の長《おさ》であられた松岡日恵翁が、既に「汝に一人の御子を授ける」との神のお告げを受けて待っておられ、恭しく御主を迎えられたので

あります。

この神隠しの秘事について、後年御主は、往時を回想され、「大きな鳥のようなものに乗せられて宙をふわりふわりとゆく心地で、伏見の森を巡って鞍馬の頂上へと飛ぶようにしていきました」とのべられています。

又、松岡日恵翁との奇しき巡り合わせの御事について、尾張国で啓示されたスフィンクスの声の中で次のようにのべられています。

「静なる夕《ゆふべ》よ、聖《きよら》なる祭典《みまつり》の夕よ、空《みそら》より降りぬ此の日の雨は、諸《もろもろ》の人の心の苦悩を清むるなり。汝ら、この宵は 導《みちびき》の命《みこと》の祭の日なり。汝ら、蔽顔《おとばり》の救主《くじゅ》、世に生誕《うま》れ、年月《としつき》の未《いま》だ若く、十四歳《とをあまり》の頃なりき、蔽顔《おとばり》の救主《くじゅ》を公生活に導きて、人類のため浄化《きよめ》の聖業《わざ》をなさしめんと、導の命は導き給へり」（十輯三編第三章一―三節）

このロゴスに、「導の命は導き給へり」とのべられている導の命とは、ほかならぬ日恵翁のことを指していますが、「蔽顔《おとばり》の救主《くじゅ》を公生活に導きて」とのべられていますように、この日この宵を天機として、ここに御主の宗教的公生活が始められることになったのであります。

ところで、導の命といえば、『古事記』に、天孫降臨に際し、天つ神の御子に仕うべく道案内をされた猿《さる》田《た》毘《ひ》古《こ》神のことが記述されています。御主は、この神のことを道祖《みちのみおや》、大神仙《さるたひこ》と称され、歌聖典の中で弥高くその御神徳を讃唱されています。ここに、その曲の一節を二つばかり記させていただきます。

「導きの神仙《みこと》のとぼこ　さすらへる
萬世《よろづよ》の人の心を　守りてよ
闇と光の　やちまたに
あやめの道を　わきまへず
さまよへる者を　いつくしみ
直霊《なほひ》の国に導けよ
さまよへる者を　いつくしみ」（一三番「導きの神楽《かぐら》」第一節）

「頂より放つ　五次光は
天降の神仙《さには》の　宝冠《かむり》なり
左拳《さけん》は虚空《こくう》の　秘霊《ひじ》を取り
右手《めて》は三次の　波を切り

明暗《あやめ》の翼　小車《をぐるま》の
めぐるが如く　はばたきて
無明の涯も　光明の
極にも通ふ　大神仙《さるたひこ》
無限《むげ》のたまきを　往復《ゆきかえる》
水の流れの　如くにぞ
到り及ばぬ　処なき
道祖《みちのみおや》の　大神仙《さるたひこ》（六三番「秘厳讃歌」第四節）

ついでながら記しておきますと、右の二曲は、昭和二十年終戦の年とその翌年に啓示されていますが、歌詞にもありますように我が日の本の国の行く末を観じられて、その聖旨《みこころ》を歌に託してのべられたものと拝察されます。と同時に、その聖歌が啓示された時機を前にして相次いで逝去された御主ゆかりの方々、導の命達への追慕の念をこめてその御徳を讃えられたのであります。

因に、これらの方々の年譜を繙いてみますと、終戦の年の六年前昭和十四年に松岡日恵翁逝去（五十七才）昭和十七年に清水安次郎翁（八十三才）、昭和十八年に三田善靖先生（五十九才）、昭和十九年に飯野吉三郎翁（七十八才）、有馬良橘翁（八十四才）、昭和二十年に清水さと夫人（八十八才）、そして小越章敬氏（五十八才）が逝去されています。いずれも御主とご神縁の深い方々ばかりであります。

右に掲げた二曲の聖歌は、ほんの一部にすぎませんが、ほかの歌詞にも切々たるお心が歌われてあり、旋律も荘厳窮まりなく、詩情豊かな調べとなっています。特に「秘厳讃歌」のむすびの節には、「大慈悲心をたて給ひ　有情のうへに霊光を天降《あまふ》らしつつあり給ふ　みなさけ深き神仙《みつかひ》は　限り知られず在《おは》せども　この神仙《みつかひ》ぞ　恩寵の深き真理をひらくなり」と歌われ、導の命に寄せられたお心が如何に甚大であられたか、この一節からその片鱗を窺うことができます。

さて、始めに書きましたように、御主は大正十二年の八月六日、神隠しに会って鞍馬山に降り立ち、松岡日恵翁に迎えられて貴船と鞍馬山に於ける修行生活が始められたわけですが、程なくして、冒頭の御神示をいただかれたといわれています。

この御神示について、順次本文の字句に従って真義を繙いていくことにいたしますが、日恵翁の御事については、平成十九年十二月十五日付「蔽顔の救主の御神縁の人々其の三」に於て詳細を記述しましたので、ここでは直接御神示に関わる事柄だけを記すことにいたします。

まず御神示は「われは竹松の命なり」で始まり、「これより汝を守護せん」とむすばれていますように、竹と松に関わる御神名を持たれた御方が、導の命として御主を誘《いざな》い導き、守護されることを明かに示されたものであります。

　辞典には、命は「御言の意、神・貴人の敬称」（『新明解国語辞典』）又、「尊貴な人の仰せ言をいう。御言の意、みは接頭語。またその人を尊んでいうとき、命・尊をその名の下にそえていうことがあり、その場合は御事の意で婉曲語法。みことを単独に使う時はすなわち命の意である。命《めい》はもと神の託宣をいう」（白川静著『字訓』）と記述されています。御主のロゴスに於ては、「神は言《みこと》なり、言《みこと》と神は一如《ひとつ》なり、それ故に神は言《みこと》をのりたまひ、言《みこと》は神をものがたれり」（十輯一編第六章二節）とのべられています。従って御神示の竹松の命は、竹と松に関わる黙示を秘めた御方ということであり、具体的には、竹と松の姓氏をもった使命のある方ということができます。

　鞍馬山で御主を迎えられた松岡日恵翁は、正に松の黙示に関わる姓氏を如実に表示されたお名前の方であります。当時日恵翁は、一山の行者会の長《おさ》として指導に当り、鞍馬講の中心的存在として信頼と尊崇を集めておられたといわれています。

　太田亮著『姓名家系大辞典』によって松岡家のことを繙いてみますと、松岡姓の筆頭に「松岡真人」の名が記され、「熱田神宮の祠官にして、熱田宮舊記に『中臈禰宜、姓氏戸の事、松岡真人日本武尊東征の時、随従の士也』と見ゆ」と記述されています。又、同著末尾の項に、「京都の本草家に松岡恕庵あり、又相模足柄下郡箱根の人松岡廣吉は箱根新道を開く。✡を家紋とするあり」とも記述され、松岡姓の黙示の豊かさを表しています。

「松岡真人」のことについて附言しますと、「真人」の語が文献上初出するのは、『日本書紀』巻二十九の天武天皇十三年の条に、「更に諸氏《うぢうぢ》の旗姓《やからかばね》を改めて、八色《やくさ》の姓《かばね》を作りて、以て天下の萬姓《よろづのかばね》を混《まろが》す。一《ひとつ》に真人《まひと》と曰《い》ふ」の記述とされています。以下二から八まで、朝臣《あそみ》、宿禰《すくね》、忌寸《いみき》、道師《みちのし》、臣《おみ》、連《むらじ》、稲置《いなき》と姓の名が続きますが、「真人」は、これらの八姓《やくさ》の最高位にランクされています。この真人の語に関して霊妙不可思議ともいうべき現象があります。それは、御主が神隠しに会われた大正十二年という年の七月に、細井魚袋、市山盛雄、中山哲夫等の同人作家によって「真人」という名称の雑誌が創刊されたということです。

ご承知のように、この「真人」という言葉は、御教に於ては天降の神学上の要《かなめ》中の要、高次元の概念の言葉として聖典の随処にロゴスされています。即ち、スフィンクスの声九の巻の一編第一章初発の節から真人の語がのべられ、そして、十の巻の最終編の最終章にこの語がロゴスされているのであります。

紛れもないこの事実は、この語が如何に大切なものであるかを証ししているといえます。

以上のようにいろいろ黙示を繙いてみましたが、松岡日恵翁の御家系が右に記述した熱田宮の祠官である松岡真人の流れの家系であるという確証があるわけではありません。日恵翁が逝去せられて六十八年を閲《けみ》した今日、その真相は知るすべもありませんが、種々の黙示から実像の一端を窺うことができます。

余談となりますが、昭和五十九年八月六日のことです。大正十二年八月六日の神隠しの秘事について、当時の資料をもとに執筆していたのですが、ちょうど同じ八月六日に、第二十三回ロスアンゼルス・オリンピックの柔道六十五キロ級決定戦で京都産業大学の松岡義之選手が、韓国の黄正五選手と対戦、見事金メダルを授賞したわけです。松岡選手は日恵翁と同じ姓氏であり、同選手が所属する京都産業大学は、北区加茂本山にあり、鞍馬山への街道沿いに建てられていたことから、奇しき黙示を表しています。又、大正十二年四月十七日付の大阪朝日新聞を調べていた折、第一面下段の広告欄に、「壹等賞金牌受領、マツオカ精米機　京都東七条上ル　清水合名会社」と記載されている文字が目に飛び込んできたのですが、ここにも、日恵翁と御主に関わる姓名の黙示が顕現されていたわけであります。これらのことがらは、偶然の一致というよりも必然の道理というべきものであり、現象世界に於けるささやかな事象を通して、御神慮を教え示し給うのであります。

ともあれ、松岡日恵翁は、御主とのご神縁深き方であり、竹松の命の松の如く、導の命として御主を守護し奉るご使命の御方に坐したのであります。

かつて御主が、松岡日恵翁についてお話をされる時には、必ず「まなたりさま」と、深い尊敬と親愛の情をこめてのべておられたことが懐しく想い出されます。開教当時の古い文書によりますと、「まなたり」の訓みに「全達」の語が充てられています。この文書は、昭和二十三年に宗教法人令が施行された時に、文部省に提出した書類の一つといわれていますが、ご参考までにその一部を抜粋しておきます。標題が「教主天降の救世寿略伝」となっており、次のように記述されています。

（原文のまま）

「御鞍山《みくらやま》（鞍馬山のこと）の裏辺貴船の宮のほとりに全達《まなたり》の命と呼ぶ方住みて居給ふ。これはみちびきの神のいつくしみ給ひし真人にして、この方にみちびきの神あらかじめ童《わらべ》の来訪をつげ給へり。やがて全達《まなたり》の命は、童を迎へて童を身をつくし心をつくして保護し給ひたり」

御主は、日恵翁のことを終始「まなたりさま」と呼んでおられたのですが、翁は、御主のことを始めの頃は「しんしよう」と呼ばれていました。そして後に、御主に「真照《まてる》」という御名を贈られています。この名前は、御主に降臨せられた天火明尊（饒速日尊）の御神名に冠称されている「天照《あまてる》国照《くにてる》」の黙示を秘めた奇しき名称であり、翁が御神霊に感応していただかれたものと拝察いたします。

顧みますと、まなたりさまが、導の命として御主を迎えられたのは、御年四十一才の時といわれていますが、以来十年の才月に亘り、貴船の居宅に於て御主を導き、守護されたのであります。そして、御主がその地を後にされてからは、何時の日か御主が大成されて御教を開かれるそのことを夢みつゝ、逝去のその日まで、ひたすら御主の無事息災を祈り続けておられたといわれています。翁は明治十六年（一八八三）に誕生され、昭和十四年（一九三九）に五十七才を以て逝去されたのですが、御神示に遺されていますように、竹松の命に於ける松の命の貴きご使命を全うされたのであります。

なお、松岡日恵翁の果された松の命としてのご使命は、やがて御主が三十三才の砌、富士の裾野の聖庵を解かれて尾張国愛知県に入られてから、松原家の人々に受け継がれるところとなり、ここに天祖光教が開教される礎となったのであります。このことの詳細については、改めて記述することにいたします。

次に、竹松の命に於ける竹の命の黙示について考察いたします。

御主が鞍馬山に入られてから、ちょうど七年後の昭和五年の秋に、貴船の松岡家に於て、奇しくも御主（御年二十一才）に巡り逢われた高岡健吉氏が、竹の命としてのお役目を果されることになるわけですが、以下にその経緯の概要を記します。

高岡健吉氏（教名萬寿）は、明治三十六年（一九〇二年）十月二十日のお生れですが、御主に巡り逢われたのは、二十八才の時です。当時、京都市の衣笠（大将軍川端町）で敬天愛人運動を推進されていた山田耕民氏（本名掘主一郎陸士第十五期生）宅に寄宿しておられたのですが、或る日のこと、同氏から真照様の許へお手紙を届けるようにといわれ、貴船の松岡家を訪問されることになったわけです。あらかじめ山田耕民氏より御主のお人柄について聞き及んでいたものの、身近にお会いしてみると、清らかで神々しいお姿から発せられる穏やかな霊気に、いい知れぬ強い感動を覚えられたのであります。この時御主は、黒の純正服を召され、髪を長くしておられたとのことで、ひとこと、「ようこそ御越し下さいました。ゆっくりしていって下さい」と、いとも丁寧におっしゃったそうです。

以来、山田耕民氏が各界の名士や知人に御主を紹介されるときには、いつもお伴をするようになり、心秘かに、この方こそ真《まこと》の師なりと確信を深めていかれたのであります。そして時は過ぎ、昭和十六年にスマトラへ従軍、後終戦により帰還して天母里《てんぼり》へこられ、御主に仕え、守護されたのであります。

御主は、高岡健吉氏のことを日常召緒《めしを》と呼ばれ、和照という名前を贈られています。又御主は、神流の家門を尊重せられ、梅の館清水家を始め、松の館松原家とともに竹の館高岡家の三家を御教に於ける御三家と称されています。

これまで高岡家に竹の命のご使命が附与されていることを記述してきましたが、ここで高岡という姓氏について少しばかり考察してみます。

平安時代の後期に成立した『新撰姓氏録』によりますと、和泉国の神別の項に「高岳首《たかおかのおびと》」があり、「饒速日尊の十五世の孫、物部鹿鹿火大連《もののべのあらかひのおほむらじ》の後《すゑ》なり」と記載されています。「高岳」は「高岡」とも書き、御主に降臨された饒速日尊のご神流にゆかりの氏族であることが解ります。又、太田亮著『姓氏家系大辞典』に「篁岡《たかおか》」の姓があり、「尾張熱田神宮祠官に此の氏あり。長岡朝臣姓也」と記述されています。篁は、「たかむら」とも訓じ、竹の林の古語とされており、竹に関わる黙示を如実に表しています。既に書きましたように、松岡姓の第一に、「松岡真人」の名が記され、熱田宮の祠官であることが記載されていましたが、ここにも、奇しき黙示の暗合があったわけです。熱田神宮には、その昔尾張氏の神宝である草薙劔が土用殿に祀られ、それを守護奉っていた祠官が祖神に天火明尊（饒速日尊）をいただいていたといわれています。

さて、次に御神示の中ほどに、「この道は、竹と松との堅き道、根は絶えず、色は変らず」とのべられていますが、竹と松そのものに象徴される黙示の事象について繙くことにいたします。

一、松について

（一）松はマツ科マツ属の常緑の樹木の総称で、数多くの和名の由来があります。久しく齢を保つところからタモツの略転。久しきを待つところからモツの意味。行末を待つの意。万年の齢をもち、常磐の色を保つところからマツの意味。マはマコトの声母、ツはツヅマルの意味。葉が二又に分かれていることからマタの転。等々、様々な名称の由来があります。

（二）松には、次のような別称、雅名があります。アサミグサ、イロナグサ、オキナグサ、オリミグサ、クモリグサ、コトヒキグサ、チヨグサ、トキワグサ等。アサミグサについては、十の巻のロゴスに、「呉竹の林かしこし、朝見草松の代を待つ幾千歳」（十輯四編第四章三節）と、枕詞のようにのべられています。

（三）松は、古来常緑で美しいことから神の宿る木とされ、様々な民俗行事や祝い事に用いられてきました。松が文献に最初に登場するのは、『古事記』で、景行天皇の条に次のように記述されています。

「尾張に直に向へる　尾津の埼なる一つ松　あせを　一つ松　人にありせば太刀佩けましを
衣《きぬ》着せましを　一つ松　あせを」

この一節は、ヤマトタケルノ命が、尾津の崎の一つ松のもとで食事をされた際に、そこに置き忘れた太刀が、紛失せずにそのまま置かれていたことにいたく感じて褒め歌われた言葉といわれています。

（四）松は、古来神聖な木として神の依代とされてきましたが、『万葉集』に、「茂岡に神さび立ちて栄えたる　千代松の木の年知らなくに」（紀鹿人）と詠まれています。

（五）正月に飾る門松は、本来神格化された松を飾って降臨する年神の依代としたものといわれていますが、この習俗が始ったのは、平安時代の後期とされています。又、古来熱田神宮の大福田柱（天火明尊を祀る）では、祭礼の時ここから出される山車《だし》の屋根の上に神の依代として松の木が立てられていたといわれています。

（六）松は百年に一度開花することから、芽出度い木のシンボルとされていますが、松の齢が長寿のたとえに用いられる所以がここにあるといわれています。

（七）キリスト教では、聖母マリアがヘロデ王から逃れるため、イエスを連れてエジプトに避難された時、松の木が枝を垂れて聖母子の姿を隠し、追手から守ったという話を伝えています。

（八）加賀百万石の礎を築いた前田利家公は、祖神に菅原道真公をいただく名門の出身で、家紋が梅の花となっていますが、その利家公の夫人の名が「まつ」（のち芳春院）で、明るく気丈な女性として公に身命を捧げ、守護されたのであります。これは、松の命が梅の命を守護した黙示の一つといえます。

（九）茨城県の光了寺所蔵の「孝養松葉太子」のことについて――平成十四年三月三十日に名古屋市博物館で「聖徳太子展」が開催された時、国宝、重文など一七〇余点が展示されたのですが、その中で一番強い印象をうけたのが、孝養松葉太子像であったのです。

頭髪を美豆良《みづら》に結い、赤袍と袴を着け、手に生きた松葉をもたれた凛々しいお姿でした。これには、次のような由来譚があります。

聖徳太子が御年三才の春に、父の用明天皇に伴われて桃の花をご覧になられた折、天皇から「桃の花と松の葉のいずれが好きか」と問われて「松の葉」と答えられたのです。天皇が不思議に思われ、そのわけをたずねられたところ、太子は「桃の花は美しくてもひとときのことで、じき散ってしまいます。松の葉は桃の花のように美しくはありませんが、いつまでも色を変えないと承っております」と、答えられたとのことです。この太子像には、松葉が手の指の間に挿し込めるようになっているため、本物が挿し込められてあり、時々、取り替えられている旨のことが解説されていました。当時、ＮＨＫの大河ドラマ「利家とまつ」が放映中で、とくに松の黙示を繙いていたこともあって、今回思い出して記述した次第です。

（十）（三）でヤマトタケルノ命の一つ松のことを書きましたが、加賀国金沢の兼六園に命の尊像が建立されています。奇しくも蛇、かえる、なめくじの三すくみの上に鎮座坐していますが、そのあたりは千歳台と称され、見事な根上り松を始め、天然記念物の菊桜などが植られ、庭園の仕組の深さを物語っています。又、同園の北西には、十三代藩主の時に種子から実生した唐崎松があり、この松の雪づり作業は、北陸路に冬の訪れを告げる風物詩として夙に有名です。

（十一）畏くも第百二十四代昭和天皇が、松に因んで次のような和歌を御詠されています。

「ふりつもる　みゆきにたへて　いろかへぬ　松ぞをゝしき　人もかくあれ」

この御製は、終戦の翌年昭和二十一年の新年歌会始めの御儀に朗唱された和歌ですが、御神示の条に「色は変らず」とのべられていますように、松の真実の姿を言祝ぎ給われたものであります。かの終戦の詔書の中で、「耐えがたきを耐え、忍びがたきを忍び……」と仰せられた裕仁陛下の仁慈弥深き大御心が思い偲ばれてなりません。なお、この御製を記しながら、ふと脳裡に天降の聖歌の一節が浮びましたので、謹んで掲げさせていただきます。

「百世《ももよ》の星をば　知りつくせる
常盤《ときは》の松にも　冬ぐれには
凍《ここ》ゆるばかりの　雪をしのぶ
ひとびと汝も　斯《か》くあらめや」（三四番第二節）

因に、この歌曲が啓示されたのは、昭和十二年（一九三七）二月八日となっています。この年は、九星でいいますと、九紫火星、干支では丁丑に当っています。年こそ違いますが、昭和天皇御生誕と同じ九紫火星の辛丑と暗合しております。又、このことを書いている今年（平成二十一年）の九星が九紫火星で干支が己丑で同じ丑年に当っており、黙示の妙を現わしています。

ところで、スフィンクスの声には九の巻十の巻とも、松に関わる黙示豊かなロゴスが数多くのべられていますので、特に要となる箇所を抜粋し、一部註を附して記します。

「梅が香に月影をまつよにかけて呉竹のふしよめでたく盛られたり」（九輯三編第十一章一節）

「三千世界にいづら火の、花咲き初《そ》めて来にければ、待つに久しき竹の世の節より節に節をなす、不死の世界の世の始め」（九輯七編第九章五節）

（註）松を待つに言掛けて竹の枕詞としてのべられています。

「世のをはりどを高知らす、東谷山《とこくにやま》の神奈日《かんなび》よ、神霊《かみのみたま》の鎮もりて、松の緑の色ふかし、天の真名井のうつし世の、鏡の水の澄み渡る、三種一世《みくさひとよ》の中今の、ああ、聖戒に鳴りひびく、鈴の音清し永遠《とは》の朝。世のをはりどを高知らす、東谷山《とこくにやま》の神奈日よ、天津《あまつ》光に照りそひて、をはりなき世を松風の、葉琴かなでて遠長に、永く久しく神の道、日の教《みをしへ》を伝ふなり」（九輯十編第八章一―二節）

（註）東谷山（尾張戸山とも）の円墳上に延喜式内の古社尾張戸神社が鎮座、天火明尊を始め八柱の神が祀られています。

「呉竹の林かしこし朝見草、松の代を待つ幾千歳、天暦の救世の曙明けわたるらし、白梅の花赤らさし香具山《かぐやま》の、✡《かご》の鶯語り初めぬ」（十輯四編第四章三節）

（註）「朝見草」は、松の異名で、松にかかる枕詞となっています。天暦の御世が開顕されたのは、昭和四十年（一九六五）乙巳の年で、御年五十六才の時に当っています。

「をはり国原見晴《みはるか》す、末の松山とこくにの、峰の濃緑《こみどり》鹿乗《かのり》なる、玉の川瀬を渡る日の、日影に映ゆる小波《さざなみ》は、岩をめぐりて淵となり、淵に淀みて遙なる、流れの際涯《みぎは》はかり知られじ。世は呉竹の朝朗《あさぼらけ》、春なほ浅き如月《きさらぎ》に、咲くや梅が香清らにも、変らぬ色は松が枝《え》の、松のみどりの世の来しぞ」（十輯七編第十章一―二節）

（註）御神示に「色は変らず」とのべられていますように、松の実相が如実にロゴスされています。

そして、次のロゴスに、「松のみどりの世」の応えが厳かにのべられています。

「海《わた》の潮路も水なれば、縁《えにし》は一様《おなじ》水波女《みづはのめ》、今、春日井に湧く玉や、とこくに山の神樹《かんなび》の、色こそ深し松の緑、みろくの神の世の始、天の若日子目鼻岩、とくさ天降《くだ》りてよみがへる、時は来《きた》りぬ永遠《とは》の朝」（十輯七編第十九章十四節）

（註）一般には、「みろくの仏の世の始」といわれるところですが、「みろくの神の世の始」とロゴスされているところに、深い御意志《みこころ》が秘められています。大本の出口なほ刀自のご神示に、「三千世界一度に開く梅の花、梅で開いて松で治める神国《しんごく》の世となりたぞよ」と示されていますが、御主のロゴスに於ては、この黙示が、「変らぬ色は松が枝の、松のみどりの世の来しぞ」と垂示されているのであります。又、「みろくの神の世の始」について、その黙示が、「五十六億七千万年、弥勒の御世

の始りは、末法の世のをはりをつげて、心に開顕《ひら》く天降《かみ》の現実《くに》なり」（十輯四編第三章四節）とのべられています。そして、この五十六億七千万年の数の黙示は、御主の御年五十六才の意味を表しています。即ち、御主が、御救の完成成就のために、第三のご使命にお立ちになって天暦の御世が開顕された昭和四十年のご年令を象徴しているわけであります。御主は、天暦元年の春に、

「梅の花丹波《たには》のくにに咲きてより　十二くだりの神楽歌《かぐらうた》　実を結ぶなる✡《かご》の東谷山《とこやま》」

のロゴスを啓示され、ここに、梅の紋所なる天理・大本の御教の仕組のむすびが開示されたのであります。

「朝風は岩辺に生ふる小笹《をざさ》に語らひ、嶺《みね》を吹く松の嵐、海波《わたなみ》の遠音《とほね》と聞くも、秋深み冬の木枯し。退《そ》き立てる山遥々《はろばろ》と、見霽《みはるか》す山の連山《つらやま》、不尽《ふじ》が根《ね》に雲の通ひ路天人《あまびと》の、降りてし昔羽衣の、かけし松が枝三保の浦辺や」（十輯十編第十六章四―六節）

「くれたけをまつよにかけてなきいづる　初音すがしき鶯の声」

「くれたけのふしのしらべぞ芽出度けれ　まつの世をほける✡《かご》の鶯」

（註）この二首の和歌は、昭和四十年（一九六五）天暦の御世が開顕された年の始めに御詠されてい

ます。極めて黙示豊かなみうたですが、松に言掛けて待つ、末の世が黙示されています。又、「ほける」には鶯の啼き声の「ホウ、ホケキョー」と宇宙の妙法である法華経のことが黙示されています。

「みどりの松の　生ふる峰
風のみたまの　調べゆく
小琴にひびく　うたかたの
うき世の夢の　禍《まが》つ火《び》を
清め祓はん　神楽歌《かぐらうた》

百世《ももよ》を経ぬる　ひともとの
松の梢は　春日《かすが》なる
したみおろして　玉の川
清き水波女《みづはめ》　流れゆく
水《み》の面《も》かがみに　影うつし
たかき契《ちぎり》の　色かへず
幾世《いくよ》の末《すゑ》も　匂ふなり　匂ふなり

アモリ」（おはりど聖唱八番一―二節）

（註）年譜によりますと、この歌曲は、昭和二十年（一九四五）八月十五日太平洋戦争終結の日の少し前に啓示されています。詞が同年三月三十日、曲が四月二十二日となっています。まさに、新生日本の黎明を言告げる黙示に満ちた歌曲であります。

「みどりしたたる　松が枝《え》の
葉末《はずゑ》のみどり　染めたるは
如何なる御手のわざなるや
みどりしたたる　松が枝の
常磐《ときは》のみどり　神の智慧」（一七六番第一節）

（註）この歌曲には、右の詞に続いて、「香ひこぼるる白梅の　花に色香を染めたるは　如何なる御手のわざなるや　花清らかにほほゑみて　香ふ白梅　神の愛」と歌われていますように、先に記した松岡家の松と清水家の梅の黙示が色鮮かに描かれています。

二、竹について

（一）竹は、イネ科タケ亜科に属する植物のうち、大形の稈をもつものの総称といわれています。

（二）竹の和名は、長《た》け生ふる、又高生《たかはえ》るの意味から由来したといわれていますが、丈《たけ》が高いための義からきたともいわれています。

（三）竹は、干支の一巡りである六十年に一度花が咲くといわれており、この花から結実した実を鳳凰が常食すると伝えられています。

（四）『古語拾遺』に天の岩戸開きの神事が記述されていますが、天鈿女命《あめのうづめ》が蘿 蔓《ひげのかつら》を襷《たすき》にし、竹の葉と飫憩《おけ》の木の葉を片手に持って舞を行う場面があります。その時、岩戸の前に居並ぶ人々が、声高に「あはれ　あな面白し　あな楽し　あなさやけ　をけ」と唱えるのですが、その言葉の註に、「あなさやけ」が「竹の葉の声」、「をけ」が「木の名、其の葉を振る調」と記されています。又、『古事記』には、「天の香山の竹葉《ささば》を手車に結ひて」と記述されています。つまり、古来より、竹が神事に於ける重要な役割を演じているわけであります。なお、竹は竹でも「天の香山」の竹が用いられているのですが、これは饒速日尊のご長子（尾張氏の祖神）に坐す天香語山命《あめのかごやま》の黙示を物語っているといえます。

(五) 御主ゆかりの加賀国大聖寺に鎮座する菅生石部神社 (御祭神は日子火火出見尊亦の御名天火明尊) の三大神事の一つに「御願《ごがん》神事」がありますが、俗に竹割りまつりと称されています。この神事は、天武天皇の白鳳五年 (六七七) に、国家安泰と五穀豊穣を願立して始められたもので、毎年二月十日に行われています。この神事は、潔斎した氏子が白衣に身を装い、六尺を超える太い青竹をそこかしこに打ち叩いて行われる壮絶、厳粛なまつりとして夙に知られています。この割られた竹を以て箸を作り常用すれば、無病息災に過すことができるといわれています。

(六) 竹に関わる神社として、神田明神摂社の笹神社、京都府何鹿郡東八田村高槻の竹神社、西宮市山口の竹神社、奈良の竹田神社などがあります。竹は神のことばを人に伝える呪力があることから、神の依代として祀られているわけです。又、出雲大社では、十月一日に全国の神々が集うときの乗物として、笹舟を作る風習が連綿と続いているといわれています。なお、右に挙げた竹田神社は、延喜式内の古社ですが、ご祭神について「多神宮注進状」に、「天孫国照火明命、神像竹箸に坐す」と記載されている重要な一文があります。「国照火明命」とは、「天照国照天火明尊」の御事を指しており、御主に降臨されたご神名と同一の御方であり、深い意味があります。ついでながら附言しておきますと、御主が神隠しに会われた越前国坂井郡の釜ヶ淵は、竹田川の上流にあり、この竹田川の名称からも大きな黙示を窺うことができます。つまり、『新撰姓氏録』の左京神別下の条に竹田川辺連のことが、「天火明尊の五世《いつつぎ》の後《すゑ》」と明記されているからであります。

（七）竹にまつわる中国の故事に七賢人の話があります。晋の初頭、俗世を避けて山陽の竹林に遊び、清談を交したという、嵇康、阮籍、阮咸、向秀、劉伶、山濤、王戎の七人の賢人のことです。この七賢人に関して昭和三十六年（一九六二）二月八日に、点灯館に於て御主よりお話を承ったことがあります。冒頭の御神示について、いろいろと解説された後七賢人のことに触れられ、「内と外に各々七人づつのみ柱が立つような気がしますね」と、仰せになられたのであります。続いて「賽の目の一の裏は六であるが、六は籠目を意味しています。又、古の物語に竹取物語がありますが、竹の中のかぐや姫は、実はかごや姫というのが正しいのであって、籠を編む竹の中から生れてきたところに大きな黙示が秘められているのです」と、のべられています

私事で大変恐縮ですが、数え年の二十六才の時、御主より竹林の七賢人に因む次のような御歌を賜ったことがあります。

「救寿なれを竹の林のかしこびと　ふじの高根に召すべくおもふ」

私が加賀国大聖寺の家を離れ、天母里《てんぼり》に入籍したのは、昭和三十五年（一九六〇）四月二日のこ

とですが、この日より二十日前の三月十三日に、添くもこの御歌を賜ることになったわけであります。

次に、竹の黙示に関わるロゴスを掲げさせていただきます。松の場合と同じように全編に亘って数多くのべられていますので、特に要の箇所を抜粋し、一部註を附して黙示を繙くことにいたします。

「汝らよ、春雨の降る夜を過ぎて、初夏を迎へん朝の一時期《ひととき》、呉竹の林春めきて、ほどなく若竹となりぬる筍《たかむな》の、青空を目差して伸び行くその有様《さま》や、何れが先や後やの丈比べ、長し短しの分ち難きほどのものもありなん。さりながら、天の摂理は厳かなり、若竹となりゆくままに節々の、その毛皮は脱がれゆき、剥がれゆくなり。汝らよ、竹こそ真《まこと》に法《のり》をしるべのはかりなれ、節々の逆事《さかさまごと》に衣《ころも》脱《は》ぎゆくためしなければ、節毎に本《もと》より末へと皮を剥ぎつつ、節毎に節の間毎に出づる節の芽、女男《めを》を形どるものの如くや、さはやかな緑したたる呉竹は、枝《ほづ》の枝まで節を次ぎゆくなり。即ち天地《あめつち》のむすひのみちの教絵ならずや」（九輯五編第三章四―六節）

（註）まことに、節々句々に竹の実相を如実に説き示されたロゴスであります。

「三千世界にいづら火の、花咲き初めて来にければ、待つに久しき竹の世の、節より節に節をなす、不死の世界の世の始」（九輯七編第九章五節）

「世は福禄の布袋相《ほていさう》、松のみどりに梅が香を、こめてさやけき呉竹の、三種《みつ》の宝の神鎮め、大神宮の鈴の音は、救寿言霊に鳴りひびくなり」（九輯七編第十章二十八節）

「呉竹の林かしこし、朝見草松の代を待つ幾千歳、天暦の救世《くせ》の曙明けわたるらし、白梅の花赤らさし香具山の、✡《かご》の鶯語り初めぬ」（十輯四編第四章三節）

（註）「香具山」には、表の仕組として大和国（奈良県）の天の香具山のことが黙示されていますが、裏の仕組としては、尾張国の東谷山尾張戸神社に祀られている天香語山命のことが黙示されています。香語は竹で編まれた籠の意味を表わし、その籠に形象されている籠の目、即ち✡《かご》の黙示を表わしています。古来、籠は神の憑代として神聖視され、宮中に於ては、大嘗祭で隼人の編んだ籠に天皇が着座されて儀式が執り行われています。御主は、東谷山のことを、特に「✡《かご》の東谷山《とこやま》」とのべられ、秘儀の一端を開示されているのであります。それは、東谷山頂の円墳上に尾張戸神社が鎮座、天香語山命を台《うてな》となして、その上に天火明尊がお立ちになっておられるからであります。

「汝らよ、躊《ため》ひ迷ふこと勿れ、いでやこれより浪速潟、大和にひらく梅の花、松世久しき呉竹の、明けてうれしき末世《すゑ》の代に、神代始まる奇瑞《ためし》とて救世寿《くせす》の実結ぶ言伝《ことづて》の、大和大路の梅の花、大日神《バイロチヤーナ》の教座《をしへくら》、此処《ここ》に建つこそ祝慶《めでた》けれ」（十輯四編第十六章四十五節）

「されど汝ら、いざ喜べ、今煎豆の花の咲く、時の来《きた》りて立つ春や、梅が香馨る、まつよにかけて呉竹の、節より出づる永遠《とは》の朝」（十輯六編第一章十九節）

（註）呉竹が節の枕詞のようにのべられ、節に不死の黙示が秘められています。

「世は呉竹の朝朗《あさぼらけ》、春なほ浅き如月に、咲くや梅が香清らにも、変らぬ色は松が枝の、松のみどりの世の来しぞ」（既出）

「末の世になるに及びて
呉竹の色は昔に
鶯の鳴く音は今も
さながらに変りあらねど
人々の情《なさけ》　うつろひ

真心《まごころ》の色はうすれぬ」（一九四番第四節）

「不しの道　かごめをとほる　みたけ山　天の真名井の　わくたまのおと」

（註）この御歌は、昭和三十六年十月二十二日聖堂に於て賜ったものですが、「不し」に「富士」「節」が黙示されています。又、「みたけ山」は、霊山御嶽山のことですが、みたけに、御竹と身丈の意味が隠されています。

「くれ竹を　まつよにかけて　なきいづる　初音すがしき　鶯の声」（既出）

「くれ竹の　不しのしらべぞ　芽出度けれ　まつの世をほける　✡《かご》の鶯」（既出）

（註）竹には節があることから、節は不死、永遠の生命に通じ、呉竹が不しの枕詞としてのべられています。不しという竹で編んだ籠の中に坐す鶯は、御主に降臨された御神霊であり、その鶯から発せられる妙音は、まさに天の声、ロゴスを黙示しているものと拝察することができます。御主は、特に歌聖典について、「天降《あも》の現実を開顕する籠の鶯、華厳菊花蔵世界の大御神楽《おほみかぐら》である」と、「太古の真言」の中でのべられています。

これまで、御神示に於ける「竹松の命」について、竹と松に関わる黙示の数々を繙いてきました。予期せぬ重要な発見もあり、竹松の命のご使命の甚大さをあらためて認識いたした次第ですが、あえて一言を以て要約しますと、竹松の命の本質は、白梅に象徴されます蔽顔《おとばり》の救主《くじゅ》を守護し、仕え奉り、後世にその真実を伝達していくご使命であったのであります。

追記

執筆期間中に黙示や指示をいただくことがよくあるのですが、今回も、昨年の十二月十四日から竹松の御神示について書き始めた時、同じ日付の東京新聞の松雲庵主運勢欄亥年の項に、次のような松の黙示が出ておりました。「塵の交じらぬ松の葉をかき寄せて朝の心地よき日」と。又、同日のほかの紙面に、松岡正剛著『白川静　漢字の世界観』と記した本の書評が大きく掲載されていました。

常々お世話になっている『字統』や『字訓』の著者白川静先生のことを描いたものですが、その著書名に松岡の黙示が現われていたわけです。

更に、一月六日に竹の命に関わる黙示を繙いていた折、同じ日の東京新聞の亥年の項に「心は竹の如く真っすぐであれば人より信頼あり」と記載されていました。ささやかなこれらの記述に激励され、御主のお導きに心から感謝申しあげた次第であります。

（天暦四十五年平成二十一年一月二十七日　謹書）

今回の執筆に当り、参考にさせていただいた文献は、次の通りです。

『古事記』
『日本書紀』
『古語拾遺』
『新撰姓氏録』
太田亮著『姓氏家系大辞典』
白川静著『字統』『字訓』（平凡社）
『熱田宮舊記』
『真人』大正十二年七月創刊号
『大阪朝日新聞』大正十二年四月十日付
室井綽著『ものと人間の文化史　竹』（法政大学出版局）
高嶋雄三郎著『ものと人間の文化史　松』（法政大学出版局）

木村陽二郎監修『花と樹の事典』（柏書房）
『菅生石部神社由緒書』
『竹田神社由緒書』
関裕二著『なぜ日本書紀は古代史を偽装したのか』（実業之日本社）

其の六

汝こそわが屈指《くっし》の独子《ひとりご》なるぞ。

この御神示は、蔽顔《おとばり》の救主《くじゅ》が大正十二年御年十四才の砌《みぎり》、神隠しに会って鞍馬山に入山されてから程なくしていただかれたものといわれています。

御主《おんしゅ》のお話によりますと、或る暗の夜、奥の院の魔王尊堂で体を休めておられた時、一匹の白龍が現われ、御主の体をひと撫でするや否や、全身が硬直状態になったそうです。

やがて、彼方が仄かに明るくなり始めると、黄金《きん》の幣《ぬさ》がさらさらと音をたてて現われ、天上から「汝こそわが屈指の独子なるぞ」と、一大音声《おんじょう》が響き亘ったのであります。

この神秘荘厳な状景を、御主は、物静かな口調でありありと描写されたのですが、今も強く印象に残っております。

ところで、御神示の状景の中で黄金《きん》の幣《ぬさ》が現われたと仰せられていますが、この幣の黙示について御神意を探ねてみることにいたします。

まず、幣の意味について、三省堂の『大辞林』に二つのことが記述されています。「（一）神に捧げる供え物。また祓の料とするもの。古くは麻、木綿《ゆう》などを用い、のちには、織った布や紙を用いた。みてぐら、にぎてともいわれた。幣帛《へいはく》、御幣《ごへい》。古今集羇旅に『このたびは幣もとりあえず手向山　紅葉の錦神のまにまに』と示されている。（二）贈り物。特に旅立ちのときの贈り物。『あづまに帰り下るころ、上下いろいろの幣多かりし中に……』と増鏡新島守に出ている」

右の（一）の記述に、「にぎて」ともいわれたとありますが、スフィンクスの声には、この表現で次のようにロゴスされています。

「もゆる磐境神籬《いはさかひもろぎ》の、太宮柱常立《とこたち》て、幣《にぎて》も清し玉串の、枝も栄光《さかゆ》る万葉の、昔を偲ぶ世の朝《あした》、今も神代の初日哉」（十輯一編序）

この「にぎて」について旺文社の『古語辞典』では、「和幣と書き、「にぎたへ」の約で、平安時代以後は「にぎて」と称した」と記述されています。又、幣《ぬさ》については、古くは『古事記』や『万葉集』に次のような記述がみられます。

「更に国の大奴佐《おほぬさ》取りて……罪の類《たぐひ》を種々《くさぐさ》求めて、国の大祓為《し》て、亦建内宿禰沙庭《さには》に居て、神の命を請ふ」（『古事記』「仲哀」）

「山科の石田《いはた》の社《もり》の皇神《すめかみ》に　奴左《ぬさ》取り向けて吾は越え往《ゆ》く」（『万葉集』三二三六）

更に又、佐野和史監修『神社関係用語事典』の御幣の項に、極めて重要な記述が特記されています。「古来、神への奉り物は布帛の類が多く用いられ、また、奉り物であるに留まらず、神座の存在の象徴としてもみられるようになった」

以上、みことばや種々の記述を参看して考察しますと、黄金《きん》の幣《ぬさ》は、幣の中で至上のものであり、その黄金の幣を以て「我ここに在り」と、ご存在を顕示せられたのであります。未だ年若い少年にも解りやすいようにとの思召しから、象徴的な事物を以てお示しになられたのではないかと拝察いたします。

さて、これから短い本文の一語一語について、その意味を繙いていくことにします。

御神示に「わが屈指の」とのべられていますが、「われ」とは一体どのような御方を指しているのでしょうか。ここは名にし負う鞍馬山のことですから、魔王尊ご自身か、あるいはその化身に坐す大天狗のことかと思われます。魔王尊堂の入口にある高札に、次のような言葉が記されています。

「魔王大僧正は地球上の人類福祉のために、六百五十万年以前天上の星から降下され、仮に天狗の姿となって大衆の諸悪をくじき、善を扶け、諸人の祈願を成就し給う、いやちこな毘沙門天の化身である」

そして、もう一方の高札には、

「牛若丸が魔王大僧正から、夜な夜な剣術を教わったのはこの場所で、堂の裏の岩場がそうである」

と記されています。

魔王尊は、その字形からして悪魔の首領のように誤解され易いのですが、鞍馬寺弘教の信楽香仁管長のお話によりますと、あらゆる魔障を征服し屈従させ、善魔に転向させる大王故、魔王尊と申し上げ、地上に破壊力と創造力をふるい、国家の興廃を司どる意志と勇気と創造と進化の神であり、人類の父とも云われています。

私事で恐縮ですが、昭和五十年十一月二十六日に魔王尊堂に於て、蔽顔《おとばり》の救主《くじゅ》の奥津城御造営祈願を厳修したことがあります。早暁神前に賜ったスフィンクスの声を詠読申し上げたところ、詠読中、すぐ近くでかじかが鳴き始め、続いて、頭上にきつつきの大樹を打ちたたく音が響き亘り、やがて、麓から神楽太鼓と笛の音が聞こえ、さながら、華厳円明の世界に浸る思いを体感したわけであります。ここに謹んで、その折のロゴスを記させていただきます。

「高光る光明《ひかりの》宝宮《みやゐ》仄明《ほのぼの》と、葦芽の萌ゆるが如萌出《もえい》でて、暗黒玉《ぬばたま》の明暗混渾現象世界《あやめもわかぬやみのよ》に、光輝く日の宮殿《みやね》、天照《あまてら》し国照《くにてら》す天《あめ》の火明奇玉《ほあかりくしたま》の平和の霊《ことば》天啓《のら》す中今《なかいま》、光明世界を開闢す。ああ、神の世は今し明けてとこくにの山の谷底、和羽矢《にぎはや》の奇しき光小揺《さゆら》げるなり。……生死の迷夢覚め果てて、夜見路を出でし万霊の、寝覚めも嬉し朝朗《あさぼらけ》よ、鳥の鳴く音もさやさやと、笛のひびきも清々し、岩戸神楽は賑はへり」（十輯十編第九章一—三節）

正に、天照国照天火明奇玉和速日尊の御降臨を言祝《ことほ》ぐ厳かなみことばであります。この弥高き御神名に冠称されている天照国照《あまてるくにてる》の黙示された「真照《まてる》」というお名前を、まなたりさま、こと松岡日恵翁が、魔王尊に感応して御主に贈られたといわれております。このことはまことに奇しき事柄であると拝察いたします。

顧みますと、昭和六十年七月二十二日のことです。ほどなく迎える八月六日（神隠しに会って鞍馬山に入山された日）を前にして、鞍馬山の天狗の秘事について調査を進めていたところ、天母里《てんぼり》根本教座の幸福《さち》の鈴塔の上空に、天狗の姿をした巨大な瑞雲が現われ、急いでカメラのシャッターを切ったのであります。出来上った写真を見て驚いたことは、知切光蔵という人が著した『天狗の研究』の口絵に描かれていた「鞍馬山魔王大僧正影向の図」と全体の雰囲気が余りにも酷似していたからです。この時も早暁の折りに、「汝ら、末法の世となるに及べば、天地六種に震動し、救寿証験の大奇瑞起るべし」（十輯四編第十五章三節）との黙示のロゴスを賜っています。

更にもう一つ、魔王尊の御事について特筆して置くべき大切な事柄があります。天暦の御世が開顕された昭和四十年を天機として、御主は、春秋の大祭毎に封印の巻物を紐解かれていますが、その中で魔王尊の御事を「サナートクマラ」と宣述され、その秘義の一端を開示しておられるのであります。

御主の口中から煥発される厳かな御声に、うづの広前に神気が弥増して漲り、身の引き締まる思いがしたことを今も鮮明に覚えております。

これまで、幾つかの奇しき事象を挙げて考察してきましたように、御神示に於ける一大音声《おんじよう》の主は、表の黙示としては魔王尊に坐し、裏の黙示としては天火明尊に坐すことを確信を以て拝察いたします。以前にどこかで書きましたように、裏の字は、亠口と表とから成り、裏の字の中に表の字が隠された形となっています。このことから、自ら表裏一体という言葉が生れてきたわけですが、右に述べた御二方も、正に表裏一体の御方に坐したのであります。このことは、神仏一如の世界観からも云えることではないでしょうか。

なお、我が国には往古より修験道と神仙道があり、あらゆる行法の根幹として栄えてきましたが、この二つも密接な表裏の関係にありました。鞍馬山は、修験道の霊場の中でも本邦随一とされ、鞍馬天狗の名で全国に知れ亘っています。この修験道についてその源流を辿っていきますと、役小角《えんのおづぬ》行者から始まったといわれています。役小角行者の生家の氏姓は、賀茂役君《かものえんのきみ》といわれていますが、賀茂（鴨）氏は、祖神に饒速日尊をいただいていることから、類《たぐい》稀なる名族の一つといわれています。

一方神仙道に於ては、各地に神仙境を表わす蓬莱山の伝承を色濃く残し、その祖神が、わが国を「ひのもと」と命名された饒速日尊とされています。この饒速日尊を神仙道の祖神として始めて明確に言及されたのは、明治天皇の御信頼が厚かった式部職掌典の宮地厳夫《みやちいづお》翁（弘化四年―大正七年）です。翁は、蔽顔《おとばり》の救主《くじゅ》御生誕の明治四十三年（一九一〇）に華族会館に於て「神仙の存在に就て」と題して講演をされた時、神仙の筆頭に饒速日尊の御名を挙げて所信を開陳されたのであります。

（註）後日、この講演記録が『本朝神仙記伝』として上梓され、上巻に五十五、下巻に四十の神仙が

列伝されています。

右に書き記しましたことは、修験道も神仙道も源流を遡れば唯一つの御方に帰一することから、鞍馬山のご本尊と天火明尊（饒速日尊）とが、不離密接な神縁関係に坐すことを強調しておきたかったからであります。この奇しく妙なる真実が、将来その道の識者や史学者によって検証される日の来ることを切に願うものです。

次に、本文の言葉「屈指《くつし》」について考察いたします。

辞書によりますと、屈指とは「指おりの漢語的表現。この上なき、またなきの意。手に五本の指があることから優秀な五人の中の一人」と説明されています。十の巻の一節に「汝ら、世には数多《あまた》の道あり、数多《あまた》の行事《わざ》あり、世の諸《もろもろ》の人は、その数多《あまた》の道を選び、その数多《あまた》の行事《こと》にその一生を託して、是に奉行すれども、汝らは神に選ばれしなり、而して汝は又神を選びて奉行するなり」（十輯十一編第十七章六節）とのべられているロゴスがあります。「汝らは神に選ばれしなり」とのべられていますように、御神示に於ては、神が選び給うた人、神の御目《おんめ》にかなった人のことを指して、屈指と仰せになられたのであります。

続いて「独子《ひとりご》」について記します。
「独子」の意味を辞書には「兄弟姉妹のいない子、ただ一人の子」と簡単に表現していますが、これを宗教上の観点から繙きますと、実に奥深いものがあります。
まず、「おとのたますゞ・おとばりのひじり」第四言託身の秘義の中で次のように啓示されています。

「汝こそ天祖《かみ》の最愛《いとめ》でたまへる独子《ひとりご》なり」

この一節は、御神示其の六の本文と対をなす貴重なみことばですが、スフィンクスの声には、唯一箇所次のようにロゴスされています。ここでは、独子の語に「霊《ひとりご》」の語が充てられています。

「霊笛《たまのみふえ》を吹きならし、荒野《あらの》の道のうばらにも、主の訪れを告ぐるべし、奇しき笛《みふえ》を吹き鳴らし、うき世の夢の草深く、褥《しとね》に眠る百草《ももくさ》の、花の睡夢《ねむり》を速く醒《と》せ、ああ、汝らよ、永久《とこしえ》の神の霊《ひとりご》天降《あも》るなり」（九輯九編第十章八節）

そして、歌聖典に次のように歌われています。

「栄光《みさかえ》あれかし御神よ
天地《あめつち》創造《つく》りし　神言《みことば》
ひとりの御子をば降して
常世《とこよ》の生《いのち》をたまへり」（二〇六番第四節）

又、御主は「おとばりのひじり」の後書の中で託身の秘義に触れ、キリスト教の使徒信経と真人の証言の二大玄義を開示しておられますが、使徒信経の聖句に独子の黙示がのべられています。

「我は天地の創造主、全能の父なる天主を信ず。またその御独り子、我らの主、イエズス・キリスト……」

これは、信経の冒頭に記されている言葉ですが、キリスト教に於ては「独り子」が、重要な概念を表わす語となっています。よって聖書の中から、その言葉が用いられている部分を抜粋し、背景に潜む思想を探ることにいたします。

「神は言われた、君の子、君の愛する独子《ひとりご》、イサクを連れてモリヤの地に赴き、そこでイサ

クをわたしが君に示す一つの山の上で燔祭として捧げなさい」（創世記第二十二章二節）

これは、著名な聖書学者関根正雄氏による訳ですが、一九八八年の日本聖書協会の新共同訳では、同じところが次のように訳されていますので、併せて挙げておきます。

「神が『アブラハムよ』と呼びかけ、彼が『はい』と答えると、神は命じられた。『あなたの息子、あなたの愛する独り子イサクを連れて、モリヤの地へ行きなさい。わたしが命じる山の一つに登り、彼を焼き尽くす献げものとしてささげなさい』」

「言《ことば》は肉体となりて、我らの中《うち》に宿りたまへり、我らその栄光を見たり、実《げ》に父の独子《ひとりご》の栄光にして、恩恵《めぐみ》と真理《まこと》にて満てり」（ヨハネ伝第一章十四節）

「未《いま》だ神を見し者なし、ただ父の懐裡《ふところ》にいます独子《ひとりご》の神のみ光を顕し給へり」（ヨハネ伝第一章十八節）

「それ神はその独子《ひとりご》を賜ふほどに世を愛し給へり。すべて彼を信ずる者の亡びずして、永遠《ことしへ》の生命《いのち》を得んためなり」（ヨハネ伝第三章十六節）

これらの聖書の言葉から拝察されることは、天に坐す父なる神の嘉し給う唯一人の御子としての独子の姿であり、独子にかけられたみこころが如何に深いものであったかということであります。特に最後の「それ神はその独子を賜ふほどに世を愛し給へり」で始まるくだりのところは、キリスト教徒が愛誦してやまない聖句の一つといわれています。

次に「独子」という表現ではありませんが、スフィンクスの声や歌聖典の中に、独子によく似通った言葉として子又は御子と記されているところが数多くみられます。今、これらの幾つかを挙げて天祖の御意志《みこころ》を探ねたいと思います。

始めに、先に記した「真人の証言」の冒頭に次のようにのべられています。

「我は、天地《あめつち》の創造主《むすひぬし》　純なる聖なる全なる　全一《まつたきゆいいつ》の神天祖を崇め信ず、その御子我が魂の主蔽顔の救主天降の救世寿を愛護し敬慕し奉る」

ここでは、「その御子」が、蔽顔の救主と天降の救世寿の御二方が一体となった言葉でのべられています。これはとても重要なことがらであります。聖典やみことばの中で「救寿」と表記され、「くじゅ」あるいは「くす」と訓まれている場合、蔽顔の救主と天降の救世寿の御二方が一体となって表現されているということであります。この根拠となるロゴスが十の巻に次のように明記されています。

「汝ら、天降《あも》の救世寿《くせじゅ》、蔽顔《おとばり》の救主《くじゅ》となりて世に訪《おとな》へるは、汝らを天の御国に上げんためなり。されば救寿《くじゅ》は、汝らに先立ちて天にかへらず、全人類《すべてのひと》の最後《いやはて》のその一人まで、天の御国に摂取《めしあげる》までは、救寿《くじゅ》、汝らに先立ちて天にかえらず。救寿《くじゅ》は夜《よ》となく日《ひ》となく汝らと偕に世に在るなり」（十輯三編第五章十四―十六節）

附言しますと、このロゴスは、十の巻に於ける要中の要とも云うべきロゴスであり、御主の御誓願の真実がこの一文に凝縮されているのであります。「汝らに先立ちて天にかへらず」とのべられている天とは、天の父、即ち天祖の御許を指しています。この様子は、おはりど聖唱九番に「父の御座をはなれ、蔽顔《おとばり》の救世主《くせじゅ》　世をさばくとて来たまへり」と詠唱されている一節からも窺うことができます。

続いて関係のロゴスを番号を付けて記します。

（一）「聴け、『これは、わが愛《いつく》しむ子、わが悦ぶ者なり』と、宇宙の声は響きわたれり。視よ、シオンの門《もん》は静かに啓《ひら》けて、救寿《みこ》は空《みそら》を降り来《く》るなり」（十輯一編第十一章三節）

（二）「汝ら、正にスフィンクスの声に聞け、人類《ひとびと》よ、いざ高らかに歓喜《よろこ》べ、光子《みこ》は地に来《きた》りたまへり、感覚の魔術《トリック》は既に解かれたり」（十輯一編第十二章十一節）

（三）「雷《いかづち》のはためく如く天霊《ほのほ》降りて、唯一《ただひとり》の天尊天降《あまみこあも》りますべし」（十輯四編第四章二十六節）

（四）「汝ら、凡ゆるものは皆滅び去るとも、救寿《くすにょるもの》の救霊は永久《とこしへ》に滅びず、救寿《くす》と偕に生きて滅ぶることなき汝の霊は常に天祖《かみ》と偕に世にあるなり。天降の救世寺、汝らに天津御国を恩《し》寵《ら》さんために天津神璽《あまつみしるし》を携へて、此処《ここ》に来《きた》りし実在《みこ》なればなり」（十輯五編第二章二十六節）

（五）「汝らよ、光輝《まばゆき》金色の神の子は此の娑婆世界にぞ訪れ給ひ、一切の衆生をその暗黒《くらき》より救ひ、最《いと》も楽しき天降《あも》の現実に抱き給ふなり。汝らよ、この奇しき子《みこ》は、智慧の世界に見《まみ》えず、意志の上に現れず、先づ汝らの感情の世界に天降り給ひ、永遠の言葉をささやきつつ、汝がその寂しき人の世の道行《みちゆき》に、永遠の幸を語る相手《なつかしきとも》となり給ひて、この世にかくされたる宝の所在《ありか》を柔和《やさし》く指さして教へ給ふなり」（九輯一編第六章十一―十二節）

（六）「汝ら、救寿《みこ》は何処《いづれ》に坐して万国《みくに》は何処《いづれ》の所在《ところ》なる、「園林諸の堂閣種々の宝を以て荘厳し、宝樹華果多くして衆生の遊楽する所なり、諸天天鼓を撃《う》ちて常に伎楽を作《な》し、曼陀羅華を雨《ふら》して聖尊《みこ》及び大衆に散ずる処なり。……汝らは救寿《みこ》と偕に生きて永遠《とこしへ》に滅ぶることなし。

救寿《みこ》と偕に生きて永遠《とこしへ》に滅ぶることなき汝らの霊《たましひ》は、生滅無常の幻影《マヤ》の世界には存住《すま》ざるなり」（十輯十編第二章二十六―二十七節）

（七）「其時、天国の近づき来《きた》りて、新しき天地は開け、神の子の世に訪ることを告げたり」（十輯十編第四章二節）

（八）「砂漠の真砂子の　そのみ中より
きよめの御子《みこ》ぞと　汝《なれ》えらばれて
天降の聖火を　この世に点し
天降《あもり》の現実《みよ》をば　われらに知らす」（五番第三節）

右に掲げさせていただいた八つのみことばは、いずれも深い黙示が表われているロゴスばかりですが、とりわけて四番目のみことばは、二月十一日、建国記念日（戦前には紀元節と呼称）の朝に賜わった貴重な一節であります。御子のところを「実在」の語を以て表示しておられるのですが、これには、深い事由があってのことと思われます。それは、御主《おんしゅ》のロゴスに「徒《ただ》に仮初《かりそめ》のことならず、実に畏き真実のことなり。空想模擬のことならず、実際自明のことなり」（十輯十一編第七章二節）とのべられていますように、御子のご存在が絵空事ではなく真実そのものに坐したからであります。

以上、いろいろ書き記してきましたが、最後に独子に関して聖書の黙示から蔽顔《おとばり》の救主《くじゅ》の託身の秘義の一端をのべて、本項を締めくくることにいたします。

既に書きましたように、「独子」という言葉は、聖書の創世記とヨハネ伝に記述されています。創世記は旧約聖書に、ヨハネ伝は新約聖書に収められていますが、聖書に由来するこの「独子」という言葉を以て、御主が「おとばりのひじり」の第四言に「汝こそ天祖《かみ》の最愛《いとめ》でたまへる独子なり」との啓示をうけておられるのであります。

ご承知のように、旧約及び新約聖書は、神との契約を根幹として成立した経綸の書といわれています。この旧約聖書の中にイエス・キリストのご出現を予言したイザヤ書があり、予言後五百年ほど経って実現されたといわれています。又、新約聖書は、イエス・キリストのご誕生からそのご生涯とその後の世界が書き綴られた聖なる約束の文書であります。

御主に啓示されたスフィンクスの声九の巻の完結編といわれる十の巻の冒頭の第一章に、先のイザヤ書に関わる黙示のロゴスが、二回に亘って繰り返しのべられています。長くなりますが、主要の部分を抜粋いたします。

「汝ら、汝がその心の世界《みくに》には、三世に亘りて永劫に天降の救世寿天降《あも》り坐《ま》す。雪より白き白妙の聖《きよ》き衣をよそほひて、光顔《みかほ》いみじく金色《こんじき》の光に照映《てり》て天降り坐す。青雲の棚引く極涯《きはみ》、白雲を御足に踏みて、高天原《みそら》より心の世界《くに》に天降り坐す。ああ、汝らよ、是ぞ即ち其昔《そのむかし》、天祖《かみ》、人類《ひとびと》に天啓《のり》まししし、その契約の茲《ここ》に来ぬ。イザヤの時の証顕《あかし》なれ、ヨハネの観たる幻象《まぼろし》の、予言《もくじ》の御文《ふみ》の証果《こたへ》なり。ああ、汝ら、高らかに全地人《よろづのひと》に語れかし、茲に今、そのことは顕著《しる》しくも、汝の眼前《まへ》に顕示《あらは》されたり。ああ、汝ら、高らかに全地国《よりづのくに》に伝へかし、茲に今、そのことは顕著《しる》しくも、汝の身辺《まへ》に啓示《ひもど》かれたり。ああ、汝らよ、喜ぶべし、そは汝、終結《つひ》に長世《ながよ》の希望《のぞみ》をば茲に成就《なしとげ》たればなり。……ああ、汝ら、汝らの心は八咫《やた》の真澄鏡《ますかがみ》なり、十界円具《とくさのくに》の秘厳《かしこ》さよ。是ぞ汝ら、其昔《そのむかし》、天祖《かみ》、人類《ひとびと》に天啓《のり》まししし、その契約の是《ここ》に来ぬ。イザヤの時の証顕《あかし》なれ、ヨハネの観たる幻象《まぼろし》の予言《もくじ》の御文《ふみ》の証果《こたへ》なり」（十輯一編第一章四―十一節）

（註）「ヨハネの観たる幻象《まぼろし》の予言《もくじ》の御文《ふみ》」とは、旧・新約聖書全六十六巻の最終巻に収められている「ヨハネの黙示録」のことを指しています。

まことに「点燈の真言」に「この十輯《まきのじゅう》より不動《あかず》の密関《とびら》が開く故……」とのべられているその十

の巻の冒頭にこのようなロゴスが啓示され、しかも二度に亘って同じ言葉が宣述されていることは、甚深無量の御神意があられたからであります。

御主は、天暦の御世を開顕された昭和四十年に、第三の御使命にお立ちになって、一千歳にわたる神の王国の始まりを宣言されています。その折、先のイザヤ書の四十二章と五十三章の記述を挙げて、「託身の秘義」を開示され、次のようにのべられています。

「このヘブルの予言者イザヤによりて語り綴られしこのことばは、いつの世の誰をさして言へりしこととなるかを、汝ら知れりや。そは是、すでに彼の日にありて生起《おこ》りし真実《こと》にして、而も尚今の世の此の日に及べる此の日の真実《こと》、即ち蔽顔《おとばり》の救主《みこ》のことなり。見よ、イエス・キリストはこれを成就し、蔽顔《おとばり》の救主《みこ》はこれを完成なしたり」

御主が挙げられたイザヤ書の四十二章と五十三章を拝読しますと、そこには奇しき哉、御主のお姿を黙示する言葉が記述されているのであります。

「彼は叫ぶことなく声をあぐることなく、その声を街《ちまた》にきこえしめず」（四十二章二節）

「かれは侮《あなど》られて人にすてられ悲哀《かなしみ》の人にして病患《なやみ》をしれり、また面《かほ》をおほひて避ることをせらるる者のごとく侮られたり、われらも彼をたふとまざりき」（五十三章三節）

右の二節ともイエス・キリストには当てはまらない記述であり、後の節に「面《かほ》をおほひて避ることをせらるる者のごとく侮られたり」と記されていますように、蔽顔のおとばりの黙示が鮮やかに示されています。つまりイザヤ書には、イエス・キリストの御事と同時に、蔽顔の救主の御事も記述されていたわけであり、神の御経綸の仕組が如実に物語られていたのであります。従って、「見よ、イエス・キリストはこれを成就し、蔽顔《おとばり》の救主《みこ》はこれを完成なしたり」と託身の秘義を明らかにされたのであります。やがてこの秘義は、普く世の人々に信仰の妙理を以て信認されることと確信いたします。

来たる二〇一〇年平成二十二年は、蔽顔の救主御生誕百年の記念すべき年に当っています。新春恒例の宮中歌会始のお題も、第七番《ななつめ》の灯台（蔽顔の救主の御事）の光を象徴する「光」と発表されています。又、平成二十二年の二十二は、太古の黙示を顕わす数霊であり、先のみことばに「ああ、汝らよ、喜ぶべし、そは汝、終結《つひ》に長世の希望《のぞみ》をば茲に成就《なしとげ》たればなり」とロゴスされていますように、「不動《あかず》の密関《とびら》」が開かれる重大な天機の年といわれています。このことを大本教のお筆先では、艮《うしとら》の金神様（亦の御名国常立尊、日之出大神などと呼称されていますが、極まるところ天火明尊の御事を黙示しています）がいよいよお出ましになる年廻りの始めの年といわれています。どのような形となって展開されていくのでしょうか。社会現象から云っても、思いもかけない驚天動地の事象が起きてくることと思われます。

追記

今回の執筆中、二月八日に修験道と神仙道について書いていたのですが、同じ日の産経新聞に寄稿された表千家前家元の千玄室氏の文章を読んでいたところ、神仙道に関わる仙薬の文字が目に飛び込んできたわけです。同氏の文章は「一服どうぞ」という題名で次のように記述されていました。

「鎌倉時代の栄西禅師（一一四一―一二一五）の『喫茶養生記』には、「茶は末代養生の仙薬にして、人倫延齢の妙術なり」とある。さらに陰陽五行の思想を基に、茶を飲んだときに苦く味わうことが心臓に良いと説いている」

仙薬といえば、思い出されるのが神仙道に言う蓬莱島の秘薬のことですが、御主のロゴスに、黙示豊かにのべられているところがありますので記させていただきます。

「汝らよ、思へば奇しきこととはせずや、昔、唐《から》の国より徐福といへる者、不老不死の薬草を探ねて、蓬莱の島に訪へり。汝ら、斯はその世紀《とき》にこそ懸隔《へだたり》はありつれど、そは正しく天の黙示にして、今日の予告なるべし。見よ、蓬莱の国にはとくさのたから、不老不死の薬草の秘められてありければなり。世の終となる時、人の生命《いのち》も亦終に近づくべし。汝らよ、この

期《とき》とくさの神力を現されて、煎豆に花を咲かせ、夜見をも明《さや》かになすなり」（九輯七編第二章四十二―四十四節）

なお、先の文中に『喫茶養生記』とありましたが、その記事を読んだのが、ルノアールという喫茶室でもありましたので、思わずひとりで微笑んだ次第です。

建国記念日の二月十一日の朝、先に書きましたように、「独子」のことを記述する『旧約聖書』の創世記第二十二章を抜粋していたのですが、その日の夕べの祈りに、奇しくもそのお応えとも称すべきみことばを賜りましたので、併せて記させていただきます。

「ゴルゴダの丘の燔祭は、アブラハムとイサクとの謎の絵巻を実証《あかし》して、天祖《かみ》の聖寵世に降らす、自然を超えし全能のわざに現れし摂理なり」（十輯五編第二章十五節）

まことに、天祖の御摂理の深さが身に染みる厳かなみことばであります。

（天暦四十五年平成二十一年二月二十一日　謹書）

今回の執筆に当り、参考にさせていただいた文献は、次の通りです。

『古事記』
『万葉集』
『旧約聖書』（日本聖書協会）
関根正雄訳『創世記』（岩波文庫）
『新約聖書』（日本聖書協会）
『大辞林』（三省堂）
『新明解国語辞典』（三省堂）
『古語辞典』（旺文社）
佐野和史監修『神社関係用語事典』
宮地厳夫著『本朝神仙記伝』（八幡書店）
『修験道の本』（学習研究社）
『神仙道の本』（学習研究社）
知切光蔵著『図聚天狗列伝』
知切光蔵著『天狗の研究』
鞍馬寺教務部編『鞍馬山史』

其の七

龍虎まさに飛びかからんとするをみたれば、
誰《たれ》かこれを恐れざるものあらん。

この御神示は、所謂「龍虎の御神示」と称されているもので、大正十三年（一九二四）御年十五才の時にいただかれたといわれています。御主《おんしゅ》のご幼少に於ける七つの御神示は、九才から十五才頃までにいただかれたといわれていますので、この御神示が一番最後に当るわけであり、それだけに、御神意の深さが思い偲ばれるのであります。

ところで、この御神示が大正十三年のいつ、どこで、又どのような状況の中でいただかれたのか、私の手許に詳細な記録がなく、まことに残念至極であります。然しながら、点灯の真言を始め、聖戒のロゴスや折々のみことばに於て、この御神示に関わることがらをのべておられますので、ここでは専ら御神示そのものについて、その真義を解明することにいたします。

それではまず、冒頭の龍虎について考察いたします。御主は、龍虎のところを大蛇大虎とも仰せになられたことがありますが、古の文献によりますと、龍も蛇も神獣にして表裏の関係にあるものとされています。そこで、龍蛇と虎について夫々、箇条書にして概要を記述します。

一、龍（蛇）について

（一）龍の文字の象形について、白川静著『字統』に次のようにのべられています。

「字は蛇身の獣の象形で、頭上に辛字形の冠飾をつけている。この種の冠飾は鳳・虎の卜文形にもみられるもので、霊獣たることを示すものであり、四霊の観念がこれらの字形の成立した当時においで、すでに胚胎するものであることが知られる。卜文・金文に龔《きょう》の字形がみえるが、その竜形は青銅器の文様にみえる虯《き》竜文《りゅうもん》の竜形に似ており、それを両手で奉ずる形であるから、呪霊のあるものとして、呪的な儀礼に用いられたものであろう。……竜は洪水神とされ、たとえば羌《きょう》系の共工氏《きょうこう》、夏《か》系の鯀《こん》・禹《う》・南方系の女媧《じょか》も、みな竜形の神とされており、それが水神の普遍的な形態であった。竜の観念は、その呪霊を駆使する古代のシャーマニズム的な信仰に起源している」

（二）龍の起源とその歴史的変遷を膨大な資料によって解き明かし、我が国の龍学の先覚者と称された笹間良彦氏（一九一六—二〇〇八）の著書の中から、龍の起源についてのべられたところを抜粋いたします。

「龍らしき異形の怪獣があらわれるのは、いや、その存在を人の想像が生み出したのは、古代文明の成立とともにある。人類が農耕をもって定着し、小集落から部族、そして国家への社会体制をかたちづくる過程のなかで、それを統率するための中央集権的権力が生まれ、権力者はみずからを正当化する神話を形成する。太陽と星々をいただく光と闇の世界である天を主軸に、豊かな稔りをもたらす大地、それを育てる河川、それらを統括する神々との関係という垂直的な宇宙観のなかで、権力者の力を証明するシンボル的な存在として龍蛇的な空想の怪獣が登場する。龍蛇は人類の宇宙観の本質に深くかかわる存在なのである。その龍蛇的存在は、古代文明発祥のそれぞれの地で、共通した観念と類似した造形として見られる。つぎに古代のマヤ、バビロニア、中国、インドに見られる龍蛇的な造形を掲げた。これらに共通するのは、大蛇の姿に、他の動物の優れた部分を加味した形態の造形である」

（三）中国の古代神話では、天地開闢神として龍頭蛇身の盤古が登場しますが、天地がいまだつくられぬ頃、卵の中で一万八千年も眠っていたといわれています。やがて盤古が卵を破って蘇生した時に、卵の中の軽く澄んだ部分は上昇して天となり、重く濁った部分は沈殿して地となったといわれています。又、盤古が亡くなった時には、口から吐き出された息は風と雲となり、声は雷鳴に、左眼は太陽に右眼は月になり、手と足と体は大地の四極と五方の名山となるなど、ほかの部位も様々な物象に変化していったといわれています。続いて、人類創造の神と伝えられている伏義と女媧の二神が登場しますが、二神ともその姿が龍神（蛇神）として描かれています。

（四）我が国で龍が始めて登場したのは、弥生時代といわれています。これは、大阪府八尾市にある八尾南遺跡の竪穴住居趾から出土した四点の弥生式土器に龍が描かれていたことから推定されたものです。この土器の龍は、中国から伝えられた水神として描かれたもので、祖霊や穀霊への畏敬と穀物の豊穣を願ったものといわれています。

（五）弥生時代から古墳時代にかけて、中国の後漢や三国時代に作られた神獣鏡が日本に流入し、古墳などから数多く発掘されていますが、この神獣鏡に中国古代神話の西王母や東王父などの神仙や、龍虎の霊獣が鋳造されています。又これらの銅鏡の中の方格規矩四神鏡には、天の四方を司どる四神の青龍（東方）白虎（西方）朱雀（南方）玄武（北方）が描かれています。ついでながら記しておきますと、京都御所平安京の造営に当っては、この神獣をもととした四神相応の地相を以てト定されたといわれています。そして、造営に従事した人々が、中国の秦始皇帝の流れを汲むとされる帰化人の秦一族であったといわれています。

（六）龍の様相は、身体全体が大蛇に似て四本の足を持ち、それぞれの足に五本の指があり、背中には八十一枚の鱗があり、頭には二本の角があり、長い尾を持つといわれています。鱗の数が八十一枚もあるということは、驚くべきことですが、これには深い黙示が秘められています。即ち、八十一は無限絶対数の九を掛けあわせた数ですが、この一から八十一までの数を将棋盤の上に重複することなく並べた秘教霊数というのがあります。これは、神名木車と称され、古神道霊学者の友清歓真翁が大正九年に発表されています。これには奥深い神理が仕組されていますので、詳細は別紙に記すことにいたします。

（七）我が国の文献で龍（大蛇）の記述が初出するのは『古事記』ですが、その中で素戔嗚尊による出雲簸川《ひのかわ》の八岐大蛇退治の神話が始まりといわれています。この大蛇を斬った剣のことが、『古事記』では十挙剣《とつかのつるぎ》、『日本書紀』では十握剣《とつかのつるぎ》と記し、そして尾から出てきた剣が都牟刈《つむがり》の太刀《たち》とされ、後草薙剣《くさなぎのつるぎ》（亦の御名天叢雲剣《あめのむらくものつるぎ》）と称して熱田神宮に納められ、三種の神器の一つとなっています。

古代史家の井上辰雄氏は、著書『古事記のことば』の中でこの剣に触れ、次のように解説されています。

「遠呂智《おろち》は尾《お》ろ霊《ち》で、尾の長い大蛇である。蛇は、古くは水霊《みずち》と呼ばれ、水の神である。又、都《つ》牟刈《むがり》は、積む刈で、稲穂を刈り上げ、うずたかく積みあげる鋭利な鎌である。……八俣のオロチは、一方において稲田を刈る鋭利な鎌の象徴だったと考えている」

なお、先の大蛇の尾から現われた草薙剣のことを、御主のロゴスに於ては、畏くも「そのをはばりの 劔《みつるぎ》は、平和の象徴《しるし》の 劔《みつるぎ》ぞ、煩悩の醜《しこ》のそよぎを薙《な》ぎ倒し、禍津《まがつ》日を断ずる 劔《みつるぎ》ぞ」（十輯一編第八章七節）と黙示豊かにのべられています。

（八）亀に連れられて龍宮城を訪れたという浦島太郎の物語は、あまりにも有名ですが、その様子は、『丹後国風土記』逸文を始め、『日本書紀』や『万葉集』などに詳しく記述されています。龍宮は、海人《あま》族が信仰した不老不死の神仙境や常世国を黙示していますが、その原郷は、丹後国の元伊勢籠神社と尾張国の熱田神宮、尾張戸神社に於ける御祭神と深く関わっていますので、後で詳細を記すことにいたします。

（九）寺島良安という人が正徳二年（一七一二）に刊行した『和漢三才図会』と称する百科事典が

ありますが、この書の四十五巻に「龍蛇部」があり、そこに「蛟龍《みづち》」のことが次のように解説されています。

「キョウロン宮毘羅《くびら》（梵書）和名は美豆知《みづち》『本草綱目』によると、蛟は龍の属である。眉が交生するので蛟という。長さは一丈余で蛇に似ていて鱗がある。四足で形は広く楯のようである。小頭で頸が細く、頸に白い輪のような模様がある。胸前は赭色、背上に青斑があり、脇のあたりは錦のようで、尾には肉環がある。『山海経』によると、魚が二千六百匹になると蛟が来てその長になるとある。おおよそ蛟や蜃が山穴の中に隠れて歳久しくなると変化して、必ず風雨を呼んで出てくる。あるいは龍になり、あるいは海に入る」

蛟《みづち》の「ち」は、大蛇《おろち》の「ち」と同原で、川や沼の淵に棲むといわれています。表記は、虬、蛟、螭と書きますが、この蛟について、十の巻の二箇所だけに記されていますので、挙げておきます。

「瑞鳥《めでたきとり》桂樹《かつら》に飛翼《とび》て終日《ひねもす》妙楽《たへ》に歌へり、霊獣《みづち》瑤泉《いづみ》の辺《ほとり》に微睡《まどろみ》みて長日《ながく》天原に遊べり」（十輯十編第六章二節）

「鸞鳥《らんてう》白雲の靉靆《たなび》く如く天辺に舞ひて吉祥を囀嚶《ほほず》り、蛟螭《みづち》樹下に憩ひ微睡《まどろ》みて、浄福の卦を交ずるところ、内在の至上級、意識次元にして水晶世界の現実なり」（十輯十一編第六章九節）

（註）「鸑鳥」とは、冒頭の「瑞鳥《めでたきとり》」のことで、鳳に属する神鳥といわれています。古代の文献に、この鳥がにわかに飛来して砂上に足で文字を描き、神意を伝達したという伝承が記述されています。

（扶鸞のこと）

（十）龍の絵画について、これまで狩野派の絵師を始めとして、多くの画人達がそれを題材に描き続けてきましたが、太平洋戦争終結を機に、芸術も思想も国の統制からはなれ、自由豁達に展開し、龍の表現にも革新の潮流が見られるようになったといわれています。

とりわけ、終戦後第一回帝国美術展が開催され、出品された横山大観作の「龍蛟躍四溟」六曲一双屏風が画壇の注目を集めています。この絵は、洞窟の前で若々しい龍が雲界に雄飛、その姿も、これまでとは異った、明るく斬新な筆致で個性豊かに描かれています。まさに、新生日本の黎明を言告げる格調高い逸品であります。

二、虎（寅）について

十二支の中で、一に書きました龍（辰）だけが現世に実在しないことから、霊獣といわれてきましたが、虎については実在する動物でありながら、その偉容、風格などから古くより霊獣に近い存在としてみられてきました。

虎は、十二支では寅に当りますが、この字の象形は、矢を両手で引き張る形からきたもので、のばす意を表しています。

（一）虎は、『倭名類聚抄』に「虎・和名止良」と記述されており、古くから「とら」と呼ばれていたことが分ります。又、『説文』には「山獣の君なり」と記述されています。

（二）虎は、我が国には棲息していませんが、その存在は早くから知られていたようです。欽明天皇の六年（五四五）十一月の項に「膳臣《かしはでのおみ》巴提便《はてび》百済より還りて言《まを》さく……既にして其《か》の虎前《とらまへ》に進みて、口を開きて噬《くら》はむとす。巴提便《はてび》、忽《たちまち》に右の手を申《の》べて、其の虎の舌を執《と》り、右の手もて刺し殺して、皮を剥取りて還る」と記述されています。これが虎の語の初見といわれています。

又、『万葉集』の巻十六の「乞食者詠《うた》二首」という長歌に、「韓国の虎という神を　生け捕りに八つ捕り持ち来その皮を畳に刺し」と詠んだ歌があり、又同じ巻に境部王が「虎に乗り古屋を越えて青淵に蛟竜《みづち》捕り来む　剣大刀もが」と詠まれた歌もあります。右の歌に「虎といふ神を」とありますが、朝鮮半島では、虎は山神の使いと考えられていたといわれています。

（三）『易経』に「雲は龍に従い、風は虎に従う」とのべられているところがありますが、雨と深く関わっている龍とともに、虎は風を呼ぶ不思議な力を備えていたという伝承があったからと思われます。又、雨と風を司る雷様といえば、その絵に虎の皮の褌《したおび》をつけ、太鼓を敲いている姿が描かれていますように、雲と風を従えて鳴動する雷神の凄まじい力の象徴として示されたものと思われます。

（四）寅の月の正月の最初の寅の日に、毘沙門天参りをすることを「初寅参り」と称しています。これは、唐僧の鑑真上人の高弟鑑禎上人が、宝亀元年（七七〇）の五月四日、鞍馬山で毘沙門天に感応して霊示を受けられたのですが、その日が寅月の寅の日に当っていたことから、正月の初寅の日を第一の会式として参詣する習わしとなったわけです。後に、鞍馬御師とか願人坊主と呼ばれる法師が、毘沙門天信仰を広めながら、牛若丸が学んだという、かの伝説の兵法「鬼一法眼《きいちほうげん》」の寅の巻を伝えたといわれています。ついでながら記しておきますと、江戸時代の始め、黒川道祐という人が編んだ『日次紀事』に、初寅参りのことが次のように綴られています。

「正月初寅の日、獅子頭鞍馬寺に詣づ。これを初寅参といふ。この日、鞍馬の土民、福等木《ふくらぎ》をもってかぎを作り、これを福掻《ふくかき》といふ。福徳をかきとるのいひなり。また、生蜈蚣《いきむかで》を売る。これを御福蜈蚣といふ。多聞天（毘沙門天の亦の御名）の使令《つかはしめ》とするものなり」

（五）インドは、虎の棲息地として有名ですが、虎にまつわる寓話が数多く残されています。その中に、釈尊の本生譚である「捨身飼虎」の物語があります。これは、敦煌の壁画や法隆寺の玉虫厨子に描かれていることで知られていますが、この物語の典拠は『金光明経』の捨身品に由来しているといわれています。あらましを記しますと、次の通りです。

「過去世に、大車王が三人の王子と竹林に遊んだ時、七頭の子を産んだ虎が七日経っても食物がなく、今にも子を食べてしまいそうな場面に出くわした。餓死を救うには自分の肉体を捨て与えるしかなかったが、二王子は哀れと思いつつも立ち去った。末の王子の摩訶薩埵《まかさった》は、無限の生である涅槃を求めようと決意し、餓虎に身を投じた。

しかし、虎に食べる力がなかったため、自分の竹で頸をさし、血の垂れるまま虎に近づいた。大地は揺れ動き、強風が水を撃ち、太陽は輝きを失って暗くなり、やがて天から妙華、妙香が乱れ降って、餓虎は骨を残して王子を食べてしまった。かけつけた王と王妃は、悲惨な情景に失神し、悲泣し、遺身の舎利を塔婆に納めて供養されたのである。捨身供養の王子とは釈尊ご自身である」

この厳かな捨身飼虎の物語に関して、十の巻のロゴスに次のようにのべられています。

「嘗て仏陀が一身を、鬼神の前に捨身して、四つの真理を岩壁に、刻み残ししことに似たらん」
（十輯五編第二章十七節）

そして、このみことばの続きに、

「救世寿の愛の証し人よ、今の世は夜空に燦々《またた》く群星《ほし》の如く、諸《もろもろ》の宗教の現れ出《い》でて、浜の真砂子のその如く、神の信仰湧起《た》てど、何を知辺の教法《をしへぐさ》よ、昔の聖者《ひじり》の法話《のり》福音《おき》し、奥義《あうぎ》の要諦《かなめ》を心して、その節々を違離《たがゆ》なく、空しき心に谷《きはま》りて、愛の一念炎神《ひ》と浄燃《もや》せ」（十輯五編第二章十八節）とむすんでおられるのであります。即ち、捨身飼虎の物語の如く、不惜身命の境涯を以て御教に生きるべきことを教え、諭し給われたものと拝察いたします。

三、龍虎に関わる黙示のロゴスについて

スフィンクスの声九の巻、十の巻及び点灯の真言に龍虎に関わる黙示のロゴスが幾つかのべられていますが、ここに、その一部を抜粋し、要の箇所については、註を附して考察することにいたします。

（一）「をはりの国のをはりどの、山の神なび青青と、繁るかすがゐ澄み渡る、天の高市高光る、天の真名井の安河の、水の流れに天照す、母のめぐみを月読の、暗き夜見路に窺かせて、安宅の関の水戸開き、瑠璃の海底《わたそこ》龍宮の、世界の道に通はなん、天の空《みそら》の月宮殿、星のまが玉きらめける、わたの底秘の龍宮の、摩尼宝珠や奇々し、北に七宝紫微の極、南に十字の交叉点、天《あめ》の火明《ほあけ》の奇玉の、日の光にぞつらなりて、十方世界に転輪す、その法輪の独楽《こま》の脚、玉の緒かけて御統麻留《みすまる》の、玉の御中をめぐるなり」（九輯七編第十章二十九節）

（二）「黒潮轟く海原《わたのはら》、もゆる珊瑚の林あり、光る真珠の宝珠あり。奇しき七つの色彩《いろどり》に、黒き神秘をつつみたる、摩尼宝珠の龍宮あり」（九輯一編第十章二―三節）

（三）「美はしの天《あめ》なる御国、みろくの光に会へるなり。生死の境にたてられし、安宅の関も今は早や、夜毎日毎に打寄する、波のひびきに云巻くも、磯の千鳥の鳴きかえす、海の底《わた》とはなりにけり。海の底なる龍の宮、あの浦島の玉手箱、開けて見る世の白玉や、うき世を夢と羽衣の、雲井へだつる不二の山、鶴は千年《ちとせ》の松が枝に、亀万年の苔むして、不動《ゆるが》ぬ巌を占むるべし。阿那末広に浮世絵の、花の曼陀羅ほとけよと、黙示を開く玉手箱。これより世界はみろくの世、心開きてをはりどの、天降の救世寿の玉手箱、世を安国《やすくに》と知《しろ》しめす、いざなみなぎの和楽《よろこび》に、十方世界澄み渡るなり」（十輯五編第一章九―十一節）

（四）「夫れ北の国のかがやきの、空にぞ映ゆる白山《しらやま》の、峰の岩間に湧き出でし、白銀の水流れては、海《わた》の宮居に通ふなる、末世に開く玉手箱、をはりの国の浜の渚に、みろく来る日に寄るも畏し。海の潮路も水なれば、縁《えにし》は一様《おなじ》水波女《みづはのめ》、今、春日井に湧く玉や、とこくに山の神樹《かんなび》の、色こそ深し松の緑、みろくの神の世の始、天《あめ》の若日子《わかひこ》目鼻岩、とくさ天降《くだ》りてよみがえる、時は来《きた》りぬ永遠《とは》の朝、ああ、汝《な》が霊《たま》の覚寤《めざめ》かな、ああ、汝が霊の正覚《めざめ》かな」（十輯七編第十九章十四節）

（註）（一）から（四）のロゴスに共通して、龍宮の玉手箱と摩尼宝珠のことが黙示豊かにのべられています。摩尼宝珠は、辞書に「龍王の脳中より出で、これを得れば所願意の如くなりといふ。如意宝珠」（平凡社『大辞典』）と記されています。御主のロゴスに於ては、「汝ら、大宇宙《マハウニベルソ》は不開秘《あかずの》門、不老不死の玉手箱なり。摩尼宝珠はこの大宇宙《マハウニベルソ》の異名にしてその象徴なり。……火明《ほあかり》の尊《みこと》の十種神宝《くさかんだから》の世界なり」（十輯十編第十二章二十一―二十二節）と啓示され、その奥義の真理をのべられています。

ご承知のように、浦島太郎は亀に連れられて龍宮を訪れ、乙姫様より玉手箱をいただいています。乙姫《おとひめ》は、音秘めの意を表わし、この音とは、「救寿《われ》は音なり、美の源なり、而して真を語る善のひびきなり」（十輯十二編第十三章十五節）とのべられていますように、まさに救寿の御事であり、且つ救寿の煥発し給う神のロゴスであります。又、（三）のロゴスのお応えが（四）に於てのべられていますが、安宅の関は、義経、弁慶主従の勧請帖の舞台となった加賀国の関所であり、同時に「白山の峰の岩間を湧き出でし……」とのべられていますように、加賀国の霊山であり、御主ご生誕の地が黙示されているのであります。そして、「末世に開く玉手箱、をはりの国の浜の渚に、みろく来る日に寄るも畏し」とのべられ、神約の聖地尾張国の天母里《てんぼり》に於て、龍宮の玉手箱の秘義が開かれることを明かにされたのであります。

(五)「汝ら、今し世は恰も八岐《やまた》の蛇《をろち》の如し、その首八つに分れて、各も各もに頭《かしら》あり、又その腰《すゑ》八つに裂けて各も各もに尾あり、この恐ろしきをろち、くにつちに蟠《わだかま》りて世を呑まんとするなり。然れども汝らよ、恐るること勿れ、そはこのをろち悪をこそ喰《くら》へ、善を食《は》むことの能はざるが故なればなり」(九輯七編第十二章二十四節)

(六)「その明暗の不可思議も、駕雲に遊翔《あそ》ぶ龍の如し。汝ら、たとへば龍を真如の象と観れば、雲は五官の工《たくみ》なり。……人間《ひと》よ、人間《ひと》、汝仮初にも無知にして更に愚となる勿れ。観よ、彼の駕雲に遊翔《あそ》ぶ龍の出没自在のその神技を、人間《ひと》の五官は哀れにもその雲烟《うんえん》に迷へども、龍は神技に遊翔《あそ》ぶなり」(十輯四編第十三章十九—三一節)

(註)「駕雲」とは、雲に乗って自在に駆けめぐる意であり、「真如」とは、万物に備わる永久不変の真理の意であり、五官の世界にありながら、五官を超脱して変転自在に活動する人間の姿を、龍に

譬《なぞら》えて仰せになっておられるのであります。

（七）「されば汝ら、天祖の聖寵の聖霊《みたま》によりて生れたる蔽顔《おとばり》の救主《くじゅ》こそ真に天の栄光《グロリヤ》の無上の表現人として、最《いと》もいみじく人類のうちより聖別せられたる天降《あも》の救世寿《くせじゅ》の袞龍《ころも》なり。視よ、この袞龍《ころも》、嘗ては法蔵菩薩と呼ばれたり、釈迦牟尼世尊と呼ばれたり、イエス・キリストと呼ばれたり、又マホメットと呼ばれ、老祖と呼ばれ、孔子とも呼ばれたるなり。然れども汝ら、蔽顔《おとばり》の救主《くじゅ》は唯にその伝承者たるのみの者にはあらず、そはその成就者たる者なるが故なればなり」（九輯八編第六章十四―十六節）

（註）「袞龍《ころも》」について。御主《おんしゅ》はロゴスの中で「袞龍」の語を「ころも」と訓まれていますが、音訓みでは「コンリュウ」となります。「袞」は、天子、上公の服といわれていますが、袞の次に龍の語を充てられたのには、深いご神慮があってのことと思います。ありがたいことに、この秘義の一端が、白川静著『字統』と吉野裕子著『大嘗祭』に詳しく解説されていますので抜粋いたします。

『字統』に「会意は、衣と公に従う。公はまた谷に作るものもあり、容、欲の従うところの形で、祝祷の器である𠙵の上に神霊の気象を示す八を加えたもの。もとは神霊の衣裳をいう字であろう。「説文」に、天子が先王を祀るときの祭服で、龍を繡《ぬいとり》とするいわゆる袞龍の服とし、公声であるという。のちの字形には公に従う形とするが、もと容、欲の従うところと同じく、谷に従う。容は先祖の霊容、欲はその霊容を拝したいと欲する意をいう。従って袞は、その神容を示す衣裳とみられる。のち天子、三公の祭服となり、龍の繍文を加えた」と記述されています。
一方、吉野裕子著『大嘗祭』の口絵に、孝明天皇の礼服の写真が掲げられ、「袞龍の御衣」と記されています。これは、天皇が大嘗祭に臨まれるとき着衣されるもので、口絵には、正面と背面の御衣が色鮮かに写現されています。龍は、正面と背面の両袖に大きく描かれ、正面の左肩に太陽と八咫烏（三本足）、又右肩に月と蟾蜍、兎が描かれています。いずれも黙示に満ちた模様ばかりであります。

このように、袞龍は、天皇が着衣せられる最高の礼服であったわけですが、御主が九の巻の中で、蔽顔の救主を「天降の救世寿の袞龍《ころも》」と畏くも仰せになっておられることは、まことに、その意義甚大であります。ところで、先に「天降の救世寿の袞龍《ころも》」とロゴスされていたのですが、我が国の古の神の道に於ては、この天降の救世寿の亦の御名が天火明尊（饒速日尊）に坐すと仰せになっておられるのであります。このことは、次のロゴスに、はっきりと明記されているのであります。
「汝ら、今、汝らは天照国照火明奇王和速日尊《あものくせじゆ》の生命《とくさ》の真言《ロゴス》によりて、生の唯一の真実を知見し、その無限荘厳の法身に正覚して、正に随喜渇仰せん」（十輯十編第八章二節）
以前にも書きましたように、八百万神といわれる数多い神々の中でフルネームが十三文字にも及ぶ長いご神名の方は、この方を除いてほかになく、それだけに尊貴弥高き神に坐したからと拝察することができます。饒速日尊（御主は和速日尊と表記されています）は、大和朝廷成立以前に大和国一帯に君臨せられた御方で、我が国を「ひのもと」と命名された肇国発祥のいやちこな神に坐したのであります。従って、今日に於ても宮中におかせられては、毎年十一月二十二日をトして尊の祭儀が執り行われているとのことであります。

四、御教の上に顕現された龍虎の黙示について

（一）蔽顔《おとばり》の救主《くじゅ》は、昭和十七年御年三十三才の砌、富士の裾野の聖庵を解かれ、尾張国の東春日井郡に入られ、延喜式内の古社尾張戸神社の鎮座する東谷山の西麓に、神約の聖地天母里《てんぼり》を定礎されています。東谷山は、古来尾張氏族が祖神を祀った信仰の山であり、山全体が古墳群の宝庫であったことから、神体山と称されています。この神体山の頂上の円墳上に尾張戸神社の本社《もとつやしろ》が鎮座、天火明尊を始め、天香語山命ほか三柱の神が祀られています。

御主は、尾張国に入られてから、この山をご覧になり、大蛇（龍神の象徴）が、この山を七廻り半とり巻いて守護していることを霊視されています。又、尾張戸神社に参詣された折、金色燦然と輝く天火明尊のお姿を拝され、これまで自分の身を神の社《やしろ》として降臨され、導き給われた御方と同じ神に坐したことを感応されたのであります。この時の様子が、畏くも九の巻のロゴスに、次のように描写されています。

「十来《とぎ》て澄み切る翡翠《ひすゐ》の階段《だん》に、雪より白き裳裾《もすそ》を引きて、みづらの君の天降《あも》りませる、姿ぞ実《げ》にもやんごとなけれ」（九輯七編第十一章二節）

この厳かな、名にし負う神のみ山東谷山について、御主は次のようなことをのべられています。これは、昭和三十七年（一九六二）壬寅の年の五月十六日と十月十二日にいただいたものですが、ここにその一部を要約して記させていただきます。

「尾張戸のみ山は、蔽顔《おとばり》の救主《くじゅ》の姿なのであり、無限の秘密を隠している奇しき霊山である。時来《きた》ってこのみ山の中央が少しずつ禿山とり、数々の古墳が出土されていく事実は、かつてのみことばを証ししているのである」（五月十六日）

「東谷山《とこくにやま》は、龍虎の神示の中心をなす扇の要《かなめ》である。即ち、扇を逆様にしたとき、龍虎の両端より開かれた頂点が東谷山であり、十二の干支《えと》にいう卯の座（東）に当っているのである」（十月十二日）

（註）これは、干支《えと》の循環《めぐり》と地文の黙示について仰せになっておられるのであります。東谷山のある

卯の座の手前には寅の座があり、卯の座の次には辰（龍）の座があり、季節の循環が子（北）から始って丑、寅、卯、辰、巳と流動しているわけであります。又、これを地文の黙示から考察しますと、東谷山のすぐ北の方位に古虎渓、東北東の方位に虎渓山永保寺があります。又南の方位には、松洞山龍泉寺があり、地文の上からも龍虎の黙示が如実に顕れています。

因に、虎渓山永保寺は、美濃国の名刹で、土岐頼貞が宋僧無学祖元の宗風に帰依し、その流れを汲む夢窓国師（疎石）を招き、創始されたといわれています。正和三年（一三一四）に建立された観音堂は唐様式の遺構を残し、国宝に指定されています。山号の虎渓山は、当地の風景が中国濾山の虎渓に似ていたことからつけられたといわれています。

一方、松洞山龍泉寺は、尾張四観音の一つとされ、延暦年間に伝教大師最澄が熱田神宮に参籠中、龍神の御告げをうけて多羅〻ヶ池から湧出した馬頭観音を以て、本尊として祀ったのが始まりといわれています。その後、弘法大師空海も熱田神宮に参籠の折、龍神の化身の童子に導かれて参詣されたといわれています。

（二）昭和三十七年（一九六二）壬寅の虎の年の六月十八日に、天母里の巽（辰巳）の方位に当る参道の入口に、「尾張国東谷山天母里根本大教座」の座標が建立されています。この日は、斎院聖祭の発願の日でしたが、二十一日の結願に、うづの広前に次のみうたが掲げられています。

「をはりなき　世のしるしとて　たつみなる　この春日井ぞ　天降《あも》の中今《なかいま》」

（註）「たつみなる」は、天母里の辰巳《たつみ》の方位に建立された根本教座の座標に言掛けてのべられたものですが、身が立つ、即ち御教が世に打ち樹てられたことを黙示しています。右のみうたとともに次のみうたも御詠されています。

「世の末に　ひらくみろくの　しるしなれ　おんたちわたる　館《やかた》づくりは」

（註）「おんたちわたる」の言葉の中には、天母里を始め、各地に教会が建設されていく状況が黙示されていると同時に、その建設に尽力された御館《おんたち》嘉久次信徒会長の信仰のまことが、讃えられているのであります。

そして、同じ三十七年の十二月三十日に、「天祖光教大本部教会」の座標が神館の巽《たつみ》の方位に建立されています。ここに、御教の根幹を表示する二つの座標が建立されたわけですが、御主は、この座標について、根本教座の方を昇り龍にして火の柱を象徴、本部教会の方を降り龍にして水の柱を象徴していると仰せになっておられます。

（三）昭和四十年に天暦の御世が開顕されてから、御主は、かつて御殿場の玉芙蓉天母里時代に御主に師事していた勝又義男氏と渡辺群紀氏の二方を招聘されたことがあります。時満ちて二方は大司教を拝命し、のち同年七月二十一日に、渡辺大司教に「虎寿」、勝又大司教に「龍寿」の寿号が印授されています。その日は聖戒結願の日に当っており、御主は、天降の神学の秘厳大儀矩法の要訣を紐解き給い、そのむすびに、再会の真実と龍虎の御神示の証しについて、祷詞《ほぎごと》をのべられています。

（四）加賀国（石川県）大聖寺に鎮座する御主ゆかりの菅生石部《すごういそべ》神社の神事に、御願神事というのがあります。この神事は、天武天皇五年（六七七）天皇の御立願により宝祚長久、国家安全、尚武の道を忘れぬようにと始められたといわれています。この神事の要《かなめ》は、まず採火が、代々忌み火の伝承を受け継ぐ岡町の辰川家で行われていることです。そして、白装束の若者によって青竹割が行われたあと、拝殿内から大蛇に擬した長さ二十五米の大縄をもち出し、境内に引きずりまわしてから、大聖寺川に放流するというものです。

辰川家の辰、大縄の大蛇など神獣といわれる龍神の黙示とともに、火と水に深く関わっているところに大きな意味があります。

（五）御主は、昭和四十年の天暦の御世開顕の年を前にして、昭和三十九年甲辰の年の十二月十七日に、「第三の使命に於ける水晶世界の六黄金律」を啓示されていますが、奥書の真言《ことば》に次のようなことを綴られています。

「ほどなくまた新しき年は始まる。それは素晴らしい生命《いのち》の樹の実の龍虎の神示の御神業が天《あ》母里《ものさと》から世界《よ》にほのぼのと開け始まるのである。朝映《あさかげ》うららにかがよふ点灯のやかたにありて」

（註）「生命《いのち》の樹」とは、太古の真言に「不老長寿の如意樹、正宿命の聖因子《いづのものざね》の原型《プロトテイポ》、天つひもろぎである」とのべられています。既に書きましたように、昭和四十年に天暦の御世が開顕されてから、龍寿、虎寿大司教が誕生し、教の上に刷新の気が起り、教勢の発展、教会の建設、御宝塔の設置など様々な龍虎の御神示を黙示する事象が現われています。

（六）御主は、昭和四十二年（一九六七）天暦三年の春に、をはりどの御託宣によって「太占の真言」を啓示されています。この「太占の真言」は、一六二頁に凝縮された奥義の真理の要訣を以て、御教に携わる人々に開示されたものであります。それは又、おとのたますゞ・おとばりのひじりの四声七言の寿詞《ほぎごと》とその後書《あとがき》に続いて、教え人に発信し、遺された究極の真言《メッセージ》でもあります。

御主は、この「太占の真言」のむすびに、「待ちて来し日を」と題して四十行に及ぶ聖なる詩文に託して聖旨《みこころ》の裡を切々と詠まれていますが、ここでは、龍虎の御神示に関わる件《くだり》を謹んで記させていただきます。

「千歳の巖を占めて　卜相《うらへ》なす
万歳の亀の福寿《ほぎごと》　南洽《あまねくも》　北暢《あまねかる》
その好日《よきひ》　何時《いつ》か来《きた》らむ
神変発動　龍虎の神示
その秘文の七封の印検《いんけん》を解く
神機の妙用　創化の暁旦を仰がしむべし」

（註）「南洽北暢」について、「洽」は音訓みでコウと訓じ、あまねく水がゆきわたることを言います。又「暢」はチョウと訓じ、のびる、やわらぐの意があります。天祖《かみ》の御稜威《みいず》が普く満ち渡ることを形容された言葉であります。「印検」について、印を捺して封ずることをいう語で、封印の巻物（天降の神学に於ける奥義の真理）を紐解くことを仰せられた言葉であります。

五、終末の世の様相に於ける龍虎の御神示に関わる黙示の事象について一言で申しますと、これは龍虎の荒《すさ》びと称せられる世界大戦の黙示であります。昭和十六年（一九四一）十二月八日、我が国は、アメリカ合衆国に対してハワイの真珠湾に奇襲攻撃を開始し、これによって各国に宣戦布告を行ない、世紀の大戦に突入していったのであります。この時、奇襲作戦の暗合電文が、「ニイタカヤマノボレ！」であり、作戦成功後「トラ・トラ・トラ」と打電されたのであります。ニイタカヤマは、新高山と書き、台湾の最高峰の山名ですが、明治天皇の御命名といわれています。ついでながら記しておきますと、明治天皇は、御主ご生誕の明治四十三年に、「新高の　山よりおくに　いつの日か　うつしうゑまし　わがをしへ草」という和歌を御詠されています。

ところで、先の電文「トラ・トラ・トラ」から察せられますように、太平洋戦争の最大の相手国となったアメリカは、まさに、龍虎の御神示に於ける虎の役割を演じる超大国であったわけです。奇襲攻撃を受けた猛虎アメリカは、烈火の如き怒りを以て、国を挙げて反撃に転じたことはいうまでもありません。

一方、我が国は、これを機に大東亜共栄圏の旗印を掲げ、イギリス、オランダなどの支配を受けていた南方諸国に対して、解放戦線を拡大していったのであります。又、中国本土に於ては、共産党軍が国民党軍と内戦を交えながら抗日運動を興し、戦争へと発展していったのであります。広大な国土と多大な人口を有する中国は、古来、龍の思想との関わりが深く、龍の大国といわれてきましたが、不幸にもその中国が対戦国となり、我が国は龍虎の荒びの狭間《はざま》に在って苦戦を強いられることになったのであります。そして、三年八ヶ月余りに及ぶ熾烈な戦闘を重ね、ついに、広島、長崎に原爆による火の洗礼を余儀なくされ、昭和二十年（一九四五）八月十五日を以て終戦を迎えることとなったのであります。

拝聞によりますと、同年の四月に、御主は八月十五日の終戦を予告され、その後の国の情勢なども事こまかにのべられたといわれています。又、当日の未明、根本教座の法巣《ほうす》の樹（学名アベマキ）の根元のひもろぎ様に白龍が現われ、「今日は日本の衣替《ころもがえ》の日である」と仰せになられたのであります。なお、八月十五日を前にして、連日、おはりど聖唱七番を始め、八番、九番、十番、そして天降の聖歌の九番、十三番、十七番などが次々に啓示されています。

続いて、第二次世界大戦及び太平洋戦争終結後、日本は、アメリカの占領政策による統治国家となったのですが、激しい戦場となった沖縄が本土復帰されるまでには、長い年月が経っています。この間、朝鮮半島に於ては、三十八度線を境に南北に分断し、朝鮮人民民主主義共和国と大韓民国が成立したのをきっかけに、アメリカはもとより、ソ連と中華人民共和国が着々と軍事力を強化し、所謂冷戦時代に入っていったわけです。その後、二十世紀の終りに至り、一九八九年にベルリンの壁が崩壊して東西ドイツが統一され、続いて二年後には、ゴルバチョフ大統領の時にソ連邦が解体するなど、冷戦時代が氷解し始めたのであります。そして、二十一世紀の初頭を迎えた今日、世界の情勢は複雑極まりなく激しく変化しています。アメリカの傘下にあるキリスト教を信奉するイスラエルとイスラム教を信奉するパレスチナ両国との絶えることなき対立抗争のさ中にあって、中国大陸に於ては、驚異的な経済成長を背景に、年々アメリカを凌ぐ勢いで軍事の増強が着実に進められています。更に又、北朝鮮に於ては、ソ連やイスラム教国（特にイラン）との軍事上、科学上の交易が頻繁に行われています。

先に、龍虎の黙示を表徴する大国として、アメリカと中国のことを書きましたが、今日も大国であることには変りなく、表面上、龍虎の荒びは影を潜めており、平和といっても力の均衡の上に成り立っている仮相の平和であるといえます。

今日の世界情勢を観ますと、まことに渾沌極まりなく、真の平和への在り方が問われていますが、スフィンクスの声には、その様相について次のように啓示されています。

「されば視よ、今、世界《よ》の存在の様相《ありさま》は、宇宙的大洪水と烈風との最中《さなか》に捲込まるる目前の如《さま》くに、諸各自《そのみづから》は、自存の標幟を掲げて何らかを叫べり、又凡百《おほかた》の人間《ひと》は、その三竦《さんすくみ》の渦巻の最中《さなか》に存在《ある》ものの如し」（十輯十一編第七章十節）

まさに仰せの通りであります。「三竦《さんすくみ》の渦巻」と形容されていますが、ヘビはナメクジを、ナメクジはカエルを、カエルはヘビをと恐れながら互に牽制し合っているのであります。極まるところ、それは、一神教的世界観に立却するキリスト教とイスラム教、そして宗教を否認する社会、共産主義思想の三者の対立抗争を黙示されたものと拝察いたします。

以上、これまで龍虎に関わる種々様々な黙示について、多くの資料を基に縷々と書き記してきました。それは、龍虎そのものに秘められた黙示が、余りにも深遠無量のものであったからであります。然しながら、冒頭の御神示の本筋が、「誰かこれを恐れざるものあらん」に在ることはいうまでもありません。

龍と虎との狭間《はざま》にあって、今にも飛びかからんとする状況に遭遇して恐れ、慄くのが世の常ですが、御主は、これを教え諭して次のように仰せられています。

「汝ら、徒《いたづら》に驚き恐るること勿れ。譬《たと》へば汝ら、世には驚き恐るることの数々ありとも、汝らは神を信じ、摂理を認め、教法《ロゴス》によりて生くる故に、如何なることも驚き恐るるな。ああ、されど人は罪悪汚穢《つみけがれ》のために、その心曇りて、常に真実のことにも躊《ためら》ふ者あり。さらば視よ、彼らは驚き恐るべからざることに驚き恐れて、真に驚き恐るべきことには却って驚き恐れざるなり」（九輯五篇第八章一―四節）

「汝ら、今し世は恰も八岐《やまた》の蛇《をろち》の如し、その首八つに分れて、各も各もに頭《かしら》あり、又その腰《すゑ》八つに裂けて、各も各もに尾あり、この恐ろしきをろち、くにつちに蟠《わだかま》りて世を呑まんとするなり。然れども汝らよ、恐るること勿れ、そはこのをろち悪をこそ喰《くら》へ、善を食《は》はむことの能ばざるが故なればなり。さらば汝ら、善を希望して唯一の光に生くる者は幸《さいはひ》なり」

(九輯七編第十二章二十四―二十五節)

「汝らよ、徒《いたづら》に驚き恐るること勿れ。汝らの佇める信仰の大地の動がぬ限り断じて驚き恐るることの汝にはあらじ。汝らよ、その有様《さま》に眼《まなこ》を奪はれて、その真実を見失ふこと勿れ。これらは皆、天の願を地に成就すべきためのものなればなり」(九輯五編第八章六―二十二節)

越し方を顧みますと、蔽顔《おとばり》の救主《くじゅ》がご幼少の砌に受けられた龍虎の御神示の黙示は、久しく時を閲して様々なる事象となって顕現されてきました。これからのちも、新たなる事象が顕れてくることと思いますが、天祖の摂理を信認し、天降の教法に照らしてその真相を観ずることが肝要ではないかと存じます。

追記

（一）冒頭に掲げた龍虎の御神示の本文については、昭和三十九年（一九六四）四月九日朝の聖戒のロゴスと昭和四十年（一九六五）七月二十二日のみことばに従って、仰せのままを出来るだけ正確に記憶にとどめていたものを記させていただいた次第です。けれども、本文の後半の文章「誰かこれを恐れざるものあらん」の末尾に「や」を加え、「あらんや」と表記された例もあり、気にかけていたわけです。ところが、執筆期間中の三月三十日の朝の祈りに賜わったロゴスの最終節に、「善哉《よいかな》、有情《うじよう》、救寿《くじゆ》は来《きた》れり、平安《やすか》らざる者何地《いづち》にあらん」（十輯四編第三章十二節）とのべられていましたので、冒頭の表記のままでよしとさせていただきました。

（二）執筆を始めた三月三日のこと、昭和五十九年の日記Ｎｏ・32を手にとって、七月二十二日と八月九日及び十日のところを読み返しながら、龍神の顔かたちをした瑞雲の写真を観ていたのです。この写真は、轟き亘る雷鳴と凄まじい豪雨のあとに、聖堂のすぐ上空に顕現された瑞雲を撮影したものです。

日記によりますと、八月九日聖戒の前のひととき、鶴舞中央図書館で借りてきた中山太郎著『日本民俗学1巻神事編』の中の「雷神の研究」を読み始めてほどなく雷鳴が響き渡り、やがて大粒の雹とともに豪雨となり、そのうち、近くの電柱や小戸の常夜灯に落雷、停電しています。この現象は、庄内川以南の局地的なものでした。当時、種々の問題が教の内部に生起していたのであります。

又、三月三日付の日本経済新聞の春秋欄に、雷鳴と風雨に関する『源氏物語』の「須磨」の記述を引いて、気象の解説がされていたのですが、こんなところにも龍神に関わる雷雨の黙示がでていたわけであります。少し附言しますと、光源氏が禊ぎ祓いの神事を須磨で行い、身の災を移した人形を舟にのせて流したときに、にわかに雷鳴とともに風雨がまき起ったという記述です。

(三) これも又執筆期間中の出来事ですが、去る三月十日に、龍虎の御神示のうち虎について参考資料に目を通しながら書いていたのです。ところが、その日の東京新聞の松雲庵主の運勢欄寅年の項に「西虎相闘えば共に生きず。力あるとて争うべからず」と記されていました。この黙示は、小さくは家庭と学校のこと、大きくは現時の国際情勢を表わしているといえます。国際情勢の一つとして、北朝鮮が人工衛星のためのロケット打上げを宣言し、実行したのですが、アメリカを始め日本その他の国が強く懸念を示し、国連の話題となったのであります。表向きは人工衛星用のロケット打上げとなっていますが、実際には大陸間弾道ミサイルのための実験といわれています。従って両虎とは、既に書きましたように虎を象徴するアメリカと北朝鮮であり、今後の動向が注目されるところです。なお、家庭と学校のことと書きましたが、これは内輪の問題ですが、その後、学校側の謝罪により解消しております。

（天暦四十五年平成二十一年四月十日　謹書）

今回の執筆に当り、参考にさせていただいた文献は、次の通りです。

『古事記』
『日本書紀』
『万葉集』
『倭名類聚抄』
『新輯明治天皇御集』（明治神宮）
『大辞典』（平凡社）
白川静著『字統』（平凡社）
笹間良彦著『龍とドラゴンの世界』（遊子館）
五十嵐謙吉著『十二支の動物たち』（八坂書房）
佐藤健一郎・田村善次郎著『十二支の民俗誌』（八坂書房）
吉野裕子著『大嘗祭』（弘文堂）

中山太郎著『日本民俗学』第一巻神事編（大和書房）
浜本末造著『人類は生き残れるか』（霞ヶ関書房）
『友清歓真全集』第二巻（八幡書店）
谷川健一編『日本の神々』北陸編（白水社）
『菅生石部神社由緒書』
『松洞山龍泉寺由緒書』
『虎渓山永保寺由緒書』
『角川日本地名大辞典』21岐阜県

第二章　蔽顔《おとばり》の救主《くじゅ》の御神縁の人々

其の一

日生真人《ひあれのまびと》　こと穏田の行者　飯野吉三郎翁について

飯野吉三郎翁は、慶応三年（一八六七）八月三日、美濃国（岐阜県）恵那郡岩村に誕生され、昭和十九年（一九四四）二月三日、東京都渋谷区青山穏田二―三五に於て、御年七十八才を以て逝去されています。

翁の故郷岩村町の観光課のパンフレットに、次のように紹介されています。

「岩村藩武具奉行飯野益衛の子として生まれた。彼に対する世評は複雑であるが、明治の元老山県有朋はじめ、児玉源太郎など、当時の各界名流の信任を得、高名であった。呪術を学び、新宗教を興し、穏田の行者とも呼ばれた。天下を予言し、またよく的中したと言われ、日露戦争の勝利を予言し、祈祷によりそれを導いたことは、今も多くの人々に語りつがれている」（『岩村の生んだ偉

人たち』より）
飯野吉三郎翁は、幼少の頃から論語や易経を白文で読み、時には年上の人にも漢文を教え、神童と呼ばれたといわれています。又、若き日恵那山に参籠し、古神道や陰陽道を究め、仙術を体得したといわれています。更に又、一時期仏門に入って経巻を学んだり、名古屋では、キリスト教会の下働きをしながら勉強したともいわれています。

さて、顧みますと、昭和五十六年（一九八一）七月二十三日のことです。不動産業を営む木全志ず夫人の案内により、御主《おんしゅ》のご長子斑鳩摩如寿《いかるがまにじゅ》様（本名清水貴實磨、昭和十八年のお生れ、蔽顔《おとばり》の救主《くじゅ》の御遺志により、平成十八年春日井市石尾台に於て白梅の会を創設される）とご一緒に安城市御幸本町に在住の飯野益雄氏（吉三郎翁の甥に当る方）にお会いし、翁に関する貴重な資料をご提供いただいたのであります。益雄氏は、吉三郎翁の長兄飯野盛厚翁のご子息との由、明治三十八年三月一日のお生れで、お会した時は七十七才でした。益雄氏は、十四才の時から吉三郎翁の秘書役として仕え、翁のご生涯に於ける凡ての行動、足跡について仔細を熟知しておられ、長時間に亘って往時の様子を克明に披露して下さったことが、懐しく思い出されます。
日記によりますと、当日の午前八時、天母里《てんぼり》根本教座のご神木楠の上空に、奇しくも、東から西へと飛翔する鳳凰の姿をした瑞雲が顕現、撮影したのであります。添付の写真（口絵参照）にその吉兆が如実に示されていますが、翁の逝去後三十五年を閲して、ようやく、翁の遺徳を継承する御家系の方に巡り逢うことができたわけであります。

この奇しき出来事は、まさにロゴスに「今、蔽顔《おとばり》の救主《くじゅ》は、空を吹き渡る風の如く、ひびき駈れる夜の雷《いかづち》の電《いなづま》の如く、夜の大空を飛べる鵬《おほとり》の如く世に訪《おとな》ひて、汝の前に来《きた》りたるなり」（十輯九編第十一章四十節）と仰せの如く、万事を照覧し給う御主のお導きよるものと確信いたします。

では、これから飯野益雄氏邸で拝見した系図、過去帖、写真及び遺品類、そして、後日同氏のご厚意により渋谷区役所で入手した戸籍謄本、並びに翁のご子息飯野官吉氏の著書『穏田の神様』、その他の資料をもとに、飯野吉三郎翁のご足跡を辿ってみることにいたします。

まず、飯野家の系譜をみますと、家紋は、男子が抱き澤瀉《おもだか》藤巴、女子が三ツ追澤瀉で、ご先祖は、伊勢国飯南郡元飯野町に鎮座する官幣小社飯野宮神社から興ったとされています。当社の御祭神は、南朝後醍醐天皇の皇太子飯野宮義良《のりなが》親王に坐し、第九十七代後村上天皇となられた方で、難波の住吉行宮（住吉大社）を最後に崩御されています。家紋に藤の紋所がみられるのは、御母が新待賢門院藤原廉子に坐したからといわれています。

ところで、後醍醐、後村上天皇の御事といえば、平安時代国風文化の最も爛熟した、所謂「延喜・天暦《てんりやく》の御治政」と称された醍醐・村上両帝の御代を追慕して名付けられたものといわれています。

御教に於ては、この村上天皇の年号と同じ表記である「天暦《てんれき》」の御世が、御神意により昭和四十年（一九六五）に開顕されていることから、飯野家の御先祖神との御神縁の黙示が窺われます。又余談ではありますが、越後国（新潟県）の村上というところに、御主ゆかりの饒速日尊を御祭神とする磐船神社が鎮座しており、奇しき黙示の一端を窺うことができます。

次に、吉三郎翁の両親について調べてみますと、父の益衛盛欽は、岩村の松平藩盛矯（禄高百石）の三男で、維新まで岩村藩士・御側用人筆頭、一刀流指南番、御納戸役などを勤めています。母は中村静《せい》（天保四年六月十二日生れ）といい、この両父母の間に、長男盛篤、長女鉄《てつ》、次男銈次郎、そして三男吉三郎の三男一女が儲けられています。吉三郎翁が誕生された翌年に夫に先立たれたため、母が苦労して四人の子を育て、翁の五十五才の時に九十才の長命を以て逝去されています。

吉三郎翁は、最初尾張国名古屋の御用商人格の油問屋の人で、明治女学院出身の才媛鈴木げんと結婚され、長女初子を始め、長男紀元、二女慶子、三女妙子、四女祥子、次男文武、五女忠子、六女孝子、三男六郎など三男六女の子宝に恵まれています。

その後、翁の熱烈な信奉者の一人であった紀州大名華族で陸軍主計総監の外松孫太郎男爵より、千五百余坪の邸宅と令嬢すへのが献上されたといわれていますが、このすえの夫人との間に、長男吉八郎、次男五吉、長女数子が生れています。

そのほか、明治女学校出身の高原梅との間に潔子、新野きくとの間に桃子、庭山きしとの間に君子、武、守子、菊地まさみとの間に官吉、政郎が生れています。その総数十九人を数える大世帯ですが、飯野官吉氏のお話では、いずれの夫人も入籍されておらず、互に和して助け合い、仲よく暮していたといわれています。考えてみますと、飯野家の御先祖が、後醍醐天皇の御子後村上天皇に由来しているとのことですが、それが真実であれば、まことにむべなるかなとの思いがいたします。なお、最初の夫人が尾張国の鈴木げんという方ですが、鈴木家は、物部氏の流れを汲む名族の家柄であり、物部氏の祖神が饒速日尊に坐すことから、吉三郎翁とご縁が結ばれていたことにも、大きな黙示が窺われます。

続いて、翁の年譜に従ってご足跡の概要を記すことにいたします。（年令は、数え年により表記）

二十才　明治十九年（一八八六）
この年に、長兄の世話により、郷土の先輩に当る大島健一中尉（後に陸軍大臣に）、下田歌子女史（実践女学園創立者、宮中女官長）、植物学者の三好　学教授への依頼状をもって上京。上京に当り、伊勢神宮と京都御所内の白雲神社に参拝されています。白雲神社の御祭神は、宗像三女神の一つ市杵島姫命（弁天様）に坐すが、鎮座の由来は、元仁元年（一二二四）太政大臣西園寺公経卿が、衣笠村の北山に北山堂を造営するに当り、妙音堂を修造したのが始まりといわれ、明治十一年白雲神社と改称されています。現在、京都御所建礼門のすぐ南に鎮座しています。ちょうどこの項を書いていた日の夕べの祈りのロゴスに、次のような一節が黙示されていました。

「大宇宙《マハウニベルソ》の調和の実相よ、白雲去来して須弥の霊峰《みね》高し」（十輯六編第六章十節）

上京後間もなく大島中尉の厚意により書生として寄宿、その後、築地明石町の私立鈴木学校へ教員として奉職することになったわけですが、これは下田歌子女史の斡旋によるものではないかといわれています。鈴木といえば、先に書きましたように、物部氏、ひいては饒速日尊に関わる黙示であり、御神縁の一端を表しています。又鈴木学校の近くには、東京一の劇場といわれた新富座があり、歌舞伎関係の子弟が多く通学し、その中に、二代目市川佐団次となった子もきていたとのことです。ついでながら記しますと、二代目左団次は、御主ご生誕の明治四十三年五月に、歌舞伎十八番『鳴神』を明治座で上演し、これが、今日の『鳴神』の基盤となったといわれています。これは、元祖市川団十郎才牛の作といわれる元禄の『鳴神』を二代目左団次が復活上演したものですが、これと同じものが昭和六十年十二月三十一日に、京都南座の顔見世大歌舞伎で記念公演され、話題となっています。鳴神とは雷神の異称ですが、御主のロゴスにも「雲路こえ雲井をわたる鳥舟も、徒《あだ》見い行かず、鳴神《なるかみ》も嶺《みね》駈り鳴り閃《はため》かじ」（十輯四編第二章十三節）とのべられています。

二十四才　明治二十三年（一八九〇）
東京廃娼会の運営委員の一人として参画、五月二十四日から三日間開催された日本全国同盟廃娼会年会で、開会の辞を述べられる。吉三郎翁がこの会の運動に力を注がれた背景には、虐げられた人々への思いやりとともに、明治女学校出身の才媛、鈴木げん夫人の影響があったからといわれています。なお、当時の委員の中に、徳富蘇峰や三宅雪嶺、森鴎外などが名を連ねています。

二十七才　明治二十六年（一八九三）
牛込天神町に日本精神講談という私塾を開設される。

三十七才　明治三十六年（一九〇三）
初秋の或る日、陸軍大臣の児玉源太郎大将と初めて会見される。この会見は、吉三郎翁の同郷の大島健一将官の紹介状により実現されたといわれていますが、飯野官吉著『穏田の神様』によれば、真相は、そうではなかったようです。又一方、日頃児玉大将を崇敬しておられた翁が、面会の念願が叶うよう「児玉源太郎」の御名を、百帖余りの半紙に心魂を傾けて墨書し、児玉邸に届けられたことから、大将の心を動かし実現されたともいわれています。この時、翁は御年三十七才、大将は五十二才でした。

会見の折、御二方がどのような話をされたのか、資料がなく残念ですが、日露開戦論が高まる情況の中で、国家の前途を案じつつ、互いに信念を吐露されたのではないでしょうか。以来、この会見を転機として肝胆相照す仲となり、翁は大将を益々崇敬され、大将は翁を心から信頼されたといわれています。

なお、日露戦争が始まったのは、翌年の二月十日ですが、開戦に先立って児玉大将は、密かに翁を訪ねて御神託を仰ぎ、自らも、江ノ島の弁天様の洞窟に籠って祈願され、のち、開戦への万全の体制を構築されたといわれています。

三十八才　明治三十七年（一九〇四）

日露開戦後、飯野吉三郎翁は、満州軍総参謀長児玉源太郎大将の要請をうけて大将と共に渡満される。この時翁は、白衣に筮竹と算木をもって出仕、大将の傍にあって戦況を占ったといわれています。陣営にみそぎ場を設け、しめ縄を張って水垢離をとり、天神地祇に祈りを捧げて霊示をうけ、時には弾丸霰の如く飛び来る戦場を駈けめぐり、士気を鼓舞したこともあったといわれています。

そして、翌年の始めに次のような御神託の言葉を煥発されたのであります。

「明治三十八年三月十日、奉天の大開戦には必ず大風あり、それを煙幕として早暁から総攻撃をなすべし」と。これが見事的中したことから、児玉大将は翁を生き神様と仰ぎ、翁への信頼が絶大なものになったといわれています。

一方、海軍に於て、東郷平八郎連合艦隊司令長官が、バルチック艦隊を迎え撃つに際し、軍司令部よりの命令に逆らってまで朝鮮海峡に留ったことについては、長官が翁の建言を固く信頼されたからといわれています。

後日、東郷元帥揮毫の扁額が、吉三郎翁の故郷の岩村の神社に献上されており、その信憑性を物語る傍証の一つといえます。

なお、ついでながら附言しますと、吉三郎翁について、陰陽道平沢流第九世河鍋魯安翁（世田谷在住）が小冊子『神秘道』の中で次のように記述されていますので、一部を抜粋させていただきます。

「日露戦争のときのことである。戦場のざんごうの上を、すっぱだかの男が、ひと流れの旗をふりかざしながら、狂人のようにおどりまわったものだ。弾丸雨あられと飛ぶその中をである。これには敵も味方もどぎもをぬかれたという。この大胆不敵、けたはずれの男こそ、たれあろう。穏田の行者飯野吉三郎が十死に一生をかけた一世一代、神秘絶妙の晴舞台の姿であった。この非凡の霊行によって、明治の朝野、大衆の信仰を一身にあつめた彼の奇妙不可思議な神秘道の数々は、実に

息長く、大正を経て昭和初期に至る三代かけて、その雷名をとどろかせているのである」（原文のまま）

三十九才　明治三十八年（一九〇五）

日露戦争が終り、戦勝ムードが広がるにつれて、影の功労者としての翁の御名が、朝野に知れわたるようになったのであります。これは、吉三郎翁の熱祷と威神力に感服された児玉大将が、関係の方々にその真実を語り伝えられたからであるといわれています。又大将は、翁に対して、宮内省の図書頭への就任を推薦されたり、国家の重鎮山県有朋公や伊藤博文公にも紹介の労をとられたり、更に、参謀本部の機密費から月々二百円を奉納されるなど、深甚なる配慮を以て対応されたのであります。

ところが、この年の翌年七月二十三日に、御年五十五才を以て急逝されたのであります。その後、大将の親友の杉山茂丸氏が、向島の私邸内に大将の霊を祭る社を建立されています。それから大将ゆかりの江ノ島の地に遷座されたのですが、大正十年に、大将が九年間総督として治世に当った思い出の地、台湾の桧を以て社殿が新築されたのであります。現在、山本白鳥女史が宮司として奉職され、児玉大将の御遺徳を顕彰されています。

四十一才　明治四十年（一九〇七）

吉三郎翁の熱烈な信奉者の一人である紀州大名華族で陸軍主計総監外松孫太郎男爵の長女すえのと婚姻の儀を結ばれる。この時、すえのは華族女学校で下田歌子女史の薫陶をうけており、全幅の信頼と敬意を寄せていたといわれています。吉八郎、忠子、五吉、和子の二男二女をもうけられていますが、次女和子の手記によりますと、すえのとの婚姻は、下田歌子女史の強い斡旋によるものとされています。外松男爵は、すえのの輿入れに当り、当時として一万円という莫大な持参金を添えて、穏田の家屋を無償で提供されたといわれています。この穏田の地は、現在の渋谷区神宮前に当るところです。

この穏田の家敷には、吉三郎翁の居室と客間の欄間に注連縄《しめなわ》が張りめぐらされ、築山の一画に神明造りの神社が建立されていたといわれています。この地で、十四才の時から翁の秘書役として仕えていた甥の益雄氏の話によりますと、当時、一日に四斗五升の米を必要とするほど、大勢の人たちが起居していたということです。

四十二才　明治四十一年（一九〇八）

児玉大将によって創設され、のち翁を盟主として継承された大日本精神団（右翼的な団体ではなく、皇室を尊崇し、神ながらの道を奉ずる任意の団体）に加入していた、神宮皇学館出身の山本斎生氏が翁を訪ね、書生として仕えることになる。斎生氏は、十三年間翁のもとで奉職され、後年、郷里の鈴鹿に戻り伊勢国一ノ宮椿大神社の山本家神主第六十八代宮司を継承され、名を行輝と名乗られています。鈴鹿に戻られてからも再々穏田を訪れ、教えを受けたり、手助けをされたりしておられます。

四十四才　明治四十三年（一九一〇）

明治四十三年といえば、蔽顔《おとばり》の救主《くじゅ》御生誕の年に当っていますが、この年に大逆事件が発生しています。この事件は、社会主義者の幸徳秋水を中心とした無政府共産社会を奉ずる人々が、皇室に対して不敬を行なおうとした事件といわれていますが、この事件を前後して、飯野家に明省三《あきら》という書生が住込むことになります。明は大逆事件に関わった幸徳秋水の弟子とされ、吉三郎翁を秘かに刺殺する機会を窺っていたものの、見破られ、翁よりその志の誤りを諭されるわけです。その後後悔して、山本斎生氏と共に永く忠勤を励む書生となったといわれています。明省三は、東洋軒雷右衛門の浪曲台本を何本も手掛けたほどの文才に秀で、この縁により雷右衛門自ら穏田に顔を出し、浪曲を披露したといわれています。

四十六才　明治四十五年（一九一二）

この年、翁と親交のあった青山胤通東京帝国大学医科大学長の紹介により、ドイツ皇帝特使として来日したゲッチンゲン大学のルドルフ・オットー博士と会談される。この会談には、飯野家の神職山本斎生氏が同席され、解説を行なっています。このオットー博士の来日の理由の一つには、日露戦争に勝利した日本国民の力の根源が神道に在るとし、その秘密を探るためドイツ皇帝ウイルヘルム二世が特使を派遣させたためといわれています。

飯野吉三郎翁が、オットー博士に熱弁を以て説示された会談の骨子は、次の通りです。

「神道は、バラモン教や仏教のように現世厭離の無目的ではなく、現世を楽土にしようという積極的な目的を持っている。最高神は愛の女神天照大御神で、平和思想の源となっている。

欧米人は神道を多神教というが、むしろ統一神教と称すべきものである。唯一神教を文明教というのは間違いで、唯一神教は二者択一の思想形式から生れるもので、それでは真の世界平和は実現できない。その例証は、西洋の宗教戦争で明らかである。現代に於ても、宗教戦争は人類の悲劇であって、一神教徒の二者択一の思想形式から来る矛盾である。

神道ならそういう問題は発生せぬ。聖徳太子は万教同根と考えて、仏教哲学を学び、日本の精神文化を高めた。ダルウィンの進化論は、既に「古事記」に明瞭にあらわれていることで、神道は進化論を包含し、しかも生成化育、修理固成である。生存競争とか、適者生存とかいうが、神道では敗者をも生かす。「古事記」にある、大国主命の国土献上のことでわかる。……西洋なら敗者は禍根を残さぬためとして亡ぼしてしまうであろう。反乱を起した平将門さえ祭って、その威霊を国民の幸福のため活用しようとしている。

日本は、ロシアが東洋の平和を乱さぬ限り、これ以上戦争するようなことはせぬ。貴国の皇帝は黄禍論とかを唱えているということだが、心配無用とお伝え願いたい。……」

続いて、神道の祭式などについては、山本斎生氏が説明。又神道には何を祭ってあるかの問に対し、概ね鏡を御神体とし、御幣を以て穢れを祓うと答え、更に、一番大切な行事は何かの問に対しては、禊である。バプテスマのようなものである。しかし、神道では、これで罪穢れを祓う、と答えています。

オットー博士は、御幣に強い関心をもち、所望されたため、新たに製作して贈呈されています。

会談後、その模様を聞かれた青山博士は、「飯野が鉄火のような熱弁で神道を説き立てるのは、われわれが百千の書巻を読破し、学理によって著述するよりも、より以上人を動かす力がある」と、讃嘆されたといわれています。なお、後日、英国の代理大使のランボールド夫妻が、大使館員を伴って穏田を訪れていますが、翁は、衣冠束帯に身を正してこれを迎え、神国日本の由来を諄々と説かれたのであります。

附言しておきますと、明治四十五年（一九一二）七月二十九日、明治天皇が宝算六十を以て崩御せられていますが、「河野広中日記」の中で、崩御のことが、「飯野氏より電話にて承る」と記述されている所があります。これは、公表以前のものであり、拝診に当った青山胤通博士から翁に直接伝えられたことからといわれています。

さて、ここで、飯野吉三郎翁が、幼き日の蔽顔《おとばり》の救主《くじゅ》のご存在を、御霊示をうけてのべられたことについて記させていただきます。

明治四十五年か、大正元年の或る日のこと、弟子の一人であった小越春代氏（明治二十八年生れ、のち恵美子と改名）に、厳かな面持ちで、次のような予言の言葉を告げられたのであります。

「今、北の国に一人の幼児《おさなご》がいる。この児は未《いま》だ三才にして女児のようでもあり、又男児のようでもある。この児はやがて世の救主《すくいぬし》となる児である。聖書や仏典に記されている御子《みこ》とは、この児のことである。この児はやがて世の救主となる児である。あなたは、いつの日か故郷《ふるさと》に於て、あなたの頭上に足をのせる人に出会う。その人こそ余がいう御子である。この御子は未だ年若く、余はその正法に与《あずか》ることができない」と、しばし長大息されたのであります。時に、飯野吉三郎翁御年四十六才、小越春代氏十八才でした。

この予言は、十七年後の昭和四年（一九二九）に、九州博多の講演会場で実現されています。会場の前方に着座していた小越恵美子夫人のところへ、静々と御主が歩み寄られ、頭上に足をのせられたのです。と同時に、夫人の脳裡に、かつての日師がのべられた言葉が鮮かに浮かび上り、謹んで御主を拝礼し、仔細を申し上げたわけです。そして後日、師より預かった巻物を渡されたのであります。

四十八才　大正二年（一九一三）

この年の八月二十六日に、日本に亡命した孫文（孫中山）が吉三郎翁を訪問、翁は、精神団総裁という お立場で会見され、次のような感想をのべられています。

「この交歓において、余は孫文と支那の立憲政治確立の方法、並びに日支両国外交の将来につき、親しく意見を交換したが、結局どの方面から検討してみても、日支両国が合流して欧州諸国の東漸を防ぎ、以て極東の平和を建設するの外はない、ということに一致した」

当時孫文は、宮崎滔天、犬養毅、頭山満等と同志的交わりを結び、頭山邸の隣に滞在、穏田来訪時には、山本斎生氏が身辺警護と接待役をつとめられています。なお、孫文からは、翁へ「博愛」と揮毫された扁額が贈られています。

五十三才　大正七年（一九一八）

この年は、児玉源太郎大将の十三回忌に当り、七月二十四日芝の青松寺で盛大な法要が執り行なわれています。吉三郎翁はこれに招かれ、墓参ののち参列されていますが、その日の模様が朝日新聞に次のように記載されています。

「開会の辞が了ると香の高い花輪に飾られた正面式壇上の白布が除かれて故将軍が馬上の勇姿を写した小さな銅像が現れた。やがて委員長後藤（新平）男爵が追悼の辞を朗読した。次いで壇上に進んだのは顎髯の風姿堂々たる紋附袴の男であった。彼は声を張り上げて「今にして故将軍が居られたならば」と切に時局を慷慨するが様にしばしば卓を叩いて叫んだ。「彼は誰？」と囁き合って注目した程彼の男は熱狂的に故将軍追慕の演説を行った。後に至って此男が有名な穏田行者飯野吉三郎と知れた。次いで秀雄伯爵の謝辞ありて式を閉じて、階上の食堂は開かれ午後八時散会した」

又、この年、時の大御所、元老の山県有朋公が、政局の問題で吉三郎翁を自宅に招かれたことがあります。公は次期政権担当者に西園寺公望公を予想されていたのですが、翁の考え方を聞いてみようとされたわけです。この時、翁は「西園寺さんは出ません。こんどは原敬さんでしょう。というのは、最近の原さんには、最も天運盛んな紅潤色というものが、眉字のあたりに漲っています」とのべられています。この予言が見事的中し、当人が九月二十九日総理大臣に就任、日本で最初の単独政党内閣が誕生したのですが、これ以来、山県公は、翁の慧眼に恐れ入って信奉者の一人となったといわれています。

五十六才　大正十年（一九二一）

この年の秋、政友会の領袖で原敬内閣の懐刀といわれた横田千之助法制局長官がワシントン軍縮会議に随員として渡米する直前に、吉三郎翁と面談した折、翁から、「原さんには近頃剣難の相があらわれている。何か間違いが起らねばよいが」と忠告を受けられた由。横田長官は、強いて気にかけず出かけてしまったのですが、奇しくも、全権一行がワシントンへ到着したその日、遭難の報（東京駅での暗殺事件）が届いたわけです。横田長官は、翁の予言的中に驚くと同時に、これにとりあわなかった自分を責めて、その悲嘆は、はた目にも痛ましいほどであったといわれています。

七十二才　昭和十二年（一九三七）

荒木貞夫陸軍大将（陸軍大臣）の日記に次のような一文が記述されています。

「昭和十二年六月二十二日　飯野吉三郎は中島（今朝吾　憲兵）司令官の許に常に出入し、且つ久原（房之助）を助けたるは飯野自身が寺内（寿一　当時陸軍大臣）に面会して先代の事より説いて成功したるなりと」

右文中の久原房之助は、昭和になって以降、吉三郎翁が最も支援を受けた人物の一人とされ、日立製作所を創業し、逓信大臣となり、のち政友会に入って正統派総裁にまでなった方です。当時、二・二六事件の叛乱幇助の疑いで憲兵からの追求をうけていたわけです。後日無罪となっていますが、翁が寺内寿一陸軍大臣の父の寺内正毅翁と親交が深かったことから、熱心に釈放運動に関わったためといわれています。又、日記の冒頭に、中島今朝吾憲兵司令官のことが記されていますが、御主が御年二十六才の時に面接されています。これは衣笠天母里《てんぼり》時代に、大本弾圧事件の余波をうけて警察から注目されておられたわけです。中島今朝吾中将が大阪港での海軍の観艦式に臨むため、人足先に京都へ立寄られた時に、山田耕民氏（中島中将と陸士での同期生）の案内により京都ホテルで会われています。このとき、大勢の特高が出入りして、何かと物々しかったそうですが、中将は、「会うも自分の勝手じゃ」といわれたとのこと。

席上、御主は黒の純正服で面接をうけられたのですが、中島中将は、「この方はそんな人ではない」とのべられ、畏敬の面持で鄭重に対応されたのであります。（上記の次第は、昭和五十七年九月二十四日に総司庁の食堂で、万寿宗務総長〔本名高岡健吉〕より拝聴したものです）

七十七才　昭和十八年（一九四三）

この年の正月、数えの七十七才の喜寿の御祝に鈴木げん夫人から「七十路に七つ重ねし喜びになお七つ八つ重ねませ君」と、和歌の書き初めが贈られています。吉三郎翁は、この御祝を最後に、体調を崩され、翌年の昭和十九年二月三日節分の日に、七十六年六ヶ月（数えの七十八才）のご生涯をむすばれたのであります。

翁ご逝去の模様は、翌四日の朝刊各紙に報じられ、朝日新聞には、次のように掲載されています。ここに、謹んで抜粋させていただきます。

「飯野吉三郎氏　急性腹膜炎のため　三日渋谷区穏田二の二五の自邸で死去　享年七十八　氏は岐阜県恵那郡岩村町の出身で明治大正年間を通じ　政界の裏面に暗躍　伊藤公　寺内正毅元帥　児玉将軍　後藤新平伯ら名家の門に出入りして　政変のたびに政界を立廻り　政界の黒幕をもって自ら任じてゐた

また広大な邸宅に神殿を設け「財団法人大日本精神団」を組織し「穏田の行者」の綽名と共に毀誉褒貶とりどりな幾多の話題の中心に立ってゐた　晩年は病身のため世表に現れることもなかったが、明治大正年間の特異な変り種的存在であった」

翁の葬儀は、二月九日に青山斎場で神式に則り執り行なわれていますが、喪主は、鈴木げん夫人との間に生れた長男の飯野紀元氏がこれに当り、伊勢一宮椿大神社の山本斎生（行輝）宮司が斎主を勤められています。このほか、親戚総代に翁の次兄の千葉銈次郎氏、友人総代に頭山満翁、一条実孝公爵、水野錬太郎元内務・文部大臣、柳川平助陸軍中将、塩野季彦元司法大臣などの重鎮が名を列ね、白鳥敏夫イタリア大使が葬儀委員長を勤めています。

葬儀が終って、関係者各位に「信是萬物一也」という、吉三郎翁が揮毫されたものを金茶の生地に墨色で染め、袱紗にして贈られたとのことですが、この言葉は、翁が座右の銘として、久しく御心にとどめておかれたものといわれています。

六文字のこの言葉の中に、奇しくも「信一」という、御主の御名の黙示がいと鮮かに顕現されています。申すまでもなくこの御名は、御主が加賀国の大聖寺で誕生された時の御名であるわけですが、その御主のご存在を、遠く離れた武蔵国東京の青山穏田の地で吉三郎翁が予言せられ、弟子の一人に伝え置かれたことを思いますと、感慨ひとしおのものがあります。

御主は、昭和十七年、尾張国に於て神約の聖地を定礎されて以来、往時を回想され、飯野吉三郎翁のことを「日生真人《ひあれのまびと》」と尊称されて、御遺徳を顕彰されています。

飯野吉三郎翁と阿吽鉢囉婆《アムハラバ》教との関わりについて

吉三郎翁は、幼児の頃から論語や易経、漢籍に親しみ、古神道も研究し、行法なども履修し体得されたといわれていますが、仏教については、一時期仏門に入って経典を学び、成人されてからは、密教にも関心が深かったといわれています。飯野官吉著『穏田の神様』には、古神道との関わりが強調されていますが、我が国の長い神仏習合の歴史が物語っていますように、古神道と密教には共通点も多く、不離密接に関わってきたことを考えますと、翁は、古神道とともに密教も密かに研鑽されたのではないかと思われます。

先に明治三十七年の項で書きましたように、陰陽道平沢流第九世河鍋魯安翁の話によりますと、飯野吉三郎翁より陰陽道の秘伝とともに密教の秘法も、直接伝授いただいているとのことであり、吉三郎翁が密教に関わっておられたことの一端を窺うことができます。

ところで、昭和五十七年（一九八二）三月二十九日のことです。岐阜県大垣市に在住の　小越昌夫人（小越章敬・恵美子夫妻の次女）宅を訪問した折、飯野吉三郎翁の関係書類を下さったことがあります。その中に、Ｂ５判十頁ほどの冊子があり、表紙の中央に「信教衆心得」と金文字で刻字されていました。奥附に、明治三十六年九月三日発行　著作者兼発行人　東京市小石川区関口台町五十五番地　楊州之居士白楊　と記されています。

内容をみますと、最初の頁に「天覧」と読める十二センチ角の朱印が押されてあり、天覧に供されたほどに重要な文書であることが解ります。そして、次の頁に、前書の言葉に当る一文が次のように記述されています。

（一）「明治三十六年八月二十一日　五股金剛杵湧出山、阿吽鉢囉婆　婆迦縛底伽藍、金輪法王殿に於て

阿吽鉢囉婆教主大聖世尊、世間門、出世間門に於ける十十無盡互具の法軌を説きたまう今茲に結集して一切信教諸衆と共に信受奉行す

明治三十六年八月二十一日

楊州之居士白楊」

そして、いよいよ本文に入るわけですが、表題に「世間門十條の聖教」と記され、次のようにのべられています。

（二）「阿吽鉢囉婆教主大聖世尊曰く　輪王如来の臨海に住する我信教諸衆の世間法に於て、當に白法を修めて徳義を養成するの道は阿吽鉢囉波教の依經立義に於て祥かに説く所なるを以て今茲に其要を摘んで信教諸衆の心得の為めに左に畧して十條を述べん」

（三）一、元首の尊厳威光を宇宙に発揚せしめ奉らんことを勤めよ
一、国体を維持し其鞏固を増進する為の敬神、報国、国民の本分を全ふせよ
一、家運を降盛にし親、義、別、序、信の実を挙げ、一切眷族と共に和気団欒の美風を呈せよ
一、心身を健全勇猛ならしめ、己を敬ひ人を敬ひ忠恕、道を修めて世の謨範と為り名、実、相背かざることを勉めよ
一、貴、賎、貧、富、苦、楽、昇、沈、皆悉く自業因果の所現なることを確信し各己れの分限を守りて転依の妙果を獲得することを励めよ
一、公利の別を明かにし表、裏の差を生ずること勿れ

一、尊、卑、男、女、皆悉く遊逸を以て栄とすること勿く、必らず當に職業を執り貨殖の道を計り富国の実を挙げよ

一、尊、卑、男、女、皆悉く懶惰を禁じ、必らず當に男女貞節を守り人種を繁殖し武を練り体を壮にし国家の干城を養成し、強兵の実を挙げよ

一、政界をして腐敗せしむること勿く、臣道を全ふして施政の方針を誤ること勿れよ

一、教育界をして腐敗せしむること勿く、師道を全ふして教育の方針を誤ること勿れよ

白法門甚だ広し今は畧して十條を述ぶること是の如し爾餘は之に准じ白法二字を解了して海内、海外、一切世界の信教諸衆宜しく信受奉行せよ

更に続いて、「出世間十條の聖教」と表題し、次のように記述されています。

（四）「阿吽鉢曪婆教主大聖世尊曰く　輪王如来の願海に住する我信教諸衆の出世間法に於て信、行並ひ運んで佛果を證成するの道は阿吽鉢曪婆教の依經立義に於て広く説く所なるを以て今茲に其要を摘んで信教諸衆の心得の為めに左に畧して十條を述べん

（五）

一、金輪王遍照如来の密厳灌頂は輪王如来の三摩地力に加持せられざれば頂戴すべからざることを信ぜよ

一、末世濁機の衆生は奇特神変、摂護成仏の法門に入るにあらざれば仏果を得ることの難きを信ぜよ

一、本尊金輪王遍照如来は一切如来の秘密、一切如来の主宰なるが故に諸尊、諸印の、助けを待たざることを信ぜよ

一、諸天、仙、等種々の餘尊を雑念するときは信、成就せざるが故に現證利益の霊験を得ることの難きを信ぜよ

一、開化立教は教、機、時、国、の変移に応同すべき理なるを以て今は眞、俗不二の活法門を建立す　世間、出世、一如の本願は金輪王遍照如来に依て證成す可きことを信ぜよ

一、輪王如来の密厳灌頂に依て得たる所の秘密瑜伽、念誦成仏の密言を時と處とは擇はす一心不乱に念持することを行ぜよ

一、閼伽、塗香、焚香、花鬘、灯明、飲食、五供、八供、乃至五宝、五穀、七宝、七薬、種々無量の宝、香薬等を秘密行軌に依て如法に如来に供養し奉り乃至三事を願海に捨施して檀波羅密を行ぜよ

一、教主、輪王定中炳現章及華厳等の大乗經典を読誦して如来を法楽し奉ることを行ぜよ

一、因果応報は自業自得の所現なり違情の境を脱して順意の都に赴かんと欲せば阿吽鉢囉婆教に依て転依の妙道を行ぜよ

一、信心を決定し安心を獲得し臨終は平生、平生は臨終と覚り世間、出世間、一如の法門に入り無畏三昧と得て密厳世界、阿字の本宮に住することを行ぜよ

信行門今畧して十條を述ぶること是の如し十方三界一切の信教諸衆宜しく信受奉行せよ

以上、在家と出家の二部門に分け、各々十ヶ條を以て信行内に於ける信條、心得などを宣述されたものですが、條文が極めて格調高く、現代にも充分通じる内容となっていますので、敢えて全文を書き写しました。

〈解説〉

（一）の前書の言葉に、明治三十六年八月二十一日と日付が明記されていますが、この年は、吉三郎翁が三十七才の時で、陸軍大臣児玉源太郎大将と初めて会見された年であります。そして、日付の次に、本文の言葉が説示された場所について、「五股金剛杵湧出山、阿吽鉢囉婆迦縛底迦藍金輪法王殿」と記されています。

「五股」は、五鈷ともいわれ、大日如来のもつ五種の智慧即ち五智を表わすとされています。又、

「金剛杵」とは、古代インドの神話で軍神インドラの所持する武器の名で、堅牢無比、破砕しえないものはないと信ぜられ、密教においては、法具の一つとされ、煩悩を断ずる智慧の利剣と見なされています。

「湧出山」については、法華経の見宝塔品に記されている大地から湧出して空中にとどまった宝塔の意と、従地湧出品に記されている大地の割れ目から湧き出てきた無量百千万億の菩薩の意という二つの意味から由来している言葉であります。

次に「阿吽鉢囉婆《アムハラバ》」とは、『ダラニ大辞典』や『梵語辞典』にも見当らない、極めて難解な梵語ですが、教の名称として言表された独特の言葉と拝察されます。「阿吽」は、悉曇の字母の初音と終音で、阿は口を開いて発する最初の子音、吽は口を閉じて発する最後の子音といわれています。密教では、この二字を一切のものの太初と窮極を象徴するものとして、前者を万有が発生する理念の本体に、後者をそれが帰着する智徳を意味するものと解されています。そして、「鉢囉婆」については、此岸から彼岸へ到達せんとする波羅密多の世界観を黙示した言葉ではないかと思います。

「金輪法王殿」は、本文の條文の中で記述されていますように、阿吽鉢囉婆教の本尊に坐す「金輪王遍照如来」を祀る殿堂のことです。続いて、「阿吽鉢囉婆教主」のことが記述されていますが、同じ言葉が本文に二回、「阿吽鉢囉婆教大聖世尊曰く」と記されていることから、「阿吽鉢囉婆教主」とは、一宗一派の教主ではなく、仏教の開祖に坐す釈迦牟尼世尊の御事を指していることが解ります。従って、阿吽鉢囉婆教の本尊に坐す金輪法王とは、釈尊に降臨された御方の御名ということがいえます。

ところで、金輪は、転輪聖王の感得する七宝の一つといわれていますが、最勝のものとして一字金輪という言葉があります。これは、天台宗で最も重んじられている如来の御名とされ、仏菩薩の一切は、この一尊に帰着することから一字と称され、大日如来の変化身とも、釈迦仏の母ともいわれています。

畏くも、御主は十の巻のロゴスの中で、金輪に関わる黙示について、次のようにのべられています。

「雲井遙けき天空《あまぞら》に、七宝の栄光《グロリヤ》の塔映現《あらは》れぬ。観よ、金輪《くしたま》の心王尊《みこ》、白妙の御衣装《みけし》ひ、右手《めて》をかざし左手《ゆんで》さしのべて、聖顔《みかほ》眩《まぶ》しく天の磐座《いはくら》放ち、天の八重雲を伊頭《いづ》の千別《ちはき》に千別て、御空を降《お》りて来《きた》りたまへり」（十輯四編第十六章十六節）

「遂に尽劫の末日近くなりたれば、一字金輪奇玉の、火明《ほあかり》の心王尊《みこ》天降《あれ》まして、神宝《とくさ》の秘厳《くしび》を小揺《さゆら》がし、五十音霊光《いづらのかみび》を射照《いてら》して、夕《ゆふべ》の暗を明け渡る、歓喜の朝となし給ふなり」（十輯十編第十六章十二節）

そして、先に記しました「湧出山」の黙示については、同じ十の巻に次のようにロゴスされています。

「汝ら、世は地涌《ちゆう》の天国《ハライソ》なり。大宝塔虚空に顕現して、妙音普《あまね》く大千世界に揺聞《きこ》え、夜光遍《あまね》く十方に照徹せり」（十輯十編第二章二十四節）

（このロゴスは、十月十四日、有栖川記念公園にある東京都立中央図書館に於て、陀羅尼と梵語について調べていたその日の夜にいただいたものです）

なお、前書のむすびと奥附に記されている「楊州之居士白楊」につぃは、この書の著作者及び発行人の名称となっていますが、この名称の方が飯野吉三郎翁であるという資料がみつかっていませんので、残念ながら確定することができません。

しかしながら、この名称と所在地名を手懸りに、何らかの黙示が繙ければと思います。

まず、楊州の楊についてですが、柳と同類の植物といわれ、歯の垢を除く時に使う楊枝は、もともとインドに起源し、仏具の一つといわれています。又、州は、点在する陸地と川が合わさってできる水中の陸地という意味と、地域区画上の名称という二つの意味があります。一方、地名のイメージも浮かび、地名辞典によりますと、朝鮮京畿道中北部の地域を楊州と呼んでいるところがあります。又、居士という語には、①学徳があって仕官した人、財貨多くして道義高い人②家にいる男子の意、出家せず家にいて仏道を修行する、などの意味があります。そして、末尾の白楊ですが、山鳴《やまならし》の漢名で、長い葉柄のある広卵形の葉が互生し、わずかな風にも揺らぎ、音をたてる。箱や経木などに用いられる。又、白楊の風という言葉もあり、先人の面影や遺風を表現する時に使われていると解説されています。このように、楊州之居士白楊という名称には、世俗に在りながら世俗を超えた、雅趣豊かな味わいが窺われます。

本項の初めに書きましたように、吉三郎翁の出身地岩村町の観光課のパンフレットに「呪術を学び新宗教を興し……」と記述されていますが、飯野官吉著『穏田の神様』には、「実際には、社会に表立つ際立った業績はないし、新宗教も興していない」（本文七頁）とのべられています。いずれが真実か、計りかねるところですが、官吉氏の場合、身内に関わること故、控え目に表現されたのか、或いは全くご存知でなかったのかと推察いたします。勿論、ここにいう新宗教とは、先に記した阿吽鉢囉婆教のことを念頭に置いてのことであります。

この阿吽鉢囉婆教のことを説示された当人、楊州之居士白楊の住所をみますと、奥附に「東京都小石川区関口台町《せきぐちだい》五十五番地」と記されています。吉三郎翁が青山の穏田に移住されたのが明治四十年頃といわれていますので、それ以前のことになり、仮に関口台に住んでおられた時期があったとしてもおかしくないわけであります。

小石川区関口台町は、現在の文京区関口町一―三丁目で、有名な椿山荘の東側にあり、関口台小学校に町名の名残をとどめています。

余談となりますが、地図で詳しく調べてみますと、関口台のすぐ南西と西の二方位に、天祖の御名を冠称する天祖神社が鎮座しています。都内の幾つかの区にも同社が点在し、更に、西多摩郡奥多摩町日原というところにも天祖山（一、七二三米）があり、頂上に天祖神社が鎮座しています。この天祖山と御主ゆかりの尾張国の東谷山尾張戸神社を結ぶ同一線上の延長に、大分県玖珠《くす》郡玖珠町に神体山の永日山があり、頂上に天祖神社が鎮座しています。このような同一線上の地文の神秘を「太占奇路《ふとまにくしろ》」と称されていますが、深い御神意が発動されてことを証ししています。

なお、このほか私の住んでいる品川区南大井にも、東北の方位のすぐ近くに天祖神社が鎮座しています。

御主のロゴスに「汝ら、この聖教の由来《きた》るところは天祖なり。天祖は宇宙の実体にして万道の根源、万教の源泉なり」（十輯九編第六章一節）とのべられていますように、天祖の御名を冠称した神社が、身辺なところに顕現されている事実は、天祖の摂理の秘義を教え示されているものであります。従って、楊州之居士白楊の住んでおられた小石川区の関口台というところは、飯野吉三郎翁と何らかの関係があった場所ではなかったかと、思うわけであります。

これまで、吉三郎翁と阿吽鉢囉婆教との関わりについて、あれこれと考察を進めてきましたが、いまだ確認できない部分も多く、今後更に資料を探ね、検討することにいたします。


終りに臨み、兄泰一郎宛に書翰形式を以て書き綴りました文書を紹介し、むすびとさせていただきます。この文書は、平成十一年（一九九九）六月二十三日（旧五月十日）付で送付したもので、大変長い内容となっていますが、その中に、飯野吉三郎翁に仕え、のち伊勢国一宮椿大神社の神主家を継承された山本行輝宮司の御長子、行隆宮司との奇しき巡り逢いのことが記してあります。御高覧いただければ幸甚に存じます。


拝啓　皆様にはお変わりなくご清祥のことと存じます。

さて、今回は、三重県鈴鹿市に鎮座する伊勢国一之宮椿大神社《つばきおおかみやしろ》の山本行隆宮司様の御事と、奇しき御神縁についてお話したいと思います。

今年の四月十八日、会社が休みの日でした。電車の中で、ふと椿大神社の山本宮司様のことを思いながら、名古屋駅の三省堂に出かけました。久しぶりのことで書棚の配置が以前とはすっかり変っていたのですが、いつものように、足の赴くまま書棚の前まできますと、「神道気学宝典」という文字だけがさあーっと目に飛びこんできたのです。帯紙に山本行隆と記されてあり、奥附を見ますと、平成十一年四月十一日の発行となっておりました。いつでしたか、御主ご生誕の明治四十三年に関わる事項を調べていた折、千種正文館の書棚の前に引き寄せられ、神鳴《かんなり》とともに出会った中野　卓編著「明治四十三年京都」と、保田与重郎先生の「日本史新論」の時と同じような感動でした。

私が思いますに、宮司様の一連のご著作は、純粋な実践体験に裏打ちされた、香り高い神道哲学とでも申すべきものではないかと拝察いたします。節々句々の文言に、まさに学、術、道と一貫した玉の緒の妙なるひびきが感じられ、心が暖かくなってくるのです。以前に「神道語録」という御著書に署名をしていただいたのがありますので、後便でお送りいたします。

ところで、先回「ロゴス」についての続編を書き始めたときに、やはり椿大神社と山本宮司様のことについても記したいという思いがしました。しかし、その前に神社の御名に椿の字が冠称されていることから、「椿」という語には、きっと深い意味が秘められているに相違ないと確信し、それを調べるために、六月六日に鶴舞中央図書館へ行きました。幾冊かの書籍の中から、渡辺　武・安藤芳顕共著「花と木の文化史・椿」と柳田国男集第二巻を選び、要所をコピーして持ち帰りました。その日の夕方、コピーに目を通しながら、椿の花のついた小枝をもってみたまを招き、幸せを祈る北国の巫女《みかんなぎ》の話、出雲の八重垣神社の連理椿が神木になっていること、椿が珠洲市の花木に指定されていること、「あんこ椿は恋の花」の都はるみさんが再出発（復活）して「千年の古都」を国立劇場で披露されたのが平成三年の五月十日であったこと、珠洲市出身の菅野《すがの》守二氏（第百生命検査部の方で、去年の十月十三日に第百生命岐阜駅前ビルに来館）のことなど、家内（珠洲子）にいろいろ話をしておりました。その翌日、当の菅野氏が突然来館され、しばし歓談、先にお話しした気多大社や羽咋神社のことなど、地元の立場から習俗や歳時について貴重な話を伺うことができました。いつもそうなのですが、重要な一つの事柄を調べていくうちに、いろいろな事柄が連鎖反応的に次々と現れてきますので、本当にありがたいことと思っています。

さて、山本行隆宮司様は、山本家神主第六十九代を神世相伝せられた方です。かねてからご高名を承っておりましたが、始めて拝眉の栄に浴しましたのは、平成四年（一九九二）九月十九日のことです。

会社（日本ホテルサービス）の山田渉部長が、椿大神社に参拝しませんかということで、車に便乗させていただくことになりました。早朝、神前にて歌聖典六三番「秘厳讃歌」の歌詞を便箋に書き写していますと、にわかに霊動があり、飯野吉三郎翁の写真（安城市在住の翁の甥に当る飯野益雄氏からいただいたもの）を持っていくようにとのご指示で出かけたのです。

参拝を終え、社務所の受付で会社の名刺を出して面会を乞うたところ、快よく宮司室に案内をいただきました。挨拶を申し上げ、歌聖典の歌詞と写真をご覧いただきました時に、写真の中に、若き日の父の姿が写っているといわれ、大いに驚かれました。

お話によりますと、飯野吉三郎翁に秘書としてお仕えしていた三十五才頃の姿とのことでした。

この日は、岡山から池田厚子様が来訪され、先程お見送り申し上げたばかりとのことで、乞われるままに、松下幸之助翁が寄進された鈴松庵に伺いました。床の間には、特別な場合にしか掲げられないという、裏千家今日庵宗匠のご揮毫による「神」の条幅が掲げられてあり、厳かな中にも和気の漂う清々しい心地がいたしました。そして、帰りがけに、茶室の入口の棚の中に宮司様が揮毫された「夢」の扇を拝見、昨日日本経済新聞の春秋欄で、日本人が一番好きな漢字が「夢」であるという記事を読んでいましたので、いたく感動し、記念に求めさせていただきました。

御承知の様に、椿大神社は、伊勢国の一之宮で、社伝に依りますと、第十一代垂仁天皇の御代に倭姫命の御神託により、猿田彦大神の御陵の前方に社殿を造営して奉斎された日本最古の神社といわれています。そして、猿田彦大神は、往古より天照大神との幽契による御旨を地上に実行する地祇《くにつかみ》の根本の神、平安と幸福を招く導きの祖神と称えられています。先の写真の中にありましたように、その父君行輝様（穏田では斎生と呼称）の晩年の面影を、以前椿大神社で刊行された「秀真伝《ホツマツタヱ》」の口絵で拝見したことがありますが、まことに猿田彦大神を髣髴とさせるお姿でした。

ここで、猿田彦大神を讃仰された御主の聖歌「秘厳讃歌」を掲げ、大神のご神徳を偲ぶよすがとしたいと思います。

六三番　秘厳讃歌

一、世《よ》のをはりどを　高知《たかし》らす
天降《あもり》の斎庭《ゆには》の　奥深《おくふか》み
湧《わ》きてつきせぬ　小戸《をど》の流《なが》れ
汲《く》みてみそげる　世《よ》の人《ひと》に
神《かみ》のみ国《くに》を　教《をし》へつつ
永遠《とこは》に燃《も》えて　消《き》えぬ火《ひ》を
あまねく点《とも》す　御秘厳《ごひごん》の
奇《く》しきみわざに　誘《いざな》ひて
天《あま》つみのりに　つまづける
天《あめ》の火具矢《かぐや》の　御呪詛《おんじゆそ》を
神《かみ》のとくさに　清《きよ》むべく
うき世《よ》の人《ひと》の　魂《たましひ》を
救《すく》ひ導《みちび》く　大神仙《さるたひこ》

二、人《ひと》のさすらふ　八千岐《やちまた》に
鬼人《きじん》の如《ごと》く　たち給《たま》ひ
矛《ほこ》をかざして　禍津日《まがつび》の
道《みち》に入《い》るなと　雄叫《おたけ》びて
直霊《なほび》の道《みち》に　誘《ひ》き給《たま》ふ
荒《あら》き魂《みたま》の　大神仙《さるたひこ》
正《せい》を顕《あら》はし　邪《じゃ》を破《やぶ》り
金剛威神《こんがうゐじん》の　念力《ねんりき》を
巌《いはほ》の如《ごと》く　根《ね》ざしつつ
魔軍《まぐん》の絆《きづな》　絶《た》ち給《たま》ふ
道《みち》の祖《みおや》の　大神仙《さるたひこ》

三、黄金白金《こがねしろがね》　すみわたる
玉《たま》の五十鈴《いすず》の　さゆらぎは
直霊《なほび》の愛《あい》の　徴《しるし》なり

瑞《いづ》の言霊《ことたま》　たなびけば
高根《たかね》遙《はる》けく　雲《くも》を越《こ》え
海《わた》のそこひの　涯《はて》すぎて
至《いた》らぬ隈《くま》とて　なかりける
天《あめ》の高市《たかいち》　八千岐《やちまた》に
立《た》たせ給《たま》へる　大神仙《さるたひこ》

四、

頂《ちよう》より放《はな》つ　五次光《ごじくわう》は
天降《あも》の神仙《さには》の　宝冠《かむり》なり
左拳《さけん》は虚空《こくう》の　秘霊《ひじ》を取《と》り
右手《めて》は三次《さんじ》の　波《なみ》を切《き》り
明暗《あやめ》の翼《つばさ》　小車《をぐるま》の
めぐるが如《ごと》く　はばたきて
無明《むみよう》の涯《はて》も　光明《くわうみやう》の
極《きよく》にも通《かよ》ふ　大神仙《さるたひこ》
無限《むげ》のたまきを　往復《ゆきかへる》

水《みづ》の流《なが》れの　如《ごと》くにぞ
到《いた》り及《およ》ばぬ　処《ところ》なき
道祖《みちのみおや》の　大神仙《さるたひこ》

五、
大慈悲心《だいじひしん》を　たて給《たま》ひ
有情《うじやう》のうへに　霊光《れいくわう》を
天降《あまふ》らしつつ　あり給《たま》ふ
みなさけ深《ふか》き　神仙《みつかひ》は
限《かぎ》り知《し》られず　在《おは》せども
この神仙《みつかひ》ぞ　恩寵《おんちよう》の
深《ふか》き真理《しんり》を　ひらくなり
天降《あも》に根《ね》ざして　不動心《ふどうしん》
千歳《ちとせ》ゆるがぬ　磐石《ばんじやく》を
大誓願《だいせいぐわん》と　なしたまふ
天降《あも》の現実《まこと》の　道《みち》知《し》らす
最《いと》もいみじき　大神仙《さるたひこ》

因に、この聖歌は、詞が終戦の翌年に当る一九四六年（昭和二十一年）四月二十日に、曲が同年七月七日に啓示されています。（御年三十七才）言霊に満ちた歌詞もすばらしいのですが、曲も又歌詞にふさわしく、この上なく格調高く荘厳な旋律となっています。いつの日か、椿大神社の御神前に於て、パイプオルガンの伴奏テープに合せて讃唱させていただき度いと願っております。

再び、同社の由緒書に戻りますが、「偉大なる大神の御神威は皇室を始め一般庶民に至るまで崇敬が厚く、仁徳天皇はその御霊夢によって「道別」を「椿」の字に宛てて社名とするように命じられた」と記されています。

奇しきことに、『古事記』の中で仁徳天皇の御徳を椿の花木に托して、葛城磐之媛皇后が、次のように詠まれています。

「つぎふねや　山代河を河上り　吾がよれば河の辺に生ひ立てる鳥草樹《さしぶ》を
鳥草樹の樹　其が下に生ひ立てる　葉広五百箇《ゆづ》　真椿　其が花の　照り坐《いま》し
其の葉の　広り坐すは　大君ろかも」

又、仁徳天皇の御事と申しますと、仁徳天皇の御代を讃えて王仁博士が詠んだといわれる和歌「難波津に咲くやこの花冬ごもり　今は春べと咲くやこの花」が古今集の仮名序にあります。この和歌を記した木簡が、平成十年の十一月四日に、阿波国徳島の観音寺遺跡から発見され、話題となったことは、既にご承知の通りです。大事なことは、先の和歌の木簡につづいて「ツ婆木《つばき》」と書かれた木簡も発見されていたということです。

図書館で調べた文献によりますと、「椿」は、奈良、平安の王朝時代から、長寿・延年、迎春、吉祥、結縁などを表すものとして、とくに宮廷人の間に親しまれていたようです。又、渡辺　武氏が序文の中で「数多い花木の文化史のなかでも、ツバキのように日本と日本人に密着したものは、ほかにはあまり見られない」とのべられていますように、椿は伝来のものではなく、日本古来の花木であったところに大きな意味があるわけです。

いろいろ記しているうちに長くなってしまいましたが、この辺で、先に触れました飯野吉三郎翁の御事について、少しばかりお話したいと思います。

飯野吉三郎翁（一八六七年慶応三年―一九四四年昭和十九年）は、美濃国岐阜県岩村のご出身で、古神道と密教の秘法を実修され、特異な霊能と豊かな洞察力を以て国家の行末や人々の運命を見透し、数々の予言をされた方です。東京青山の穏田に居を構え、多くの弟子とともに修行されていたことから、穏田の行者として夙に知られています。紙面の都合で、吉三郎翁の家系、経歴、思想、業績等につきましては、関係資料に基づいて、別の機会に詳しくお話したいと思います。今回は、御主との関わりについて概要を記します。

飯野吉三郎翁に師事された方の中に、大正十二年に高野山大学教授に就任された小越章敬様（明治二一―昭和二〇年）と同夫人の恵美子様（本名春代、明治二八―昭和一〇年）がおられます。

明治四十五年か、大正元年の或る日のこと、翁が恵美子様（当時は春代）に、「北の国に一人の幼児《をさなご》がいる。この子は、未《いま》だ三才にして女児のようでもあり、又男児のようでもある。聖書や仏典に記されている御子とは、この児のことである」と予言され、「あなたは、いつの日か故郷《ふるさと》に於て、あなたの頭上に足をのせる人に出会う。その人こそ余がいう御子である。余は幸いにしてこの御子が生れたことを知ったが、この御子は未だ年若く、余はその正法に与ることができない」と長大息されたそうです。この予言は、十七年後に九州博多の講演会場で実現されています。時に、御主二〇才、恵美子夫人三五才でした。

この時、夫人の脳裡に、かつての日、師がのべられたことが鮮かによみがえり、謹んで御主を拝礼し、仔細を話されたのです。

その後、小越夫妻は、居を大連に移し、御主との親交を結ばれています。そして、昭和十七年、御主が尾張国にこられてからは、往時を回想され、飯野吉三郎翁を日生真人《ひあれのまびと》と尊称、そのご高徳を顕彰しておられます。

先日は、私共一行のために、お忙しい中をいろいろとご配慮くださり、お蔭様にて楽しいひとときを過ごすことができました。末筆ながら重ねて厚く御礼を申し上げます。

尚、山中温泉百峰閣三階客室続きの広間の名称が、尾張国の「名古屋城」となっておりましたことを一言申し上げ、むすびとさせていただきます。

敬具

平成十一年六月二十三日（旧十月十日）

吉田演男

吉田泰一郎様

追伸

随分前に古神道に於ける神々の系譜に関し、その一端をお話したことがありますが、今回、必要あって天津神と国津神の真義とその関係について、いろいろな資料を比較しながら調べております。学者や研究家の方々が、それぞれの立場から様々の見解をのべておられるために、いずれが真義なのか、判然としないものがありました。ところが、此の度椿大神社発行の文書を拝見しているうちに、先代宮司の山本行輝様と現宮司の行隆様の次の一文に出会い、目から鱗が落ちる思いがいたしました。

「天則を開示するものが天津神であり、天則を地に啓き行なうものが国津神である」（行輝様）

「天津神は生きるいっさい万有を設計する心の神、国津神は天津神の設計に基づき、これを施行具現する生身の神である」（行隆様）

葛城山の一言主之大神の如く、いとも簡潔明瞭に、一言を以てその真意をのべられたものと拝察、深く感銘いたした次第です。
なお、末筆となり恐縮に存じますが、天津神の御心についてのべられた御主のみうたの一節を併せて掲げさせていただきます。これは、かつて、金沢大学在籍中に賜った御色紙のみ歌で、歌聖典のをはりど聖唱続三番に収められています。

「をはりどの神の御使《みつかひ》
愚かしと己を尽くし
弱《かよは》しとその身を投れば
天神《あまつかみ》　日傘開きて　恵み天降《あふ》らし
国土《くにつち》は大道のべて行手《ゆくて》しめさん」（詞　一九四五・三・一六　曲　一九五七・八・一七）
（天暦四十三年　平成十九年十月十九日　謹書）

今回の執筆に当り、参考にさせていただいた文献は、次の通りです。
中村元著『広説仏教語辞典』（東京書籍）

岩本裕著『日本仏教語辞典』（平凡社）
有賀要延著『平成新編ダラニ大辞典』（国書刊行会）
左方郁子著『飯野吉三郎』（『歴史と旅』平成四年四月号）
山本白鳥著『児玉神社由緒書』
二〇〇五年『皇室のすべて』
『歴史読本』二〇〇六年三月号
飯野官吉著『穏田の神様』（文芸書房）
藤巻一保著『日本秘教全書』
『大辞典』（平凡社）
『大辞林』（三省堂）

其の二

千里眼の大家　三田善靖先生について

三田善靖先生は、我が国の数ある霊能者の中で、ひときわ燦然と光り輝き、千里眼の大家として斯界の歴史に不滅の名を止められた方であります。

幼少の頃から天賦の超能力を現わして、魔法様とか天狗小僧、神童などと噂され、長ずるに及んで、益々超人ぶりを発揮、やがて千里眼を以て万事を透視され、その霊能は、終生衰えることがなかったといわれています。

いみじくも、霊界の案内人と自認しておられた異色の名優、丹波哲郎氏をして言わしめた「大いなる稀代の霊能者」に坐したわけであります。

昭和七年、先生四十八才、御主《おんしゅ》二十二才の時、奇しくも御神霊のお引合せによって、韓国の地で劇的な巡り逢いをされて以来、御主は、ひたすら敬慕の念をこめて、「三田先生」、「善靖《よしやす》先生」と申し上げ、先生は、慈愛と崇敬のお心を以て、「神我さま」と称えられ、久しく親交を結ばれたのであります。

三田善靖先生の生れ故郷は、三陸海岸の有名な漁港である気仙沼というところですが、ここの『気仙沼町史』に先生のことが、次のように紹介されています。

「三田善靖、旧名才二、別に朝日光一、三田光一と称したことがある。明治十八年八月十七日、気仙沼町字釜の前一一八番地に、三田半造、とりゑの二男として生まれた。幼少より才気煥発、人の意表に出ることが多かった。気仙沼小学校を出てから三年ばかり八日町中井浅吉方に丁稚奉公した。その後独立して浜売り渡世をはじめたが、その頃から手品師の真似が上達し、浜売りの船の中で種々の芸を見せて人々を驚かしたものだと言われている。後年朝日光一と名乗りあげ、八日町の気仙沼座に於て天勝はだしの手品奇術を公開して大人気を博したのも因縁ないことでもない。

浜売り渡世後、天下の三田光一を志して上京、各種の事業を企画したが、精神修養団「洗心会」を創立、後帝国自覚会と改めてその会長となり得意の霊腕を奮うに至った。

帝大教授で実験心理学の福来友吉博士の認めるところとなり、念写術の三田光一として天下の耳目を聳動したことがある。蓋し、三田の黄金時代とも言うべきであろう」

又、三田先生が、光一から善靖に改名された経緯については、同町史に「帝大に於ける念写の実験は不幸にも失敗に終り、後楯の福来博士が失脚するやらして、その後の三田は大山師として喧伝された。然し彼には彼としての信念があり、世間の風評をものともせず横行闊歩した。三田は大正七年二月、善靖と改名して、郷里気仙沼をはじめ広く知人間に念写入りの挨拶状を廻した。

その後、毎年、年賀状或いは暑中見舞がわりに予言まで添えた挨拶状を廻して三田の存在を明らかにした」と記述されています。

ところで、「三田」という姓氏について、太田亮著『姓氏家系大辞典』によりますと、「任那《みまな》族にして、皇室領なる屯田（御田）の管理者、即ち三田部の伴造家と考へらる」と、筆頭にこの記述を載せています。一方、御主の姓である「清水」については、『新撰姓氏録』の第二十二巻に「任那国の人、都怒賀阿羅斯止《つぬがあらしと》の後《すゑ》なり」と記載されていることから、そのルーツが任那国即ち、今日の韓国に関わっていることが推察されます。

冒頭に書きましたように、御主と三田先生との劇的な出会いが、天《あめ》の浮橋と称される韓国の地に於て行われたことを考えますと、まことに天祖《かみ》の摂理の妙を痛感いたします。

ここで、ちょっと附言しておきますと、先に記した「都怒賀阿羅斯止」とは、越前国（福井県）

敦賀の気比神官の故地に祀られていた神の御名ですが、現在、同神宮の摂社の祭神となっています。又、天智天皇の志賀の都（近江神宮）とこの気比神宮を結ぶ同一線上の延長に、御主ゆかりの菅生石部神社（石川県加賀市大聖寺）が鎮座しており、御神縁の黙示が窺われます。

幼少年時代

小さい時から超能力を現わし、母親が隠しておいた菓子などすぐに見つけ出し、困らせたという。又、「この間の火事は誰それの放火したもの」「あの人のものを盗んだのは誰それ」などと言い出し、半信半疑で警察が調べると、そのとおりであったともいわれています。又、小学二年生の頃のエピソードとして、試験の前になると同じ学級の子供たちを集め、「今度はこういう問題がでるよ」と話し、そのとおりの問題が出題されて、その子供たちだけが全員良い点をとったため、先生を不思議がらせたといわれています。

やがて奉公に出されたものの、二年ほどで飛び出し、行商人になったり、奇術師の一座に加わり、全国を放浪したといわれています。

二十五才　明治四十三年（一九一〇）

放浪生活に終止符を打って「洗心会」という精神修養団を創設、超能力の開発研究に努め、透視実験を公開され、世人の耳目を集め、驚かしたといわれています。当時、神戸市中山通り五丁目四番地に自宅を持ち、関西地方を中心に実験を公開されています。蔽顔《おとばり》の救主《くじゅ》が加賀国大聖寺に誕生されたこの年に、三田先生畢生の神業《かみわざ》といわれた念写実験の第一歩を開始されたところに甚大な意義があります。

二十九才　大正三年（一九一四）

神戸で郵便袋が奪われた事件があり、犯人は捕えられたものの、盗品の行方が判らなかったため、三田先生に調査の依頼があり、透視を以てその場所を指定される。的中したことによって千里眼の威力が評価され、先生の声望が大いに高まったといわれています。このことは、当時の朝日新聞に次のように報じられています。

「大正三年六月中神戸に於て郵便局行囊《こうのう》を奪われたる事件あり。当時犯人は間もなく逮捕されたるも、盗品の所在不明なるより、恰も同地に在りたる千里眼能力者三田光一をなして透視せしめしに、該品はすべて同人が指定せる場所より発見されたりとて、甚だしく評判を売るに至れり」

三十二才　大正六年（一九一七）

この年の二月八日のこと、この日は、三田先生にとって記念すべき重要な日となっています。それは、当時、心霊研究のパイオニアとして、念写や透視の実験証明を開発された福来友吉博士と美濃国岐阜県に於て、初めて巡り逢われることになったからであります。

翌々日の十日に名古屋県会議事堂で行われる一般公開実験に先立って、揖斐郡の坪井秀氏宅で会われたのですが、その折福来博士が、三田先生に次のようなことをのべられています。

「精神は空間超越である。二枚の乾板を別々の所に離しておいてもそれを一枚のものとみなし、つなぎ合わせれば一枚のものとなるべきように念写ができるはずです。今晩その実験を願えませんか」

この時、先生は二枚の乾板を一メートルほどへだてて置き、合わせて「至誠」の文字を念写しようとされたのですが、うまくいかなかったようです。しかし、本番では見事成功されています。

二月十日、当日名古屋毎日新聞社主催の公開実験が行われ、凡そ三、五〇〇人が出席、その模様は次の通りです。

（一）主催者の依頼により写真師の岩田氏が原封のまま一ダースの乾板を提出。
（二）実験の監視員として第三師団の神頭勝弥参謀議長が出席。
（三）見物人から、松井知事の肖像、騎馬兵士、総理大臣（桂太郎）の三つのテーマが出され、そのうち神頭氏より桂公が選ばれる。
（四）三田先生が約二分間精神統一されて、六枚目に念写したことを宣言。

（五）神頭氏が乾板をポケットにいれ、二―三名の立会者と共に岩田写真館の現像室へ行き、技師に現像を依頼。
（六）結果、六枚目に桂公に似た肖像が現出、ところが五枚目と七枚目にも、それぞれ或る像が念写されており、これをつなぎ合わせると「至誠」の文字が構成されていることが明かとなり、一同、念写の神秘に驚きの声を上げる。

続いて、同年の二月十八日、福来博士による三田先生の実験が行われています。この時福来博士から先生に与えられた課題は、
①浅草観音堂の裏に掲げてある山岡鉄舟揮毫の扁額の文字を透視すること。
②透視した文字を、博士が送付した写真乾板に念写すること。
の二点ですが、実験を行うに当って、博士は乾板二枚を遮光紙で厳重に包装、更にボール箱で二重に覆い、念の為に封じ目に「福来」の判子を押し、二箇所にサインの上木箱に入れて、先生の神戸の自宅に送付されたのです。この厳重に密封された小包を受けとられた三田先生は、新聞記者、中学校校長など八名の立合人の見守る中、まず、小包がどのように梱包されているかを透視、その報告を立合人の坪井秀氏から聞かれた福来博士は、すべて的中していることに驚かれたとのことです。

三田先生は、山岡鉄舟の額について、「南無観世音」であると透視され、その書体まで書いて福

来博士のもとへ提出されたのですが、その際、額書の一部に刀傷があることを×印をつけて指摘されたといわれています。そして、送り返されてきた小包は、送り出されたときのままで、包装を解き、乾板を取り出して現像したところ、「南無観音世」の五文字が明瞭に現われて、遠隔地での念写の真実性が確証されたわけであります。

ここで、福来友吉博士について概要を記しておきます。

福来博士は、明治二年（一八六九）十一月三日、美濃国岐阜県大野郡高山町に福来喜兵衛とようとの間に次男として誕生され、昭和二十七年（一九五二）三月十三日御年八十四才を以て逝去されています。

ご幼少の頃は、小柄で正義観が強く、又腕力も相当なものであったといわれています。又、読書が大好きで、熱心に読み耽る姿が常にみられ、或る時には、国分寺の床下で住職から借りた「日本外史」を読まれていたという記録も残っています。

明治二十九年二十七才の時に東京帝国大学の哲学科に入学、明治三十九年に同大学の大学院を修了され、文学博士の学位をうけられています。

四十二才の時、御主ご生誕の明治四十三年の四月から十一月にかけて、霊能者御船千鶴子を実験者として透視実験を初めて行い、これとほぼ同時期に長尾郁子判事夫人を実験者に念写実験を試みられています。

ところが、御船千鶴子の透視実験を教授陣（物理学の山川健次郎、田中愛橘、医学の呉秀三、大沢謙二、片山国嘉、入沢達吉、三宅秀、哲学の井上哲次郎）の列席する中で行われた時、不首尾に終ったため、学界から孤立無援の状態となり、併せて翌年の一月には、御船千鶴子の服毒自殺が重なって、大正元年帝大から休職を命ぜられ、翌二年には、遂に教授の職を離れざるを得なくなったのであります。その後、高野山で修行生活に入り、大正十五年に教授に就任されています。これまでの経緯について、著書『透視と念写』の序文の中で次のように信念を吐露されています。

「余は如何に月並学者の迫害を受けたからとて、学者の天職として信ずる道を踏まずには居られぬ。……雲霞の如くむらがる天下の反対学者を前に据え置いて、余は次の如く断言する。透視は事実である。念写も亦事実である」

なお、福来博士が関わった霊能者は、御船千鶴子を筆頭に、長尾郁子、森竹鉄子、高橋貞子、武内天真、渡辺偉哉と続く六人の方々でしたが、最後の七番目の霊能者が、三田善靖先生に坐したわけです。この三田先生との出会いから二十一年間という長期に亘り、親交を深められ、先生を対象として得られた念写の原板が一三〇枚の多きに及び、貴重な研究資料となっています。

博士は、昭和十八年（一九四三）三田先生逝去後、同二十一年に　東北心霊科学研究会を発足されると共に、大日本心霊研究所を前身とした敬神崇祖協会をむすび協会と改め、機関誌『サイキック・オブザーバー』に三田先生を紹介、成果を発表され、念写を世界に通用する「ネングラフィー」と改訳されています。

博士は、昭和七年御年六十三才の時に、『心霊と神秘世界』という畢生の名著を刊行されていますが、その中で霊媒による念写実験の開始とその真相について、次のようにのべられています。

「私は明治四十三年以来の心霊研究によりて、神通力の存在を実験的に証明することができた。神通力とは物理的法則を超越して活動する力である。而も此の力は人間の心と感応して知的に働くものであるから、之を物理的法則に従って器械的に働く物質から区別する為に霊と名付けられて居る。併し、更に徹底的に研究を進めて行くと、物質力其物も結局霊の念力によりて顕現されたものにすぎぬといふ結論に達することが出来る。だから宇宙は霊の活動から成って居る」

冒頭に「明治四十三年以来の心霊研究によりて」とのべられていますように、博士は、御主ご生誕の明治四十三年という時期を天機として受けとめられ、研究の本願である、念写による心霊の実在を実験によって確認しようと試みられたものと拝察いたします。

又、御著『心霊と神秘世界』が発表された昭和七年という年は、奇しくも、御神霊の誘《いざな》いによって三田先生と御主が邂逅された記念すべき年に当っており、三人の方々の御神縁の黙示が窺われます。

四十八才　昭和七年（一九三二）

本文の初めに触れましたように、この年に朝鮮（現大韓民国）京城の崇仁洞というところで劇的な巡り逢いをされたのですが、三田先生は、御年四十八才、蔽顔《おとばり》の救主《くじゅ》は、二十二才でした。

当時、三田先生を始め、エスペランチストの大山聖華氏、精神治療医の勝恵照氏そのほかの方々が、仏典や聖書に予言されている世の救い主に巡り逢うという黙示をうけて朝鮮に渡っておられたわけです。

或る日のこと（十二月か一月）三田先生の滞在先となっていた山本旅館に宿泊しておられた御主が、二階からしずしずと降りてこられ、先生の親しいご一行に挨拶をされてから、「今しがた黄金の光を帯びたこのような文字が見えてきました」とのべて、ＡＭＯという文字を示されたのです。その時、同席していたジャーナリストであり、エスペランチストの大山氏が大いに驚かれ、その文字がエスペラントであると指摘され、意味を解説されたのです。と同時に、三田先生が、黄金の霊光に燦然と輝く御主のお姿を霊視され、この方こそ、我等が啓示により、この地にて出現されるという救い主にあらせられると、謹んで言上申し上げたのであります。そして、このあと別室に特別な部屋を設け、恭々しく御主を迎えられたとのことであります。

以後、三田先生とそのご一行は、「宿命《アプリオリ》の因縁《えにし》」（一〇、七、三、二三）によって御主と堅く結ばれ、互いに敬愛の念をこめて親交を深められ、酷寒の日々、起居を共にされたといわれています。

（註一）昭和七年刊行の三田先生の著作『霊観』によりますと、先生は、当時京城ホテルと山本旅館を宿泊先とされています。御主のお話では、山本旅館は洋風の二階建であったとのことです。

（註二）大山聖華氏は、本名を時雄と称し、明治三十一年二月十五日に福島県郡山で誕生、昭和二十一年十二月二日、郷里の郡山で逝去されています。朝鮮の金順学嬢と結婚され、現在夫人は長女と東京に住まわれているとのこと。聖華氏は、朝鮮エスペラント学会の創立者で、一貫天道の足立純一翁（豊中市在住）のお話では、晩年、出口王仁三郎聖師との交流もあったといわれています。

さて、御主と三田先生が朝鮮に滞在されたのは、昭和七年の十二月から同八年の三月始め頃までといわれています。この短かい期間中に御神業に関わる数々の奇しき出来事があったと思われますが、詳細な記録がなく残念に思います。然しながら、折々に御主から拝聴したおことばの中に、貴重なエピソードがありますので、幾つかを記させていただきます。

エピソードその（一）

或る日、御主が丸岡のご養父母の許へお便りを書いておられた時のこと、隣室においでになった三田先生が御主に声をかけられ、「神我さま、今何かお手紙を書いておられますが、その〃慎む〃

という字は、こざと偏ではなく、りっしん偏ではないでしょうか」と優しくおっしゃったそうです。御主は恐縮しながら、お礼の言葉をのべて訂正されたのですが、扉を隔てた隣の部屋に在りながら、万事を見通しておられる先生の、類稀なる神通力に驚愕されると同時に、慈愛に満ちたお心遣いに深く感動されたのであります。（昭和四十年三月二十六日、点灯の館に於てしみじみと述懐されたのであります）

この「神我さま」とは、勿論御主のことですが、三田先生が慈父の如きお心から尊崇の念をこめて御主に贈られた、まさに天与の御名であると拝察いたします。この一事を以て、御主に懸けられた先生のお気持が、如何に大きなものであられたか、思い偲ばれてなりません。なお、後年御主が尾張国で啓示されたロゴスの中に「神我」という語が、天降の神学に於ける肝要な宗教的概念の言葉としてのべられていますので、謹んで抜粋させていただきます。いずれも重要な節ばかりですので、長くなりますが、列記いたします。

「天降の真理は瑜伽の実相なるが故に、生滅増減、離合集散、哀別離苦の去来の業作《カルマ》を転輪し、神我一体に汝の生けるを認めしむるなり」（九輯六編第五章一節）

「人の心を一心《ひとごころ》、二つ心に走らせず、玉燦麗眸《そのまなざし》の炎神に、浄燃《もゆ》る生命《いのち》の玉の緒は、神我一如

の瑜伽《ゆが》の道、真実一路の世界なり。（九輯九編第五章四節）

「名優《わざをぎびと》の心得は、舞台の緞帳《とばり》の捲き揚げられて現れ出でて汗を絞り、声を張上げ踊り舞ひ、観る人、聴く人、一心《ひとごころ》、岩戸開きの大神楽《おほかぐら》に、神我の実相荘厳し、天降の現実顕現《あらは》して、瑜伽の真人を礼拝《をろがむ》にこそ」（十輯五編第十二章十六節）

「人の心の内性の、面にぞ懸りて七重なる、玉の霊簾《すだれ》を透し見て、遠《をち》と近《こち》との玉揺ぎ、語る秘《ひめ》言《ごと》彼我を超え、上行下降の現実よ、天降の真人の神秘荘厳、神我一如の大法楽ぞ」（十輯七編第十六章八節）

「聖戒は心霊開眼の聖寵の日なり。万有新生の大安息日なり。七重の心扉をひらきて、久遠新生の秘厳を合掌礼讃する神我聖誕の祭日なり」（十輯八編第三章一節）

「汝がその発信想念の秘呪《いのり》は、父子音次元及び母子音次元の声字即実相の言霊《ことたま》にして、人間内在の無上神我心王尊の光明真言《ひかりのことば》なるが故なり。汝ら、天降の救世寿無上神我心王尊は蔽顔《おとばり》の救主《みこ》の識心七変の秘奥に内在《ましま》して、遍一切処《あまねく》光明《みひかり》に照覧《てりみそな》はしたまひ、常恒不断に居坐《おはしま》す。

……無上神我の霊格より放光せる未燃の念子の波動にして……」(十輯十編第十三章五―十三節)

「天祖《おほみかみ》への信は、人間の生命なるものの内在神我の先天的《アプリオリ》の叡覧の内証なり」(十輯十編第一四章十節)

「其手には如意の聖杖を持ち、其頂には眩ゆき金輪の法冠を戴き、無上神我の秘厳身《ひごんしん》とはなれるなり」(十輯十一編第一章十七節)

「斯ぞ無上神我の実体世界像にして……自己内在の無上神我なる無限永遠の根本智の本性……無上神我の声を正覚《さとり》て……正に無上神我の実体の輝きわたる三つ一の⊕《ほくに》」(十輯十一編第二章二―十一節)

「天降の神観に於ける黙想は神我相即の天地なり」(十輯十一編第十七章二十七節)

「七つの蔽幕なる意識の迷妄を消尽して、汝の神我に呼びかけよ。神我は天降《あも》の真人《まびと》なり」

（十輯十一編第十八章二十二節）

「天地を自在に駈り神我同根の歓喜に炎焔《もえさか》りて……」（十輯三編第十一章九節）

「赫《かがよ》へる光明《ひかり》の征矢と射照りつつも、無限次元を照り渡る無上神我の玉眼《まなこ》なり」（十輯十一編第三章三節）

ついでながら、「神我」の真義を認識し理解する上で、参考となるロゴスを二つばかり記しておきます。

「汝らは最早その心の旅を続行《つづ》く》る者にあらず、永遠《とこしへ》の生命の国の真中に久遠神、我の実体なるものを認識して、三世今生の我を神秘荘厳する黙想をなし、祈祷するなり」（十輯七編第四章六節）

「人類の根本我なる神性の救寿《くじゅ》の生命《いのち》の火は、永遠《とこしへ》に燃え盛りて消ゆることなきなり」（十輯七編第三章二十五節）

エピソードその（二）

山本旅館の二階に滞在しておられた三田先生の部屋にペチカが設けられてあり、この旅館に仕えていた李という青年が、そのペチカの後片づけと火焚をする仕事を日課としていました。ところが、ペチカの脇に積み重ねられた多くの薪も、前夜にいっぱいくべられ、夜明け頃には燃えつきて、わずかに温もりだけが残っているという状態でした。そこで御主は、寝んでおられる先生の御身を案じられ、夜明け前の冷えこむ寒さに備えて、深夜のうちから密かにペチカの火を燃やし続けられたのです。そして、部屋を下がる時には、先生の方に向かい、心から敬慕の念をこめて合掌されたのです。

この篤いまことは、厳冬の期間中、一日も欠かすことなく続けられたのですが、そのことは誰一人知る人もなかったわけです。これは、御主が三田先生に尽されたまごころのほんの一面にすぎないのですが、御主は、常日頃先生を景仰申し上げ、細やかなお心遣いをしておられたのであります。

その後、御主が朝鮮から丸岡の里へ戻って幾日か経った或る日のこと、突然先生がお越しになったそうです。先生には、詳しい住所をお知らせしてなかったとのことですが、例の千里眼を以て透視され、探し当てられたわけです。その折、先生は安次郎・さと夫妻に厚く御礼の言葉をのべられ、金子を贈られてから、近々開かれる大阪での講演会へのご招待を約束されたのであります。

後日、この講演会の席上で、並み居る各界の名士の方々に御主を紹介されたのですが、開口一番「この方はまことに、まことに奇妙不可思議なる方でして……」と前置され、朝鮮での滞在期間中の出来事の始終を披露、御主の篤きまごころと御神格を讃えられたのであります。この席上で御主は、「神ながらの道の本質について」の講話をのべられ、聴衆に深い感銘を与えられたといわれています。

エピソードその（三）

朝鮮に滞在中、三田先生が御主に打ち明けられたことの一つに、念写実験に関することがあります。「公開実験などの折、どうしても乾板に写しとれない場合があります。その原因は、私の念波を遮る疑いや批判など欲念のバイブレーションによるもので、これには閉口してしまいます」とのべられ、これまでの様々な念写実験を振りかえって述懐されたのであります。

四十九才　昭和八年（一九三三）

この年の十一月十二日に、岐阜市公会堂で岐阜新聞社主催の公開実験が行われています。会衆は数百人、立合人として同新聞社関係者のほかに、岐阜警察署長の早野宗太郎、岐阜商工会議所会頭の河田貞次郎の諸氏が列席しています。

始めに、福来友吉博士が念写実験についての概要を説明され、その後三田先生の念写が開始される。テーマとして、まず岐阜新聞の関係者から当地ゆかりの野原桜洲画伯が挙げられ、続いて幾つかのテーマが決められてから、公平を期すため来場の観衆に出題を依頼、この時「月の裏側」と叫んだものがあり、会場に笑声がどよめく。ところが、壇上の三田先生は、徐に声を高めて「いいでしょう。注文通り月の裏側を念写してみましょう」とのべられる。すぐに目を閉じて念写に没入されるや、会場はシーンと静まり返り、数分が経過、「終り！」との先生の一声で、にわかに驚きの声が湧き起ったそうです。そして、立会人が見守る中、封印の乾板が取り出され、用意された暗室に運び、現像作業が行われると、野原画伯のほか、月の裏面像が鮮かに浮かび上り、一同に公開されたのです。当日、程なくして三田先生に対して、岐阜警察署長と商工会議所会頭の連名による「念写真実証明書」が手渡されています。この原本は、高山市城内公園にある福来博士記念館に保存されているとのことです。

昭和三十四年（一九五九）十月四日に、ソ連が惑星間宇宙ステーション・ルーニク三号を打ち上げ、月の裏側の写真撮影に成功していますが、この写真と念写した写真とを比較することは、様々な点で困難があるといわれています。念写された写真が、本当に月の裏側であるかは不明であるとはいえ、ソ連が裏側撮影に成功した年の二十八年も前に、既に日本に於て、福来博士と三田先生の共同作業による念写実験（昭和六年六月二十四日大阪府豊郡箕面村桜井の福来博士宅と兵庫県須磨の三田先生宅に於ける非公開の遠隔念写）が試みられ、そしてその二年後に、再び関係者立合のもと公開実験が行われたという事実だけは確かであり、念写実験の歴史に、前人未踏の輝かしい足跡を残すこととなったのであります。

三田先生の念写実験の写真の中で、最も有名なのは、この、月の裏側の念写と、昭和五年と八年に実験された弘法大師像の念写といわれています。

五十才　昭和九年（一九三四）

昭和三十六年に福来心理学研究所から刊行された『念写実験の吟味』によりますと、一〇五―三―四に所収されている念写の写真に「不明人物」と記されているものがあります。同一人物のこの二枚の写真と飯野益雄氏からいただいた飯野吉三郎翁の数枚の写真と比較してみますと、実に酷似していることが解ります。もしそうであるとすれば、御主にご神縁のあった三田先生が、御主の幼きご存在を予言された吉三郎翁の姿を念写によって示現されたということになり、まことにその意義甚大であるといわねばならないわけであります。ところで、この二枚の写真は、昭和九年五月十九日に山口県の宇部日報社主催の公開実験会場で行われた時のものです。この日のテーマは、来会者の希望により、福原越後公、吉田松陰先生、寺内元帥、国吉亮之輔の四名となっていたのですが、寺内元帥と国吉亮之輔が現われず、その代りに先の不明人物が念写されたわけであります。この不明人物が吉三郎翁とよく似ていたのですが、因に翁は、慶応三年（一八六七）のお生れですから、念写の行われた時は、御年六十七才に当っています。

山口県で行われたこの念写実験で、どうして飯野吉三郎翁が念写に現われたかという問題ですが、その傍証の一つとして、当日念写のテーマとなった吉田松陰先生に関わることから、その門下で、明治最大の元勲といわれた山県有朋公爵と伊藤博文公爵が、吉三郎翁の熱烈な信奉者となり、親しい間柄にあったという因果関係が挙げられます。

初対面の伊藤公に向って、大宰相の器量（四十五才の若さで我国最初の総理大臣に就任）と剣難の相を予言されたというエピソードも残っています。又、吉三郎翁は、伊藤公から詩文の刻字された銘入りの逸品、和杖を贈られています。この和杖を、甥の飯野益雄氏が形見として大切に保持し、ハルピンで凶弾に倒れた伊藤公の供養をされていたと伺っています。

次に、この年の七月二十一日、二十三日の両日、京都市岡崎公会堂に於て、「神霊の講演と実験霊母の独唱」が行われています。

標題に、「霊母の独唱」と記されていますが、霊母とは御主のことで、先生の念写実験の前に、「オーソレミオ」や「アヴェマリヤ」などの曲を六ヶ国語で自由自在に独唱されています。往年の声楽家の三浦環、関屋敏子女史を思わせる、玉をまろばすような高音の美声で聴衆の耳目を驚かせたといわれています。この時御主は、黒髪を長く伸ばし、純白のドレスを着用して臨まれたのですが、ピアノに片手を添えて独唱する麗人の姿が、当時の新聞に掲載され、市中の話題となったのでありますす。

一方、念写実験については、この両日、何が念写されたかは詳らかではありませんが、御主のお話によりますと、三田先生の念写に要する時間はほんの二、三分とのこと。会衆から比叡山の根本中堂にあるお面を写してほしいと願い出があって、先生は「それでは一度そこへ行って様子をみてきます。これから何時何分の電車に乗っていきます。着きましたら、そこには何人かの人たちが参拝しておりました」などと、念写に入る前にその様子を克明に描写されたそうです。なお、この講演会の前日、七月二十日に、当時、京都商工会議所の六代目会頭をしておられた田中博氏（一八六六—一九五七）が、自宅に知名人を集めて講演会を開催、御主が招かれて講話をされています。

晩年（五十三才—五十八才）昭和十二年—同十七年（一九三七—一九四二）

三田先生が過された晩年の時代背景をみますと、昭和十二年七月に日華事変が勃発、翌十三年六月には国家総動員法が公布されています。やがて十四年に世界大戦が始まり、その翌年の九月に日独伊三国同盟が成立し、同年十月に大政翼賛会が発足しています。そして十六年の十二月八日、真珠湾の奇襲攻撃と同時に太平洋戦争に突入していきます。

このような風雲急を告げる状況の中で、これまで国政の関係者に白眼視され、異常とみなされてきた超霊能力が、時運の赴くところ次第に頼もしい存在として受けとられていったのであります。

先に紹介しました『気仙沼町史』に次のような記述がみられます。

「三田は本拠たる帝国自覚会の他に、晩年まで関係した会社は、前記の鑿泉《さくせん》株式会社をはじめ、呉羽紡績株式会社（取締役）、三重県の太平鉱山会社（社長）、京都府の笠取鉱山会社（社長）等である」

この断片的な記述を見て、一瞬「おやっ」と、奇異の感を抱かれる方も多いかと思いますが、世は正に滅私奉公、殖産向上の非常時でもあり、先生は世人に先がけて、持前の透視力を以て鉱脈の発掘に尽力されたのではないかと思われます。又、先生の御著『霊観』にのべられていますように、既に何年も前から日華事変を始め、第一次世界大戦及び太平洋戦争のことを予言されており、政界からの要請を受けられると同時に、人心喚起の一助として、時流に従って応えられたものと推察いたします。

これら、先生の晩年の行動に対して、丹波哲郎氏が『稀代の霊能者三田光一』の中で、次のような卓見を書き残されていますので、その一部を抜粋いたします。

「ほかにもいろいろと考えられるのだが、私の考えとしては、やはり晩年の三田の奇矯と見える行動も、すべて〝霊界〟の高所からの意志によるものだと思うのである。

すべては〝心霊現象〟ひいては〝霊界〟の存在を世に広宣流布するための活動であったと信ずる

のである。従って、それらの事業で得たいくばくかの金も『気仙沼町史』に記述されていた例以上のいろいろなところへ寄付なり寄進されていたはずだと思う。

彼は単なる〝俗人でも〟〝大詐欺師〟でもない。また、単なる〝念写能力者〟でもないはずである。やはり〝霊界〟からその存在を世に広めるために派遣されてきた超人以外の何物でもないと私は確信する」


三田善靖先生は、逝去される前の年に、生れ故郷の気仙沼を訪ね、同地の「かなへ座」というところで最後の講演会を開かれています。時に、昭和十七年一月二十五日のことでした。大勢の人たちが参集したとのことですが、入場料のすべてを軍人会館の建設資金に寄付された上、講演文を気仙沼図書館へ永代寄贈する旨のことを約束されています。

時恰も同じ昭和十七年の七月に、御主は富士の裾野の聖庵を解かれて尾張国愛知県に入り、霊魂《たましい》の故郷《ふるさと》聖地天母里《てんぼり》を定礎され、聖戒の祭典を開きロゴスを啓示されたのであります。

三田先生は、その後大阪に戻られ、昭和十八年五月七日、御年五十九才を以てその生涯を終えられたのですが、千里眼の超能力は、終生衰えることはなかったといわれています。余談になりますが、先生の年譜を繙いてみますと、お生れの年が明治十八年で、善靖と改名された年が大正七年即ち一九一八年、そして逝去された年が昭和十八年となっており、十八という数霊の黙示が動いていることが解ります。古神道家の橘香道師こと浜本末造翁によりますと、十八は、天火明尊（饒速日尊）の聖数といわれていることから、蔽顔《おとばり》の救主《くじゅ》と三田善靖先生とは、深いご神縁で結ばれていることを証ししています。

顧みますと、文字や額、人物等夥しい数の念写の記録を残され、果てには、月の裏側までも念写をやってのけるという、まさに前人未踏の神通力を自在に発揮、類稀なる千里眼の大家と称された三田先生が、或る時、御主に向って「神我さま、あなたは何でもおできになる方ですから、遠慮せずにどんどんなされたらよいですね」と、おっしゃったとのことであります。これは、万寿（本名高岡健吉、御主は召緒《めしを》と呼称）が御主のお伴をして神戸にある先生のお宅を訪問された時のことであり、私に伝え残して下さった貴重なお話の一つです。その折、おみやげに、先生のご好物のなまこを持参したところ、満面に笑みをたたえて喜ばれたとのことであります。

三田先生に於かれては、御主の弥高き御神格と生来の霊能力を充分ご存知の上、敢えておっしゃったものと思いますが、その一言から、御主にかけられた先生のお心が、並々ならぬものであったことを窺うことができます。

なお、御主の将来のことについては、巡り逢われる方の容貌の特長や生れ来る子供の数まで、そして、開かれる御教のことなど、事細かにのべられたのであります。長くなりますので、詳細は別の機会に記させていただきますが、すべてが予言のとおりに運ばれたことは言うまでもありません。

むすびに当り、先生畢生の御著作『霊観』より、謹んで珠玉の文章を抜粋し、御高徳を偲ぶよすがといたします。この書の内容は、二六四頁に及ぶもので、前編に、宇宙的観点から日本の国体の精華が繙かれ、世界の大勢と各種民族の思想、及び日本人の覚悟を説示されるとともに、避け難き日支、日米開戦の予言がのべられています。又、後編に、心身修養の本義と実修法が説かれていますす。そして、本書の題字と「實行」という文字を、かの犬養木堂翁が揮毫して贈られています。

「我々は日本民族を再度《ふたた》び学ばなければならない、日本民族の偉大性を我々の歴史に就いて検討しなければならない、其處《そこ》に我々の無窮の生命があり、不死の発展がある、我々は蘇生《よみがへ》らなければならぬ、而して民族的自覚を高調せねばならぬ、之れ即ち日本民族膨張の根本真諦である」

「宇宙には万物の大原素が充満して居る、我が神洲に於ては是れを天御中主神の御名の下に畏み、釈迦は佛と教へ、基督は天父と呼び、孔子は上帝と称し、ソクラテスはテオスと説き、現代の科学者はエーテル作用と主張して居る、吾人は修養上之を大気と称し、時に依り場所に応じては又、別に宇宙の大霊と言ひ、宇宙の大生命、大精神、大活動力、宇宙の意識及び意志と説く事もあるが、要するに万物共通の而も不滅不変なる神霊の実在として確信し、認識するものである」

「観念は、總ての要求力であり、其れを果す力である。事の成し遂ぐるまで而も不変的に、継続的に働くところの絶対の力である。換言すれば、義務と責任を果す上に働く力、心身保健の修養の上に働く力、心身の疾患を回復せしむる治療の上に働く力、人格を向上せしむる上に於て自ら己れに忠実なる働きを為す力等、其の一切を実行する原動力なるものが、即ち観念そのものである」

「日本民族の文明的努力は、決して各種各様の異思潮を無意味に取り容れて縫合折衷しているのではない、而も強大なる消化力を有する民族固有の大精神に依って咀嚼し、同化して一種特殊の様式と内容とを産み出し、将来に向って一層優秀なる独特の文化を開展しやうとするのである。然らば其の民族固有の大精神とは何か、我々は之れを古神道の精神の中に於て発見する事が出来る。

古神道の精神とは、単に形式的なる狭義の祖先崇拝を意味するのではない、思想的にも、実際的にも、偉大なる力を以て地上に宏業を樹てたる優強者としての祖先教を奉体するの意である、故に我が国に於ては偉大なる人物は總て神として祀り、之れに神格ありとして敬仰する、即ち神を人類の中に求めて崇拝するのであって、之れを純思想的方面よりいへば、古神道の精神は最も微妙なる現実主義であり、又之を実際的方面よりいへば、溌溂たる発展主義である、つまり信仰の対象を天上に求めず、不可思議に求めず、英霊の不滅を信じて永劫の力とし、光輝とするのである、之れ即ち生を肯定し、死を否定するところの活宗教であり、現世の中に於て一切の価値と意義とを求めんとする活信念である。語を換へて言へば人類の理想を抽象的の理体に托せず、超自然の造物主に頼らず、祖宗の英霊を以て直に天地に磅礴《ばうはく》し、遍満し、光耀する久遠の生命の発現と見るのである。之れ全く空想の宗教にあらずして玄妙なる宗教であり、征服の宗教であり、支配を求むるの宗教であり、人類の生物的本能を霊化せる宗教である、然し之れを宗教といひ、信仰といふ事は世俗の所謂宗教信仰と混同され易きが故に妥当とは言へぬ、さりとて之れを道徳といひ、思想といふも尚浅薄なる意味に誤解さるる恐れがある、道徳よりも、宗教よりも、遙に崇高にして絶大、遙に厳粛にして弾力なるもの、即ち古神道の大精神である。

我が祖先教を広義に解して其の真義を了解するには、御大禮の大嘗祭に見ても明瞭と思はれる、聖天子の御即位に方《あた》りて大嘗祭を行はせらるるは、全く祖宗の英霊に面接して誠意を神明に表せられ給ふのである、而して其の英霊、其の神明とは決して単なる人物崇拝の対象ではなく、祖先の祖先たる天地万物の一体本源、人天を包括せる精神的霊体である、森厳なる大嘗祭は此の本源に直入し、此の霊体に感応あらせ給ふ大典であって、神秘の現実化であり、不滅なる英霊の現世化である、之れ即ち古神道の精神に現はれたる日本民族発展の思想である、天壌無窮の真義は全く茲に存するのである」

（天暦四十三年平成十九年十一月三日文化の日に　謹書）

今回の執筆に当り、参考にさせていただいた文献は、次の通りです。

太田亮著『姓氏家系大辞典』
大倉精神文化研究所編『新撰姓氏録』
三田善靖著『霊観』(八幡書店)
福来友吉著『心霊と神秘世界』(心交社)
福来心理学研究所　研究報告第一号「念写実験の吟味」
福来心理学研究所　研究報告第二号「超心理学年表」
丹波哲郎著『稀代の霊能者三田光一』(中央アート出版)
中沢信午著『超心理学者　福来友吉の生涯』(大陸書房)
山本健造著『念写とＤｒ・福来』(福来出版)
館野哲著『三六人の日本人韓国・朝鮮へのまなざし』(明石書房)
左方郁子著『飯野吉三郎』(『歴史と旅』平成四年四月号)
河書書房新社編『日本史年表』

其の三

全達《まなたり》さま、こと鞍馬山行者会長《くらまやまぎょうじゃかいのおさ》　松岡日恵翁について

蔽顔《おとばり》の救主《くじゅ》が、奇しき御神縁により松岡日恵翁に巡り逢われたのは、御年十四才の砌《みぎり》、神隠しに会って越前国（福井県）釜ヶ淵より山城国（京都府）鞍馬山に入山せられたその日を以て、始まりとされています。

時に、大正十二年（一九二三）八月六日。当時の福井地方気象台の観測記録によりますと、この日は、最高気温三五・九度、風速四・七米、日照時間九・三時間となっており、炎暑の厳しい真夏日のさ中でした。

蝉の声も静まり、やがて夕べの帷が降りようとする頃、竹田川上流の釜ヶ淵というところで友人と水浴中、にわかに御主《おんしゅ》の姿が消え去り、村中の大騒ぎになったのです。

折しも、鞍馬山では、一山の行者の長《おさ》であられた松岡日恵翁が、既に、「汝に一人の御子を授ける」との神のお告げをうけて待っておられたのです。

程なく、弟子の一人に伴なわれて翁の前に現われた時、綿入れのちゃんちゃんこを羽織り、全身汗とほこりにまみれていたため、川へおつれして体を洗って差し上げたところ、白く美しい顔立ちの、神々しい童子の姿が、月明かりの川面に浮かび上ったそうです。そして、はな夫人が大切にしまっておいた衣裳をお着せになってから、翁は、童子を上座に迎え、自ら数歩引き下って恭々しく祝詞を奏上、祈りを捧げられたのであります。この時、御主は神の御社《おやしろ》となって、口中より真語の妙音を煥発されたといわれています。

この神隠しの秘事について、後年、御主は往時を回想され、「大きな鳥のようなものに乗せられて、宙をふわりふわりとゆく心地で、伏見の森を巡って鞍馬の山上へと飛ぶようにしていきました」とのべられています。

又、尾張国で啓示されたスフィンクスの声の十の巻に、その様子が次のようにのべられています。

「静なる夕《ゆふべ》よ、聖《きよら》なる祭典《みまつり》の夕よ、空《みそら》より降りぬ此の日の雨は、諸《もろもろ》の人の心の苦悩を清むるなり。汝ら、この宵《よひ》は導《みちびき》の命《みこと》の祭の日なり。汝ら、蔽顔《おとばり》の救主《くじゅ》、世に生誕《うま》れ、年月の未《いま》だ若く、十四歳《とをあまり》の頃なりき、蔽顔の救主を公生活に導きて、人類のため浄化《きよめ》の聖業《わざ》をな

さしめんと、導の命は導き給へり。（十輯三編第三章一—三節）

ここで、神隠しと竹田川の釜ヶ淵そして、山城国の鞍馬山について、その黙示を繙くことにいたします。

（一）神隠しについて

『神道大辞典』に、「児童の俄《にわか》になくなることで、俗に天狗の所為などといわれる。或る期間神界にあって、再び人間の世界に戻ることもあるが、神匿にあって再び帰らぬ児童は、そのまま神界にあって仙人の生活をなすと信ぜられている」とのべられています。又、平田篤胤の著書に『仙童寅吉物語』というのがありますが、この中で、神隠しに会った寅吉が、「大空に昇りては、雲か何か知らねど、綿を踏たる如き心持なる上を、矢よりも早く、風に吹送らるる如く行く故に、我はただ耳のグンと鳴るを覚ゆるのみなり」と答えており、御主のお話と共通した状況が見うけられ、興味深いものがあります。このほか、民俗学者の柳田国男博士の『山の人生』や『山人考』などの著書にも、神隠しの事例が詳しく紹介されています。

（二）竹田川の釜ヶ淵について

福井県坂井郡川上村の中程、竹田川上流の清流豊かな景勝地に在り、川底が釜のような形状をしていることから名付けられたといわれています。釜は、日常の炊飯や神事に欠かせない用具であり、特に盟神探湯《くがたち》や湯立式、鳴動式など、往古より古神道の神事に伝承されている神具となっています。御主のロゴスに「甲子《きのえね》の越路も遠き北斗七星《ななつぼし》、丑寅《うしとら》を占部《うらべ》の火辻天宇受売命《ひつじさるめぎみ》、焼釜の潮《うしほ》を汲みて焼く塩の、渚に立ちて巫女《みかんなぎ》、打ち振る幣《ぬさ》の一差《ひとさし》に……」と神事の様子がのべられています。

つまり、釜ヶ淵は、荘厳にして神秘な場所であり、水神や龍神の棲処《すみか》ともいわれているところであります。

この釜ヶ淵は、竹田川の上流にあるわけですが、竹田川という名称にも大きな黙示がみられます。平安時代後期に成立した『新撰姓氏録』の左京神別下に竹田川辺連のことが、「天火明命の五世《いつつぎ》の後《すゑ》」と記載されています。又、「多神宮注進状」にも、竹田神社の祭神について、「天孫国照火明命、神像竹箸に座す」と記されています。天孫国照火明命とは、いうまでもなく、天火明尊の御事を指しており、御主を活ける宮居として降臨された御神名と同一の御方であり、深い意味を表しています。ところで、この竹田川の源流はといえば、御主ご生誕の加賀国大聖寺を流れる大聖寺川と同様に、大日山（一三六九米）と火燈山（九一一米）となっています。大日山は、太陽神を象徴し、火燈山は、火と聖霊に於ける火神と灯台を象徴しており、天火明尊に関わる黙示を表わしています。更に又、竹田川の下流については、九頭龍川に合流し、その果ては、日本海の三国港（神の御国の意）に注いでいます。この地に三国神社が鎮座していますが、ご祭神は、大山咋神に坐し、饒速日尊の亦の御名といわれています。又、御主がご幼少の砌御神示をいただかれた国神神社のご祭神は、継体天皇と倭媛の間に生れた椀子皇子に坐し、坂井郡の雄族として栄えた三国公の始祖といわれています。なお、九頭龍神は、信濃国（長野県）に鎮座する戸隠神社のご祭神でもあり、龍神に坐す天火明尊（饒速日尊）の御事を黙示しています。余談ですが、南大井の拙宅の隣に水神柱が鎮座し、ご祭神が九頭龍大権現となっています。

（三）鞍馬山について

鞍馬山は、京都御所の真北に位置し、京都の中心地から北方十二キロ米のところにあります。古の山城国愛宕郡出雲郷の地名に当り、脚下に加茂川の上流があり、西に貴船川、東に鞍馬川が流れています。山の高さは、五七〇米で、別名暗部山とも称され、その名にふさわしく、深山幽谷の趣きに富んでいます。

鞍馬山は、往古より修験の霊場として栄え、鞍馬天狗の名で全国に知れ亘っていますが、有史以前、この山に降臨されたというご本尊の御名が魔王尊といわれています。同山の奥の院に、この御方を祀る魔王堂が建立されてあり、入口の高札に次のように記されています。

「魔王大僧正は地球上の人類福祉のために、六百五十万年以前天上の星から降下され、仮に天狗の姿となって大衆の諸悪をくじき、善を扶け、諸人の祈願を成就し給う、いやちこな毘沙門天の化身である」

又一方の高札には、「牛若丸が魔王大僧正から、夜な夜な剣術を教わったのはこの場所で、堂の裏の岩場がそうである」と記されています。

この魔王堂の正面に、常夜灯に似た大型の丸い石塔が建立されてあり、石面に刻んである多くの人々の姓名の末尾に、「鞍馬行者会鞍馬講総本部　昭和元年吉日　貴船　松岡日恵」と記されています。これは、松岡日恵翁が、魔王尊の御導きにより御主が降臨された処であると感応され、敬仰の念をこめて建立されたものと伝えられています。

私事で恐縮に存じますが、ちょうど三十二年前の昭和五十年十一月二十六日の午前九時に、この魔王堂にて蔽顔《おとばり》の救主《くじゅ》の奥津城御造営祈願を厳修したことがあります。この時、魔王尊天様の御降檀を感応しつつ、スフィンクスの声を詠読申し上げたのですが、詠読中すぐ近くでかじかが鳴き始め、続いて、頭上高くきつつきの大樹を打ちたたく音がひびき亘り、やがて、遠くから神楽太鼓と笛の音が聞こえ、さながら華厳円明の世界に浸る思いがいたしした次第です。

ここに、謹んでその折のロゴスを記させていただきます。

「高光る光明宝宮仄明《ひかりのみやゐほのぼの》と、葦牙《あしのめ》の萌《も》ゆるが如萌出《ごともえい》でて、暗黒玉《ぬばたま》の明暗渾沌現象世界《あやめもわかぬやみのよ》に、光輝く日の宮殿《みやゐ》、天照《あまてら》し国照《くにてら》す天《あめ》の火明奇玉《ほあけくしたま》の平和の霊天啓《ことばのら》す中今《なかいま》、光明世界を開闢《かいびやく》す。ああ、神の世は今し明けて、とこくにの山の谷底、和羽矢《にぎはや》の奇《くす》しき光小揺《さゆら》げるなり。百千万《ももちよろづ》経《ふ》りにし歳の長夜《ながきよる》も、見よや静かに祓除《はらひやらは》れぬ、七識の夜見《よみ》の遮蔽《さやり》を打ち毀《こほ》ちつつ、現《あらは》れ出《い》づる天降《あも》の神国《しんごく》。今、天地《あめつち》は最《いと》高く、最《いと》大いなる太霊の光《みひかり》、十方に隅《くま》もなく射照り徹りて、真語の妙音灼然《いやちこ》に荘厳に鳴り渡れり。生死の迷夢覚め果てて、夜見路《よみぢ》を出でし万霊の、寝覚《ねざ》めも嬉し朝朗《あさぼらけ》よ、鳥の鳴く音もさやさやと、笛のひびきも清々《すがすが》し、岩戸神楽は賑《にぎ》はへり」

（十輯十編第九章一―三節）

附言しますと、その翌日の十一月二十七日に、名古屋市当局から奥津城造営許可書が下付されたのですが、奇しくもこの日が、御主のご養父清水安次郎翁の祥月命日に当っており、御摂理の神秘に深く感動いたした次第です。

さて、話題は再び、鞍馬山のことに戻ります。奥の院に祭祀されている魔王尊は、その字形から悪魔の首領のように誤解されがちですが、決してそうではありません。鞍馬寺弘教の信楽香仁管長のお話によりますと、あらゆる魔障を征服し屈従させて善魔に転向させる大王故、魔王尊と申し上げ、地上に破壊力と創造力をふるい、国家の興廃を司どる意志と勇気と創造と進化の神であり、人類の父ともいわれているのであります。

この魔王尊のお姿を狩野法眼元信が描いたという真筆が、同寺に秘蔵されているといわれていますが、以前或る雑誌で拝見したことがあります。この時、夢殿に奉安されている、かの聖徳太子ゆかりの救世観音像が脳裡に浮かび、鞍馬山の馬の語と、太子の若き時の御名厩戸《うまやど》皇子の御事とを重ねて瞑想したことが、記憶に残っています。この秘義については、あとで又触れることにいたします。

知切光蔵という人が著した『天狗の研究』という斯界の定本とも称すべき名著がありますが、その中に、先の元信が描いた尊像の揮毫にまつわる貴重な話のことがのべられていますので、概要を記します。

狩野元信は、狩野二代の祖で、足利八代将軍義政以来十三代義輝まで、六代に亘って絵所として仕えた名手といわれています。

或る時、将軍が夜の夢に鞍馬山僧正が現われ、わが像を元信に写させて鞍馬寺に安置するようと指示、その旨を元信に伝えたところ、同じ夢をみましたと、謹んで製作を受諾したわけです。ところが、製作に取りかかったものの、適当な手本がなく困惑していました。すると、天井から一匹の蜘蛛が紙の上に這い下りてきて、糸を曳きながら這い歩くその跡をたどって筆を染めてみると、像が浮かび上り、完成することができた、という話です。

余談ですが、狩野永徳の著した『本朝画史』には、「此の説、妄誕なるは勿論ながら、天狗の形は、元信はじめて書き出せる故、さる記もあんなるにや」と記しています。真偽のことはさておいて、尊像のお姿が、計り知れないものであったということだけは、ほのかに窺うことができます。

ところで、徳川中期の始め頃に成立したといわれる『天句経』に、四十八天狗、即ち四十八ヶ所の修験霊場に於ける天狗の名称が網羅されていますが、その中で最高位に属する天狗の名称が、鞍馬僧正坊といわれています。つまり、天狗の総本山というわけですが、この様な偉大な天狗の霊場に、御主が神隠しに会って降り立ったということは、まことに甚大なる意義があったからと言えます。

最初に掲げたロゴスの中に、「人類のため浄化《きよめ》の聖業《わざ》をなさしめんと、導の命は導き給へり」と明かに仰せになっておられるのであります。ここにのべられている「導の命」とは、神界に於ては、魔王尊の化身に坐す鞍馬天狗であり、現界に於ては、松岡日恵翁に坐すわけであります。

前置きの解説が大変長くなってしまいましたが、始めに書きましたように、大正十二年八月六日に神隠しに会って鞍馬山に入山、以来御主の宗教的公生活が始まるわけですが、この時、松岡日恵翁は、御年四十一才、御主は十四才でした。当時日恵翁は、一山の行者会の長として指導に当り、又鞍馬講の中心的存在として信頼と尊敬を集めておられたといわれています。

松岡家は、鞍馬山の麓、貴船神社の上手、貴船茶屋の下手に当る貴船川のほとりにあったといわれています。日恵翁とはな夫人の間に、御主と同じ年令の寛一という名の子がおられ、御主ととても仲が良かったとのことですが、翁夫妻は、御主を神の申し子としてわが子以上に心をかけられ、大切にされたといわれています。

さて、御主が鞍馬山に入られてから最初の御天啓に、「我は竹松之命《たけまつのみこと》なり。この道は、竹と松との堅き道、根は絶えず、色は変らず。これよりのち汝を守護せん」といわれるものがあります。これは、ご幼少に於ける七つの御神示の一つといわれていますが、ここにのべられている松の黙示は、松岡日恵翁を始めとする松岡家の人々のことを意味しています。一方、竹の黙示については、この時より七年後の昭和五年（一九三〇）に貴船の松岡家で御主に巡り逢われた高岡健吉氏（当時二十八才、御主より召緒、のち和照、万寿という名をいただいています）のことを意味しています。御主が尾張国名古屋に入られてからは、この御神示のむすびとして松原家がその使命を果すことになります。

いよいよ、鞍馬山と貴船での修行生活が始まるのですが、始めの頃は、各地から集ってくる鞍馬講の人々の荷物運びや身の廻りの世話、家事の手伝いなどが多かったようです。貴船口バス停近くでダイカンという屋号の土産物店を営む藤崎よね夫人の話によりますと、二キロの雪道を荷物を背負って何度も往復したり、川の水を汲んで茶碗を洗ったりされていたとのこと。又、松岡はな夫人の話では、鞍馬山の山中で木から木へ飛び移ったり、木の天辺にのぼって、声楽家の三浦　環女史のように、高音の美声を響かせながら歌っておられたとのこと。「何故歌うのですか」との問いに、「やがてこういう時代になりますよ」と、戦争のことや世間の重大事などを、予言的に歌っておられたとのことです。

松岡日恵翁は、鞍馬山の修行者の中でも最も厳しい修行をされ、数々の秘術を修得された方といわれていますが、いつも夜一時頃になると、お山へ出かけられたそうです。御主も必ずお伴をして出かけられたのですが、御主のお話によりますと、明りひとつない夜中の暗闇の中を登るため、片方の手のひらを窪ませて、その中に油を注ぎ芯をたてて火を灯し、その光を頼りに山道を歩かれたとのことです。「或る月夜の晩のこと、『今晩から留守をするのでついてきてはいけないよ』と、まなたりさまからいわれたのですが、こっそりついていきますと、九字を切って滝壺の水の上をすーっと歩かれたのです。それは、それは、身の引き締まる厳かな瞬時の神業《かみわざ》でした。又、時には滝の流れを変えられたりしたこともありました」と、当時の様子を述懐されています。

松岡日恵翁は、戒を重んじ、祈りに徹し、身命を賭して真理を実践窮行されたことから、行者や講員達より厚い信頼を受けておられたといわれています。常々、「天から地までが私の祭壇でして……」との信條を以て、二十有余年間、一日と十五日には、必ずお山に籠られ、又毎日六時になると、何処に在っても祈りをされたといわれています。

或る時、御用のため大阪へ向う列車の中でその時刻になると、隣りや前の人々に、「しばし御免下さい」とのべて、座禅を組み、祈られたそうです。又、お伴をしてあるお寺で泊られたときのこと、翌朝、まなたりさまは誰よりも早く起床され、本堂から廊下まで広い区域を、ものすごい早さで一気に清掃されたのですが、その寺の住職が大いに驚き、感激されたとのことであります。

次に、修行生活の中で、松岡日恵翁が御主のまごころに感動され、讃えられた幾つかのエピソードがありますので、記しておきます。

修行生活が始って間もない或る日のこと、或る出来事が原因で、日恵翁が満座の前で御主をお叱りになったのです。この時御主は、心から「申し訳ございませんでした」と、ひれ伏してお詫び申し上げ、一言の弁解もされなかったのです。ところが、後日他の弟子から翁へ事の真相が打ち明けられたことから、翁は、ご自身の非を深く詫びられると共に、御主の愛に満ちた美しい気持を心から讃えられたのであります。

まなたりさまのお伴をして九州での伝道に出掛けられた時のことです。滞在先での或る朝、翁のお話を聴くために前日から集ってこられた方々（良家の夫人が多かった由）が、目覚めたあとも布団をそのままにして、あたりの景色を眺めたり、ゆっくり洗顔をするなど、のんびりそのものでした。その間に、御主は、密やかに布団を片づけ、部屋や廊下をきれいに掃き清められたのです。この様子をまなたりさまがご覧になっていたく感動され、お話の開口一番に、「この一事を以て、既に千万の教の真理をのべたに等しい……」と、御主の行為を褒め称えられたのです。一同、恐縮しながら御説を拝聴した様子が目に浮かびます。

続いて、鞍馬山にて、まなたりさまが二十一日間の断食をされたことがあります。そして満願の日の早暁、光輝燦然たる天照大御神のお姿を拝し、「汝、我なる天照大御神を信ぜよ。万《よろず》の神が信ずる我であるぞよ」との啓示をいただかれています。その後、御主が伊勢神宮を参拝された折、「汝心静かにその眼《まなこ》を閉じては天照大御神のお姿を拝し、その眼を開きてみれば、天皇《すめらみこと》を拝すること、遠津神の及ばざるところなり」と厳かな御声が響き亘ったといわれています。

又、日恵翁は、始めの頃御主のことを「信しょう」と呼ばれていたのですが、御主が成長されるに至って、天から「真照《まてる》」という御名をいただかれ、御主に贈られています。後日、著名な宗教家で、四国に住んでおられた石川という方がこの御名をお聞きになって大変驚かれ、「真照」という言葉の「ま」は、やまとことばでは「あ」と深い結びつきをもった言葉であり、「天照《あまてる》」ということを意味しているものであると指摘されたとのことであります。

（註）附言しますと、「あまてる」は、「天照国照」と、天火明尊の御神名に冠称されている言葉で、

天にも海にも照り輝いている意味があるといわれています。民俗学者の谷川健一先生は、「ニギハヤヒの栄光」と題する論文の中で、「アマテラスは他動詞で天下を治める意味を含んでいるが、アマテルは自動詞で、他者を支配する政治的太陽でなく、自然神である」（『東アジアの古代文化』二〇〇二年春一一一号）と、明快にその本質をのべられています。

御主が神隠しに会って鞍馬山に入山せられた時を天機として、鞍馬山と貴船には一段と霊気が増して、貴船の松岡家には、各界の著名人や市井の賢人、時には外国人などが繁々訪れるようになったといわれています。そのような時、あらかじめ御主が、「今日はこういう人が来ますよ」と予告され、対面された時には神がかりとなって、一気に語り続けられたとのことです。又、外国人の場合には、瞑想され、その人の国の言葉で自在に話されたため、驚嘆と感激を以て信奉されたといわれています。後年、はな夫人は、往時を回想され、「真照様は主人の弟子ではありましたが、この方のお力で有名にさせていただけたことを感謝いたしております。本当に不思議な、奥底の果しない、恐れ多い方、もったいない方でした」と語っておられます。

さて、時は移り或る日のこと、松岡日恵翁は、いよいよ御教を世に宣布すべき時が到来したと言われ、御主を教主に押し戴いて、自分は管長としての職籍に就き、一宗を開教したいと、切実に懇願されたのです。その時、御主は、静かに襟を正して、「今ここに御教を立てても、それは神道十三派に一派を加えるに等しいものであり、自分は幼い年月に、加賀国大聖寺で享けた天よりの御声が忘れられず、自分に託された使命を果すその時までは、慎み、勤しんでまいりたいと存じます」との意の言葉をのべられたのであります。

（註）「加賀国大聖寺で享けられた天よりの御声」とは、ご幼少に於ける七つの御神示の一つ、「まさにこの三大聖人を束《つか》ねて立つは汝ぞよ」を指しています。御年九才の砌、江沼図書館に於て三大聖人（釈迦・キリスト・マホメット）の伝記を読んでおられた時のこと。おからだが大変弱かったため横に臥しながら読んでおられたのですが、最後の一頁に至ったその時、感激と厳粛さのあまり、起き上り、襟を正して端座したところ、にわかに天来の霊動とともに、心の奥底より威厳高き御声が響き亘ったのであります。

やがて（昭和九年頃）鞍馬と貴船の地を後に師匠と別れることになったわけですが、まなたりさまは、御主が、何時の日か大成されて御教を開かれるそのことを夢みつつ、逝去のその日まで、ひたすら御主の無事息災を祈り続けておられたといわれています。

まなたりさま、こと松岡日恵翁は、明治十六年（一八八三）に誕生され、昭和十四年（一九三九）に五十七才を以て逝去されています。

最後の項目として、御主が神隠しに会って鞍馬山に入山され、松岡日恵翁に巡り逢われた大正十二年という年が、どのような意義をもつ年であったかについて、又、越前国の釜ヶ淵と山城国の鞍馬山を結ぶ同一線上の地文の黙示について、具体的な事象を挙げて考察することにいたします。

(一) 大正十二年の大阪朝日新聞に於ける記事の黙示について

大正十二年の大阪朝日新聞を調べていた時、四月十七日付夕刊で、「颯爽たる御英姿を拝して歓喜に燃ゆる全島民」という見出しに惹き付けられて読んでいたのです。この記事は、宝算二十三才の昭和天皇が、摂政宮殿下として「金剛」に乗船せられ、始めて高砂島台湾に行啓された時のもので、全島民が歓呼の声を挙げてお迎えした様子が記述されています。この感銘深き記事のすぐ下段広告欄に、奇しき哉、「壹等賞金牌受領　マツオカ精米機　京都東洞院七條上ル　清水合名会社」と図形入で記載されていたのです。言うまでもなく、マツオカは日恵翁の姓名、清水は御主の姓名の黙示であり、大正十二年八月六日の神隠しの秘事に先がけて、新聞にその黙示が記載されていたことに、大きな意味があります。

(二) 大正十二年七月に、『真人』という名称の雑誌が創刊されたことについて大正十二年の七月に、細井魚袋、市山盛雄、中山哲夫等同人によって、雑誌『真人』が創刊されたのですが、そもそも真人という語が文献に初出するのは、『日本書紀』巻二十九の天武天皇十三年の次の記述といわれています。

「更に諸氏《うぢうぢ》の族姓《やからかばね》を改めて、八色《やくさ》の姓を作りて、以て天下の萬姓《よろづのかばね》を混《まろが》す。一《ひとつ》に真人《まひと》と曰ふ」

以下二から八まで「朝臣《あそみ》、宿禰《すくね》、忌寸《いみき》、道師《みちのし》、臣《おみ》、連《むらじ》、稲置《いなき》」と姓の名が続きますが、「真人」は、これらの姓《かばね》の最高位にランクされています。

ところで、太田亮著『姓氏家系大辞典』によりますと、「松岡」の姓の筆頭にも「松岡真人」の名が記され、「熱田神宮の祠官にして、熱田宮舊記に『中臈禰宜、姓氏戸の事、松岡真人、日本武尊東征の時、随従の士也』と見ゆ」とのべられています。そして、末尾の項に「京都の本草家に松岡恕庵あり、又相模足柄下郡箱根の人松岡廣吉は箱根新道を開く。✡を家紋とするあり」とものべられています。

松岡日恵翁の御家系がどのようなものであったのか、又祖神に何をいただいておられたのか、逝去されて六十八年を閲した今日、知るすべもありませんが、今回都立図書館での調査に当り、計らずも右の記述を発見し、これを貴重な黙示の一つとして受けとめさせていただいた次第であります。

なお、この「真人」という言葉は、御教に於ては、神学上の要中の要の言葉として、随処にロゴスされています。まず、祈りと黙想の言葉として「真人の秘厳《となへ》」がありますが、その中に、真人の神器とされる「寿戒」そして、「真人の信條」「真人の実相」「真人の誓願」「真人の證言」「秘厳の真語」が収められています。更に又、スフィンクスの声の九の巻、十の巻両巻の始めと結びに真人の語が啓示されています。即ち、聖典のロゴスが「汝ら、真人《まことのひと》の雛型《ひながた》を天降《あも》の教法に於て知見し、汝をして、これに習ひ、且これを修めしめよ」で始まり、「救寿《われ》は凡ての人間《ひと》の真人なり。人間《ひと》はわが宮居、わが軀《みま》なり。故に救寿《われ》と汝らとは背反せる二つのものならず、無限者来現のアガペーによりて一つの如く不離密接のものなり」の言葉を以て結ばれているのであります。

又、他のロゴスに、「汝ら、無限の富とは如何なるものぞや、天祖《あまつみおや》の全知全能《カムロゴス》より時空の次元《うち》に又零《そと》に、創化生成神宝《むすひうみなすかんだから》、光明、智慧、真理、愛、是ぞ汝ら、無限の富なり。汝らよ、有限《もの》の執著《とらは》れ離脱して、野に咲く花の一本《ひともと》だに、その手に染著《そめ》ず、春日を愛《め》づる人の心ぞ、無限《かぎりな》き自然の美観《すがた》は展開《ひろがり》て、久方の天《あめ》も遠からじ、花の朶雲《だうん》、天降の真人の四辺《よも》に靉靆《たなび》き、有限《もの》の執著《とらは》れ離脱して、眺め観る世の調和実相《のどけさ》は、福寿無量の海の如し」（十輯五編第七章一―二節）とのべられている節があり、真人についての奥義の真理が垂示されています。このロゴスには、「天降の真人」と表記されていますように、天来の光の御子を抱きつゝ、久遠に生きる人間の実相を仰せになられたものと拝察いたします。

顧みますと、御主が神隠しに会われて鞍馬山に入山され、御神慮のまにまに松岡日恵翁が、御主をして公生活に導かれたその年に、翁の姓氏に因む『真人』という雑誌が創刊されたという事実は、まさに、摂理の秘義を物語る、驚異すべき事柄であります。

（三）大正十二年に発表された文学作品と唱歌の黙示について

大正十二年の文学年表から、顕著な黙示を表わしている作品として、和田伝著『山の奥へ』、藤井真澄著『最初の奇蹟』、永田衡吉著『厩戸皇子』、室生犀星著『馬守真』の四点が挙げられます。『山の奥へ』は、同年七月『早稲田文学』に発表されたもので、そのあらましは、勘作という一老人が、静かな田園にまで侵入してきた機械文明の煩わしさを厭い、山の奥へと入っていく物語です。御主が神隠しに会って、伏見の森から鞍馬の森へと、「山の奥へ」と入っていかれた八月六日の御事を前にして発表されたところに、大きな意味があります。又、『最初の奇蹟』は、同じく七月に、新潮社から発表された作品ですが、まさに鞍馬山に入山されたことを黙示する書名となっています。そして、『厩戸皇子』は、『中央公論』の六月号に発表されたものですが、聖徳太子の十四才の頃の物語をテーマにした戯曲となっています。奇しくも、御主のご入山も数え年十四才の時のことでもあり、且つ、鞍馬山の馬と厩戸《うまやど》皇子の馬のことと、如実に暗合しています。更に、ドラマの構成が五幕十場となっており、御主ご生誕の五月十日を黙示しています。

冒頭に、太子の詠じられた、かの「しなてる片岡山」の御歌が催馬楽調で奏でられ、やがて、飛鳥の情景を描いた序幕で始まり、全篇を通じて、生々とした美しい言葉で表現され、詩情豊かな作品となっています。最後の『馬守真』は、加賀国出身の室生犀星の作品ですが、ここにも鞍馬山の馬の黙示が表われています。

次に、大正十二年には、『足柄山』、『黄金虫』、『月の沙漠』、『夕焼小焼』など、幾つかの唱歌が発表されていますが、ここでは、『月の沙漠』をとりあげてみます。

一、月の沙漠をはるばると
旅のらくだがゆきました
金と銀との鞍おいて
ふたつ並んでゆきました

二、金の鞍には銀のかめ
銀の鞍には金のかめ
二つのかめはそれぞれに
ひもで結んでありました

（詞・加藤まさを　曲・佐々木すぐる）

読むほどに不思議な感興に誘われる作品ですが、曲もすばらしく、唱歌の白眉の一つといえます。鞍馬山の鞍と、御主とまなたりさま（日恵翁）御二方のことが、夢の中で黙示豊かにうたわれている唱歌ではないでしょうか。余談ですが、白眉の一つと書いてから、念のため辞書（『明鏡国語辞典』）で確めてみますと、次のように記されていました。「白いまゆ毛。多くのものの中で最もすぐれたもの。蜀の馬氏の五人兄弟はいずれも秀才の誉れが高かったが、中でも最も優秀だった馬良《ばりょう》のまゆには白い毛がまじっていたという故事に基づく」

（四）関東大震災後の野外劇で『勧進帖』が上演されたことについて

御主が神隠しに会われて鞍馬山に入山された大正十二年八月六日から数えて二六日目の九月一日に、関東大震災が発生していますが、その四十六日後の十月十七日に、日比谷公会堂で大震災罹災市民慰安のための野外劇が行われています。演目に、有名な『勧進帖』がとりあげられ、沢田正三郎始め、一門の役者によって上演されたのですが、『勧進帖』と言えば、鞍馬山で修行した源義経公が主人公で、御主ゆかりの加賀国安宅之関で演じられたドラマであり、大きな黙示を表わしています。義経公は、悲劇の英雄として余りにも有名ですが、京の都での足どりをみますと、正暦元年（一一八四）の八月六日に、後白河法皇より左衛門少尉検非違使の任命を受けています。

（五）昭和五十九年（一九八四）八月六日の黙示の出来事について

昭和五十九年八月六日のこと、大正十二年八月六日の秘事について、当時の資料を整理しつつ執筆していたのですが、ちょうど同じ八月六日に、第二三回ロスアンゼルスオリンピックの柔道六五キロ級決勝戦で、京都産業大学出身の松岡義之選手（兵庫県警）が、韓国の黄正五選手と対戦、見事金メダルを授賞しています。松岡選手は、松岡日恵翁と同じ姓であり、出身校の京都産業大学は、鞍馬山への街道沿いの、北区加茂木山に在り、奇しき黙示を表しています。

余談となりますが、翌年（昭和六十年）の同じ八月六日に、神隠しのことを調べていた時に、朝日ソノラマ編集部の有賀成良氏から電話が入り、松岡新也著『岡倉天心のこころ』が自宅にありましたのでお送りしますとのことで、ここにも松岡の姓の黙示がでていたことを思い出した次第です。

続いてもう一つ、平成十一年の八月六日のことです。長良川の特設舞台で薪能が開催されたのですが、茂山七五三氏による狂言『千鳥』に続いて、観世喜正氏による能『鞍馬天狗』が上演されました。この時、金華山の上方に、東に龍雲、西に鳳凰雲が鮮かに顕現されましたので、八月六日の、あの不思議な出来事（神隠しのこと）が、如何に重大なものであったのか、改めて痛感いたしたわけであります。

次に、本項のむすびとして、越前国釜ヶ淵から山城国鞍馬山を結ぶ同一線上の地文の黙示について、考察いたします。

地図の上で、地名と地名を結ぶ同一線上に、様々な地文の黙示が現われることがありますが、これを名付けて太占奇路《ふとまにくしろ》と称しています。（命名者は、古道大系研究所の吾郷清彦先生です）この地文の黙示を解明することによって、そこに発動されている御神意を読みとるわけですが、御主の口ゴスには、その意義が、次のようにのべられています。

「汝らよ、実体なくして投影のあることなし、さらば汝ら、投影を見て天の真実を察すべし。汝ら、地の万物《よろづのもの》によりて天の栄光を捜りて知る、これ神の御意《みこころ》を啓《ひら》きて摂理の秘義を知ることとなり」（十輯七編第十二章十六―十七節）

「その時、その処につけられたる名前そのもの、その呼ばるるところの名前、これ皆、宇宙の動き人の世の動きをば、昔に記録《しる》し、今に実証《あか》し、末に黙示《かた》るところのものなれば、徒《いたづら》に故実なしとは思ふべからざれかし」（九輯六編第十一章四節）

「汝ら、この現象世界《うつしよ》は神の世界《みくに》の現象世界《うつしよ》にして、遂に神の世界《みくに》を成就するところのものとして、そは恰も岩の上に高き塔を築くものの如く、又此の一端より線を引きて、彼の一端にこのものの遂に引き結ぶものの如く、彼と此との浮橋として、この現象世界《うつしよ》はその時始まりて今にあり、今にありて永遠《とこしへ》にあるところの摩訶不思議なる理《ことわり》の世界《ところ》なり」（十輯七編第八章五節）

さて、福井県釜ヶ淵と京都鞍馬山を結ぶ同一線上の地名は、昭和五十九年十月十四日に精査したものですが、その数六十個所に及んでいます。今回、その中から主要なものを挙げていきますと、次のようになります。

山口釜屋・安宅之関——小松空港——動橋《いぶりばし》——剣ヶ岳（五六八米）——釜ヶ淵——女形谷《をながだに》——丸岡インター——鯖江市——武生市——敦賀市掛川——尾越（京都府）——鞍馬山（五七〇米、鞍馬寺・貴船神社）——神山（三〇二米）——上賀茂神社——神光院——天神川——衣笠・藁《わら》天神社——三條天皇御陵——小松原——太秦《うづまさ》・広隆寺・此嶋坐天照御魂《このしまにますあまてるみたま》神社——猿田彦橋——清水町——桂離宮——天王山（二七〇米・京都府）——神内（大阪府）——仁徳天皇御陵——山田・赤尾——高尾・山田川・動木（和歌山県）——鳥屋城山（和歌山県金屋町）——中津川・日高川——御坊市——塩屋——日高港（和歌山県）

山口釜屋は、釜ヶ淵の釜に関わる黙示を表わす地文であり、安宅之関は、鞍馬山で修行した義経公と弁慶主従による勧進帖の舞台となった処で、記念像が建っています。

女形谷《をながだに》は、丸岡とともに御主ゆかりの地で、昭和三十七年五月五日に、昭和天皇が植樹祭に行幸され、赤松（雌松）を植えられています。このことに関して、同年五月十六日に、御主より次の要旨のみことばをいただいていますので、記しておきます。

「この五日に丸岡へ天皇陛下が行幸なされて、女形谷《をながだに》で植樹をされたことには、深い意味があります。この女形谷という地は、かつて私が幼少の折に過した懐しいところですが、この度、陛下がわざわざ越しになられて赤松をお植えになったとのことで、まことに不思議なことといわねばなりません。女形谷という地名も奇しきことながら、当時、私は神のおぼしめしにより、女装の姿を以って過した一時期があったのです。植樹祭にお植えになった赤松は、雌《め》松《まつ》のことで、弥《いや》に栄ゆる常磐《ときは》の松であり、神の世の地に来《きた》るを待ち望むのまつなのです。それは又、とくさの天津ひもろぎであり、救寿《くす》の桂樹でもあるのです」

小松空港、小松原、鳥屋城山、日高港については、神隠しの秘事に関わる黙示の地文を物語っています。神隠しは、古の天の鳥船にみられるように、空中飛行による神秘の事象ですが、この地文では、空港と鳥の黙示が顕著に示されています。

神山、神内は、まさに鞍馬山を象徴する地文の黙示を表わしています。

上賀茂神社、藁天神社、広隆寺、此嶋坐天照御魂神社、など、いずれも御主に関わりの深い神、仏を祀る社寺ですが、中でも藁天神社は、御主ご生誕の加賀国大聖寺に鎮座する菅生石部《すごういそべ》神社を勧請した神社です。又広隆寺は聖徳太子建立と伝える古刹ですが、本尊の弥勒半跏思惟像は、赤松を以て彫像され、国宝第一号に指定されています。そして、天照御魂神とは、饒速日尊の亦の御名で、御主に降臨された御神名でもあります。

猿田彦神社の猿田彦とは、御神名で、天孫降臨に際し、道案内をされた国津神の祖といわれています。同神を祀る三重県鈴鹿に鎮座する伊勢国一之宮椿大神社には、大天狗の姿をした御神像が祭神として描かれています。ここの山本行輝宮司は、穏田の行者飯野吉三郎翁に書生として仕えた方です。

猿田彦神社は、御主のロゴスに、「導きの命」としてのべられ、松岡日恵翁がその使命を果されたのであります。なお、歌聖典の六三番『秘厳讃歌』の中で、格調弥高く詠われていますので、一節を掲げます。

「大慈悲心をたて給ひ
有情のうへに霊光を
天降《あまふ》らしつつあり給ふ
みなさけ深き神仙《みつかひ》は
限り知られず在《おは》せども

この神仙《みつかひ》ぞ恩寵の
深き真理をひらくなり
天降に根ざして不動心
千歳ゆるがぬ磐石《ばんじやく》を
大誓願となしたまふ
天降《あも》の現実《まこと》の道知らす
最《いと》もいみじき大神仙《さるたひこ》」

清水橋は、京都の郊外に在り、桂川の清流に架けられていますが、こんなところにも御主の姓の黙示が現われています。

山田・赤尾・高尾・山田川など尾張国を黙示する地名です。延喜式神名帖の巻第九に、尾張国山《やま》田郡《だのこおり》十八座に東谷山尾張戸神社が鎮座しています。又、ご生誕地大聖寺のルーツに山田光教寺がありなす。又、京都衣笠天母里《てんぼり》時代に山田耕民氏と御神縁を結ばれています。

御坊市の御坊といえば、鞍馬山の天狗の御名に付けられている名称の黙示を表わしています。又、加賀国大聖寺川の下流に蓮如上人ゆかりの吉崎御坊があり、その果に日本海に注ぐ塩屋港がありますが、これは、今回の地文の終りにでてくる塩屋（和歌山県）の黙示でもあります。

以上、釜ヶ淵と鞍馬山を結ぶ同一線上の太占奇路を考察してきましたが、これらの驚くべき事実から明かなように、いかに深い神のみこころがかけられていたかを、窺うことができます。

本項のむすびに当り、神前にて賜りました松と梅に関わる黙示のロゴスを、謹んで掲げさせていただきます。

『スフィンクスの声』より

「をはり国原《くにばら》見晴《みはるか》す、末の松山とこくにの、峰の濃緑《こみどり》鹿乗なる、玉の川瀬を渡る日の、日影に映ゆる小波《さざなみ》は、岩をめぐりて淵となり、淵に淀みて遙なる、流れの際涯《みぎは》はかり知られじ。世は呉竹の朝朗《あさぼらけ》、春なほ浅き如月《きさらぎ》に、咲くや梅が香清らにも、変らぬ色は松が枝の、松のみどりの世の来しぞ」（十輯七編第十章一―二節）

歌聖典より

「みどりしたたる　松が枝の
葉末《はずゑ》のみどり　染めたるは
如何《いか》なる御手《みて》のわざなるや

みどりしたたる　松が枝《ゑ》の
常磐《ときは》のみどり　神の智慧
香《にほ》ひこぼるる　白梅の
花に色香《いろか》を　染めたるは
如何《いか》なる御手《みて》のわざなるや
花清らかに　ほほゑみて
香ふ白梅　神の愛」
（一七六番『如何なる御手のわざなるや』一―二節）

右の二つのロゴスには、奇しくも松岡家の松と清水家（白梅林家）の梅の黙示が、色鮮かにのべられています。変らぬ松のみどりと清らかに咲き香う白梅に象徴される御二方の巡り逢いに、天祖の御摂理の神秘が思い偲ばれるのであります。

追記
執筆していくうちに、書き洩らしてしまった大切な事柄がありますので、ここに記させていただきます。

（二）昭和六十年（一九八五）七月二十二日のことです。ほどなく迎える八月六日（神隠しと鞍馬山入山）を前にして、大正十二年に関する事項を執筆中、鞍馬山の天狗について調べていたところ、お鈴を打つ時刻が近づいたため幸福《さち》の鈴塔へ向ったのです。すると、塔の上空に天狗の姿をした巨大な瑞雲が顕現されていましたので、急いで撮影したわけであります。この日、早暁の祈りに「汝ら、末法の世となるに及べば、天地六種に震動して、救寿証験の大奇瑞起るべし」（十輯四編第十五章三節）とのロゴスをいただいておりましたので、瑞雲の黙示を驚きと感激を以って拝見いたした次第です。

　御主のお話によりますと、鞍馬山には、大天狗に率いられた小天狗が、樹々の葉の一枚一枚に鎮座し、見守っておられるとのことです。鞍馬山では、五月の満月の夜に「ウエサク祭」という秘祭が執り行われていますが、一般に公開されるようになったのは、昭和二十九年からといわれています。公開に尽力された信楽香雲管長は、談話の中で「地球の霊王として遣わされた「サナート・クマラ」（魔王尊）が示現して最も強い霊波を発動される月が五月であり、地球と月とが霊線で結ばれる神秘の儀式なのです」とのべられています。

　五月といえば、御主ご生誕の月であり、魔王尊に抱かれて降臨された（松岡はな夫人の言）ところが、日恵翁が、昭和元年に魔王堂のすぐ前に建立された記念塔の場所であったのであります。なお、ついでながら附言しておきますと、修験道の開祖と称せられている役《えんの》小角《おづぬ》行者は、魔王尊の御事について「サルタヒコ」と感応されたといわれています。

(二) 今回執筆を始めたのは、十一月の七日頃からですが、同日、NHKテレビ番組で月の探査機「かぐや」が、月の映像を克明に映し出しておりました。又、鞍馬山の天狗のことを記していた折に、十一月二十九日付と十二月九日付の東京新聞に、「天狗はどこから来たか」「消えた遊び―みんな鞍馬天狗に憧れた」などと、天狗に関する記事が掲載されていたのです。この様な時期にどうして天狗のことが現われてきたのか、まさに天狗のなせるわざと苦笑したところですが、御主の神隠しと鞍馬山入山の御事が、歴史に残る重大な出来事であったという、傍証の現われと拝察いたした次第であります。

(三) 鞍馬の天狗に関することでどうしても書き加えておきたいことがあります。それは、御主ご生誕の加賀国石川県の松任《まっとう》市にある老舗「円八あんころ餅」にまつわる由来譚のことです。概略を記しますと、今からちょうど二百七十年前の六月十六日のこと。村山円八という人が、「我が願叶はば此の苗木生い茂れよ」と祈念し、裏庭に羅漢柏の苗木を植えて、その翌日、黄昏に一妻一女を残して何処ともなく消え失せたという。そして、仲秋の子の刻に妻の枕辺に法体の姿を以て現われ、「吾、山城国鞍馬山に籠り、天狗につき幽界の教を修む」とのべて、あんころ餅の製法を伝え、暮しの糧とするよう言告げられたといわれています。以来、その製法に従って門前に出すと、飛ぶように売れたとのこと。この餅は、独特の風味があり、今も北陸路の名物となっています。当舗の柏の木のかたわらに天狗堂が建てられてあり、かけ紙には、「圓八阿ん古路餅」と記され、中央に天狗の扇子が描かれています。円八は㊇に通じ、尾張国の名古屋市の市章と暗合しており、加賀と尾張の仕組の深さを表わしています。

ところで、村山円八が加賀国の人でありながら、どうして遠く離れた鞍馬山で修行するに到ったのか、その理由について、天狗の研究に造詣の深い知切光蔵氏が、その著『天狗列伝』の中で、極めて穿った見解をのべられていますので、その一部を抜粋いたします。

「円八が何故、白山、立山、越智嶽と、天狗の多い北陸路の山を目指さないで鞍馬にこもったか、その因縁を知りたいところである。一つの鍵は、鞍馬の天狗は、天狗の特徴である戦乱好き、人の禍、けんか口論を好んではやしたてる習癖の伝承を持たず、かえって、人の災厄や身の不幸を祈れば、救済の実を挙げる感応を示していること。また、徳川中期ともなれば、鞍馬天狗の盛名が、加賀の田舎の円八の胸にも一際鮮かに印象づけられ、同じなるなら鞍馬の天狗にという思いを駈りたてたものであろう」余談ですが、円八あんころ餅のふるさと「松任《まつとう》」というところは、「朝顔につるべとられてもらひ水」で有名な俳人加賀の千代女のふるさとでもあります。

（四）御主が鞍馬山に入られて間もない或る暗の夜、魔王堂で体を休めておられると、一匹の白龍さまがお出ましになり、御主の体をひとなぜするや否や、全身が硬直状態となったそうです。ほどなく、暗の彼方が明るくなって、黄金の幣《ぬさ》がさらさらさと音をたてながら降り下ったその時、天空より一大音声《おんじょう》が響きわたり、「汝こそわが屈指《くっし》の独り子なるぞ」と宣り給われたのであります。このみことばは、蔽顔《おとばり》の救主《くじゅ》のご幼少に於ける七つの御神示の一つといわれていますが、その様子が十の巻のロゴスに、次のように記されています。「聴け、『これは、わが愛《いつく》しむ子、わが悦ぶ者なり』と、宇宙の声はひびきわたれり、視よ、シオンの門は静かに啓《ひら》けて、救寿《みこ》は空《みそら》を降り来るなり」（十輯一編第十一章三節）

（五）或る時、まなたりさま（日恵翁）のお伴をして鎮魂の滝というところにお出掛けになった時のこと。夏の夕暮、まなたりさまの御用が終るまで石段に腰をかけて待っておられたのですが、年若い御主の胸中にものさみしい思がこみあげ、天に向って、「我に何とぞ浮世の友を与へ給いて、さみしき心を癒しめ給へ」と祈られたのであります。その時、天より御声がかかり、「汝に浮世の友を与ふれば、汝は我を忘るるなり。汝は我のこよなき友なり、汝は我と偕に生くる者なり。故に我、汝に浮世の友の一人だに与へざるなり」と、いとやさしく応え給われたのであります。このみこころは、歌聖典の一七番「恩寵の蔽幕」の中で、次のように歌われています。

「貧しければ　世の人
かへりみねど　その時
奇しき御声天《あめ》にありぬ
われの愛づる御子ぞと

ばらの道を歩ませ
呪詛《じゅそ》の谷に落して
天つめぐみ地にしくべく
摂理なせる天祖《みかみ》よ」

因にこの曲は、詞が一九四五・五・一二　曲が一九四五・九・二四、所謂八月十五日終戦の日の前後に啓示されています。先に記したお話は、昭和四十年三月二十六日点灯館に於て拝聴したものですが、夏の日の夕暮、しきりに鳴いていたひぐらしの声も静まりかけた頃、わが越し方をふりかえり、はるかに家路を偲びつつ、養父母への慕情がつのり、侘しい思いになられたことを、しみじみとのべられたのであります。

(六)御主が神隠しに会われた大正十二年という年の様々な事象を書いてきましたが、もう一つ、黙示豊かな事象のことを加えておきます。それは、同年の七月十日に、我が国で初めて日本航空(株)が設立されたことです。この日本航空は、昭和五十九年九月三十日の時点で、輸送総距離数が四十五億九千万キロを記録し、世界第一位にランクされています。御主が神隠しに会われ、鳥のようなものに乗せられてふわりふわりと大空を飛んでいきましたと、述懐されていますが、大正十二年のその年に、空中を飛行する航空機の会社が設立されたという事実は、まことに甚大な意味を表しているものと確信いたします。

(七)最後にもう一つ、京都三大奇祭の一つといわれる鞍馬の火祭について記します。この火祭は、十月二十二日の夜、鞍馬山内の由岐神社で厳修される火の祭典ですが、社伝によりますと、天慶三年(九四〇)九月九日夜、祭神を京都御所より勧請した際、村人が篝火を焚いて迎えたという故事に因んで行われたのが始まりといわれています。

この火祭について、文人の保田與重郎先生(御主と同じ明治四十三年のお生れ)が、『京あなひ』(昭和三十七年刊)の中でのべておられますので、謹んで記させていただきます。

「京の多くの古い祭の中で、懸絶してすばらしいのは、鞍馬の火祭である。その規模の雄大さ、演出の巧妙さ、気分の激しさ、雰囲気のものものしさ、日本の芸術や芸能をほめたたへる、あらゆることばを集中しても、私はなほものたりなく思ふ位である。この祭りは鞍馬の地主の神と、新しく都とともに移ってこられた神との出会を主題としたものであって、祭りの最高潮も、その出会にある。この出会の演出は、わが国のどんな演劇芸能にも劣らぬ見事な、静かで激しい情景である。……私は以前から多くの祭りを見、殊に火祭りを好む性、人後におちぬ方であるが、かつて二月堂の修二会、所謂お水取り行事を見て、本邦第一と考えたが、鞍馬の火祭りのまへには、いさぎよく、舊説を撤回したことである」

日本の火祭には、鞍馬の火祭のほか、富士吉田の火祭、那智の火祭など、夙に有名な火祭がありますが、保田先生の御説のように、鞍馬の火祭が、日本を代表する最大最高の火祭であるという御指摘は、鞍馬山そのものの真価を表明されたに等しきことと、心強く思ったのであります。この様に、鞍馬山には、火に関わる黙示が濃厚に存在しているわけですが、鞍馬山と表裏の関係にある貴船については、水に関わる黙示が見られます。松岡日恵翁宅のすぐ近くに、延喜式内の古社貴船神社が鎮座、本社に高龗神《たかおかみ》、奥宮に闇龗神《くらおかみ》が祀られてあり、ともに谷の水を司る神といわれています。平安時代の中頃、和泉式部が参詣、「物おもへば沢のほたるもわが身より　あくがれいづる魂《たま》かとぞみる」との和歌を献じ、これに応えて貴船明神が、「奥山にたぎりて落つる滝つ瀬の　玉ちるばかり物なおもひそ」の和歌を以て返されたという説話が残されています。この和歌から、大地にもたらす恵みの水、母なる神のやさしさが窺えます。

この様に、鞍馬と貴船には、火と水に関わる仕組が存在しているわけですが、御教に於ては、火と水に象徴されるいづらとくさが恩赦と救霊の御救の根幹となっています。

御主のロゴスに、「いづらは生命《いのち》のかすがひ、ほむすび、とくさは生命《いのち》のおとのわくむすびなり」とのべられ、「禁断の樹実《このみ》の呪詛《のろひ》を受けてより、その原罪を被受《かうむ》りて、貧・病・災の七識の、夜見路を駈ける煎豆の、その霊人《たまびと》を新生《よみがへ》らせ、無原罪なる天人《あまびと》と正覚《めざ》ませるは、即ちこの奇玉《くしたま》の霊宝《かんだから》の神事なり」（十輯十二編第八章十五—十六節）と、御救の真実を垂示しておられるのであります。

（天暦四十三年平成十九年十二月十五日
愛と希望の言葉エスペラントの創始者　ザメンホフ博士の生誕記念の日に　謹書）

Gloron《グローロン》 en《エン》 la《ラ》 ĉielo《チイェーロ》!　（天に栄光！）
Pacon《パーツォン》 al《アル》 la《ラ》 mondo《モンド》!　（地に平和！）
Feliĉon《フェリーチョン》 al《アル》 la《ラ》 homaro《ホマーロ》!　（人に幸い！）

今回の執筆に当り、参考にさせていただいた文献は、次の通りです。

『日本書紀』
『新撰姓氏録』
『延喜式神名帖』
太田亮著『姓氏家系大辞典』
『神道大辞典』第一巻
『平田篤胤全集』第九巻
『柳田国男全集』第四巻
大正十二年版『大阪朝日新聞』
『鞍馬寺史』（大正十五年刊）
鞍馬寺教務部編『鞍馬山小史』
知切光蔵著『図聚天狗列伝』（三樹書房）
知切光蔵著『天狗の研究』（大陸書房）
五来重編『修験道の美術・芸能・文化』Ⅱ（名著出版）
『熱田宮舊記』（熱田神宮宮庁）

『多神宮注進状』
昭和五十九年八月六日付『中日新聞』
平成十九年十一月二十九日、十二月九日付『東京新聞』
大正十二年三月号『少女倶楽部』
『真人』大正十二年七月創刊号
永田衡吉著「厩戸皇子』（大正十二年中央公論六月号）
和田伝著『山の奥へ』（大正十二年早稲田文学七月号）
藤井真澄著『最初の奇蹟』（大正十二年七月　新潮社）
宝生犀星著『馬守真』（大正十二年中央公論三月号）
保田與重郎著『京あなひ』（選集第五巻）

其の四

敬虔な天才作曲家　今川節氏について

始めに、二〇〇一年発行の講談社『日本人名大辞典』の二三二頁に、作曲家今川節氏のことが登載され、次のように記されています。

「昭和時代前期の作曲家。明治四十一年八月生まれ。郷里の福井県丸岡町で銀行員の給仕をしながら、鈴木三重吉主宰の『赤い鳥』の通信講座で作曲をまなび、十七才のとき「ちょうちょ」が同誌巻頭に掲載される。昭和八年、全国音楽コンクールで、舞踏組曲『四季』が一等となる。賛美歌『家庭』も作曲した。昭和九年五月二十五日死去。二十七才」

又、我が国の合唱音楽の父と称され、御主と御神縁の深かった作曲家津川主一先生の大著『教会音楽五〇〇〇年史』の三六五頁にも、今川節氏のことが、次のように記述されています。

「今川節氏（一九〇八―一九三四）は、福井県丸岡町の銀行員で、宮原禎次から作曲をまなび、その管弦楽曲『四季』は、第二回音楽コンクールの作曲部門で入賞したが、間もなく喀血し、僅か二六才で世を去った。わたくしと同じく、大阪の西坂保治氏の日曜世界社で、こども聖歌を主とした作品集を出したことがあったが、その他の作品は発表されずに残っている。讃美歌曲『波風あぶる』四三五は一九三〇年の作で、一九三一年版の『讃美歌』にはじめて現われたもの」

もう一つ。丸岡町図書館内に設置されている「今川節の部屋」に、「郷土が生んだ作曲家」と題して、次のように紹介されています。長くなりますが、全文を記します。

「今川節は明治四十一年八月二十一日、福井県坂井郡丸岡町（現坂井市）巽町に生まれた。父の死後、母は実家に戻り、そこで彼を産み育てて行った。平障小学校の高等科を卒業後、同町谷町の森田銀行の給仕になり、同時に好きな音楽の道をめざして児童文学雑誌『赤い鳥』の音楽通信講習で作曲の勉強を始めた。

北原白秋の詩『ちょうちょ』に作曲して応募したところ、大正十四年の『赤い鳥』八月号に成田為三氏の推奨作品として掲載された。十六才の時のことである。翌年には、『雪の降る夜はたのしいペチカ』で始まる白秋の詩に複合七拍子という稀に見る技法で作曲した『ペチカ』が誕生。彼の代表作品となった。昭和三年までには約一〇〇曲ほどの作曲をしたが、彼は、自分の作品を通っていた教会の謄写版印刷機を借りて印刷し、学友や知人に送り批評を受けることにした。

文部省は昭和天皇の即位を祝って昭和三年八月に『大礼奉祝唱歌』を募集した。全国から寄せられた作品の中から彼は二等入選を果たし、広く世に知られ始めることになった。この時の賞金二〇〇円で手に入れたオルガンは彼の生涯の佳き伴侶となった。

昭和五年、同好者約二〇名が集い、丸岡ローレル・アマチュア管弦楽団を結成。四月五日地元の霞座で創立記念演奏会を開いた。昭和七年五月には時事新報社主催による第一回全国音楽コンクールが開催され、彼は『ローレライの主題による交響変奏曲』を作曲し応募したが、力量至らず落選。しかし、才能を認めた山田耕作氏の手厚い激励を受け、さっそく年末から次回コンクールに向けての準備に入った。郷土の風景を念頭に作曲した交響組曲『四季』は無事予選を通過。裏返しに仕立て直された右胸にポケットのついた背広は、東京日比谷公会堂のステージで紹介された彼の立派な晴れ着となった。独学の彼が新進作曲家の二人をおさえ見事作曲部門の第一位に輝いたのである。

こうして大いに将来を期待された今川であったが、日頃患っていた肺結核がこの頃とみに悪化。帰郷後数日して喀血。病床につく日も多くなり、銀行も退職せざるをえなくなった。ローレル楽団の人たちや友人、知人が、〝今川君を救え!!〟と救済基金募集などに立ち上ったが、特効薬にも恵まれぬ時代のこと、体調はみるみる衰えて行った。『ぜひとも第一シンフォニーを書きたい!』強く厚い信念を胸に、昭和九年五月十二日、母と友人たちに見とられながら彼は作曲歴一〇年二十五才の生涯をとじた。

代表作『ペチカ』は、この年の十二月にキングレコードから、東海林太郎氏の歌で『ペチカ燃えろよ』として全国にレコード発売された。現在そのメロディーは、丸岡町内に午後九時を告げる時報として流れている」


右に挙げた三種の資料の記述から、作曲家今川節氏についての概要を窺うことができますが、夫々内容を比較してみますと、年令の表記や日付、題名などに記述の違いがみられます。年令の表記については、数え年か満年令によるもので、『日本人名大辞典』と『教会音楽五〇〇〇年史』では、数え年で記述されていますが、今日、公文書を始め、一般では満年令が採用されていますが、あえて数え年を以て表記されている方もあります。

又、今川節氏が作曲された讃美歌の題名が、『日本人名大辞典』では『家庭』、『教会音楽五〇〇〇年史』では『波風あらぶる』となっていますが、作曲された当時（一九三〇）は、『波風あらぶる』で、一九三一年の『讃美歌』にこの題名で収録されています。その後、一九七六年三九版発行の『讃美歌』（日本基督教会出版局）には、『家庭』となっています。これは、『讃美歌』が国際規格に基づき改編されたときに変更されたためといわれています。

なお、この曲については、後で触れますが、『やしの実』の作曲者として有名な大中寅二氏が、

「讃美歌四三六番（波風あらぶる）は、讃美歌らしくはない。しかし、この四三六番こそ本当の讃美歌である」と評されています。

さて、これから今川節顕彰会発行の江守賢治編著『ペチカは燃える——若き作曲家今川節君のこと』に従い、今川節氏の足跡を辿ってみることにいたします。本文と年譜に於ける年令は、満年令で記述されていますが、これまでと同様に、数え年を以て記させていただきます。その根拠については、伊勢一の宮椿大神社の山本行隆宮司が、『神道気学宝典』の中で、次のような見解をのべられていますので、抜粋いたします。

「昨今、日本中が満年令を使用するようになったため、数え年はほとんど使われていません。これは本来誤りなのです。満年令で数えると、日本古来の十七才元服、十九才厄年、二十五才厄年、三十三才女子厄年、四十二才男子厄年、そして六十一才の還暦までも狂ってきます。この満年令を使った数え方はたいへんな誤りで、本来、子どもが生まれた時が一才なのです。それは、妊娠した時が生命の誕生であり、十月十日《とつきとおか》の間、母親のお腹の中にいて呼吸しているのですから、生まれ落ち社会に出た時点では、当然一才なのが道理です。最近の科学的な研究の結果、七ヶ月にもなると、お腹の赤ちゃんは、父親、母親の会話などをすべて聞いている事実が証明されています」

なお、今川節氏ご自身も、文章の中で数え年を以て表現されています。

誕生　明治四十一年（一九〇八）八月二十一日

福井県丸岡町巽町で誕生されていますが、誕生にまつわる二つの説があります。一つは、父の死後、母は姉の富久子を桶村家に残して実家の今川家に戻り、節氏が誕生されたというものです。又、一説には母が今川家に戻って節氏が誕生されたのですが、桶村の父からの認知が得られず、戸籍上私生児として誕生されたというものです。

十二才　大正八年（一九一九）

小学校五年か六年の時、自分が私生児であることを知り、悩み始めるようになったといわれています。そんな頃、近所の子どもたちとメソジスト派の教会（丸岡講義所）へ出入りするようになり、子どものおられなかった坂本清・睦子牧師夫妻から目をかけられ、勇気づけられたとのことです。そして、睦子夫人からオルガンの手ほどきをうけ、熱心に教会へ通うようになったといわれています。

この幼少年時代に、今川節氏と御主がいつ巡り逢われたかを特定することは困難ですが、御主が始めて丸岡にこられたのが八才の時といわれていますので、それ以後、御主が神隠しに会って鞍馬山に入山されるまでの一時期であったと思われます。

昭和三十五年十一月二十一日及び昭和三十六年五月二十六日、同月二十七日に拝聴した御主のお話によりますと、御主が十才か十一才の頃、メソジスト派の教会でオルガンを弾いておられた今川節少年の姿をみかけ、自分もあのように弾けたらと、しきりに思われたとのことです。

或る日のこと、勇を鼓して教会を尋ねられたところ、ストップの沢山付いた立派なオルガンに向って熱心に練習しておられた今川氏が、弾く手を休め、弟を気遣うような親しい眼差しで迎え入れ、オルガンの仕組やストップの使い方、弾き方などを丁寧に説明されたそうです。

今川氏は、御主より二つ年上で、尋常小学校高等科の一年頃には、教則本や歌曲の練習曲などをマスターしてしまうほど、オルガンの腕前は相当なものであったといわれています。又、小学校の成績も主席で卒業、更には出生に関わる問題で六法全書を繙いたり、『光』という文芸雑誌の編集を担当するなど、当時の子どもたちの中で、精神年令が抽んでて高かったようです。

先に紹介しました「ペチカは燃える—若き作曲家今川節君のこと」によりますと、教会や平章校で弾いていたオルガンは、ストップの数が十三もある重厚なクラシックタイプのもので、これを十三才か十四才の少年が自在に操っていたというのですから、敬服の至りです。

ところで、後日、御主は十四才の砌神隠しに会って丸岡から鞍馬山に入山され、貴船の松岡日恵翁のもとで修行されることになったわけですが、翁の居宅でよくオルガンを弾いておられたとのことです。このオルガンは、御主が所望されて設置されたといわれていますが、今川節氏との奇しき巡り逢いによって見聞された、オルガンの荘厳な形状とその音色に対して受けられた印象が、余りにも強烈なものであったからと拝察いたします。

後年、御主は、尾張国の春日井に聖地天母里《てんぼり》を定礎されてから、祭典用にオルガンを設置されていますが、そのオルガンにはストップの数が二十二もあり、当時、我が国で三台しか製造されなかったものの一つで、芸術性の香り高い逸品であり、貴重な遺品として永久保存されています。昭和十七年以来、このオルガンを始め、ピアノやマンドリンを使用されて聖なる歌曲の数々を啓示されています。

十六才　大正十二年（一九二三）

二つ年下の友人、吉田宗一少年の父親の推薦により、森田銀行の給仕として勤務する傍ら、鈴木三重吉主宰の児童文学雑誌『赤い鳥』を購読、同誌の作曲部門の通信教育を受講される。

十七才　大正十三年（一九二四）

文学作品の中でも、特に北原白秋の詩が大好きで、ポケットに詩集を入れてよく暗誦しておられたとのことですが、その中に『ちょうちょ』という詩があり、始めて曲をつけられる。詩の一節を

記しますと、

「ちょうちょ　ちょうちょ
　からまつ山は
　まだ陽《ひ》が寒い
　ちらちら飛べよ」

という詩です。

胡蝶の夢から覚めて、ふと目を開けると、軽やかに飛んでいる蝶の姿が目に入り、心躍るまま五線紙を取り出し、即興的にこの詩に旋律をつけ、伴奏まで加えて出来上ったとのことです。

この曲が、今川節氏の、記念すべき最初の作品となったわけですが、早速これを『赤い鳥』に投稿されたところ、大正十四年の八月号に推奨作品として、巻頭二ページに堂々と掲載されたのです。当時、『赤い鳥』は、少年少女を始め、教育に携わる人達や一般愛好家のあこがれの雑誌であったため、反響も大きく、一躍、その名が全国に知れ渡ることになったのであります。

なお、同誌の巻末に、作曲家成田為三氏の選評がのべられていますので、紹介しておきます。

「帰朝以来、初めて応募曲を拝見しました。数はずい分ありました。私の洋行以前から投稿された方々の上達されたのは無論ですが、新しい方々も、かなりしっかりしていますので嬉しく思いました。

殊に福井の今川節さん、三重の浦和明さんは、大変お上手です。今川さんのは、やさしい、ありふれた曲ですが、その中にしっかりした気強い点のあるのが宜しい。自分も他人も了解しにくいような曲を無理に作るよりは、理論上はっきりしたものを作る方が、進歩上得策です。今度の推奨「てふてふ」は一二ヶ所私が訂正しただけです」

(註)平成二十年一月二十六日に、都立多摩図書館で『赤い鳥』の大正十四年八月号の原本を閲覧し、表紙及び今川節氏の『てふてふ』の掲載楽譜、選評などを複写していただきました。

十八才　大正十四年(一九二五)

最初の作品『てふてふ』を作曲して以後、この年に次の五曲を作曲されています。三月十八日『梨のたんぼ』、八月十五日、『木かげのゆりかご』、九月二十五日『水口《みなくち》』、十月十五日『沼小景』、十月〇日『かもめ』

十九才　大正十五年(一九二六)昭和元年

この年には、月に一曲のペースで、次々に新しい曲を作曲されています。

一月十八日『にじ』、二月四日『落穂拾い』、三月二日『氷のひわれ目』、三月十日『かもめ』、四月一日『冬』、四月十二日『流れ星』、四月十五日『安別』、四月二十日『羊飼い』、五月十八日『日暮れがらす』、七月十五日『代掻《しろか》き鳥よ』、八月二十九日『春の朝』、八月二十一日『ペチカ』八月二十一日に作曲された『ペチカ』は、北原白秋氏の詩に付けられたもので、今川節氏の代表的な作品といわれています。

『ペチカ』の詩は、約三年前の大正十二年十二月に、大御所山田耕作氏が作曲されて有名となっていますが、北原白秋氏ご自身は、「わたくしのペチカには、山田さんのと今川君のと二つあるが、わたくしは今川君のペチカの方が好きだ」といわれたとのことです。

この二つの曲を比べてみますと、山田耕作氏の方は、途中に半音下がる個所があり、高尚でとてもむずかしい曲ですが、今川氏の方は、歌い易く親しみのある曲となっています。いわば、大人のための童謡であるのに対し、今川氏のものは、子どものための童謡であるといえます。

今川氏の『ペチカ』は、昭和十年になってキングレコードで流行歌として編曲され、曲名も『ペチカ燃えろよ』と改められて、東海林太郎の声で全国に発売されています。（裏面は、松島詩子の『船場の嬢《いと》はん』）又、現在このメロディーは、丸岡町内に午後九時を告げる時報として流されています。

なお、今川氏は、逝去の前年に自作の『ペチカ』を回想され、「音楽むだばなし」という随筆を書いておられます。かなり長い文章ですが、今川氏が『ペチカ』の曲に寄せられた熱き想いがのべられていますので、この項で記させていただきます。

この間うちのようにポカポカ暖かければ、外に遊びに出かける気にもなるが、こう白いものがちらつき出すと、用事があっても外出はいやな気がする。で、こんな時は、暖かいこたつにでももぐり込んで、作曲したり、また過ぎし日の思い出でも繰ってみるに限る。

古のだれかが、「恋は思い出を楽しむものだ」といったとか、恋でなくても何事でも思い出をたずねることは楽しみであり、またなつかしいことだ。

ぼくのペチカについて思い出すこと――雪が降ると思い出すのは、ぼくの作った「ペチカ」の曲のことである。これは、何年かにわたって方々で発表したから、おおかたの人々に知られ、また盛んに歌われている。もっとも、歌われているといったって、出版されていないから、福井県の外にはあまり出ていないが。

この曲が初めて世に出たのが昭和二年四月。丸岡で綿貫誉・静子兄妹の「ハーモニカと童謡の音楽会」をやった時だ。マネジャーからぼくの曲も二つ三つ歌いたいから、見せてほしいとのこと。で、演奏会の二三日前、福井に兄妹をたずねて行った。あらかじめ、どれを歌ってもらおうかと友人に相談したら、その友人は「断然ペチカがよい」といった。当時ぼくはこの曲をあまり好いていなかったが、まあ作曲家の考えと、他人の考えとはちがうものだなあと思って、この曲もまぜて持って行った。で、歌ってもらったところ、にいさんの誉さんが、これまた「断然名曲だ」とほめてくれた。そこで、これに二つの童謡を加えて三つを丸岡の会場で歌ってもらうことになった。

当日、ぼくにとっては、とてもうれしいものだった。自分の作った曲を他人が演奏してくれて、それを静かに聞いている気持ち、これは作者にだけ与えられた喜びであり（失望であることもあるが）、また作者でなければこの気持ちはわからない。

一分千秋、どんな気持ちでその曲を待ったことであろう。次々とプログラムがめくられていって、やがて「独唱　北原白秋詞、今川節曲「ペチカ」」と出た時、なんだか自分がにわかに大家にでもなったような気がして、肩身の広い思いだった。でも小心なぼくは会衆のうしろで小さくなって聞いていた。

妹の静子さんのくちびるを破って歌い出される「ペチカ」。それはまた、なんと美しいものだったろう。涙をさそうような無邪気さと甘さ、作者の胸に描かれていたイメージをそのまま、いやそれ以上の美しいものとなって歌われているように思った。……

それから後は、自分にもこの曲がとても好きになった。永井郁子女史が丸岡に来られた時も、これを見せたらとてもほめて下さって以後東京・大阪・名古屋・北海道など、方々のステージで歌って下さった。

一昨年だったか、名古屋の人から、「先日、女学校で永井郁子女史の音楽会がありましたが、その時、女史があなたの作品ペチカを独唱した時は、満堂の聴衆は全くその美しいメロディーに魂を奪われ、それが終った時は拍手がしばし鳴りも止まずといったぐあいでした。できましたら、あの曲を書き送っていただけませんか」と、手紙でいってきたので、送ってあげたことを覚えている。……

最後に、この「ペチカ」の曲を出版しないかといってくれる人がいる。ぼくももっと広く世に出したいのは山々であるが、これは三年ほど前だったか、安い金ですでにある出版社に身売りしている。しかし、身売りをしたと同時に不景気風に見舞われて、楽譜の出版界は全くだめになり、したがってぼくの「ペチカ」も世に出ることができず、出版社のお蔵の中で毎日泣いている。

しかし、生の親はこういって慰めている。「ペチカよ。泣くのはよしておくれ。あわてて世の中に出なければならぬこともなかろう。おまえが本当にいい曲であるなら、それが何年後であろうと、きっと人々に見出され、また愛唱される日が来るはずだ。不景気が去り、インフラとかいうものがふっ飛んで本当の景気が来た時、そんな時が来ないかも知れないが、音楽がもっと盛んになった時、おまえはきっと世の中に出れるのだ。「時だ、時だ、時を待て」と、まるで素人役者のせりふのようなことを繰り返しているわけだ。でも、ぼくにはなつかしいこの曲を忘れることができないので、一昨年だったか、これを主題にして弦楽四重奏を作曲し、今またオーケストラ組曲の第四楽章に入れようとしている。

このむだ話を書いている時でも、外はまだ盛んに雪が降っているらしい。こんな降り方の晩はしんしんとして、とても静かだ。ここらあたりでペチカ物語のペンをやめて、またなつかしいペチカのメロディーでも口ずさもうか。

雪の降る夜は　たのしいペチカ。
ペチカ燃えろよ、お話しましょ。
昔、昔よ、燃えろよ。ペチカ。

（一九三三・一・一五・夜）

右の随筆の始めに、「こんな時は、暖かいこたつにでももぐり込んで、作曲したり、また過ぎし日の思い出でも繰ってみるに限る。古のだれかが、「恋は思い出を楽しむものだ」といったとか、恋でなくても、何事でも思い出をたずねることは楽しみであり、またなつかしいことだ」と綴っておられますが、今年の一月七日に、コピーに目を通し、ここの部分にわざわざ傍点を付けて読み返していたのです。そして、その翌日、朝の祈りの折に思い出に因む聖歌『としふるごとに思い出づる』をいただき、ことに印象深く讃唱していたわけです。

この聖歌は、三六〇有余曲の中で最後に啓示されたといわれるもので、幼き時の思い出が次のように表現されています。

「今は過にし昔なれど
年経《としふ》るごとに思ひ出づる
幼き時の　その思ひ出
賎《しづ》が伏屋《ふせや》に　在りし昔

来る春ごとに思ひ出づる
その香愛《め》でにし　幼心《をさなごころ》
かがよふばかり　眺めし花
今も咲けるや　彼《か》の川辺《かはべ》に」（二二三番一―三節）

曲の方は、同声二部合唱で、曲想に「思ひ出にふけりて」と表示されています。又、別な聖歌に、二二九番『夢もうるはしき幼き日よ』と題する曲があり、併せて歌詞の一部を記させていただきます。

「幼かりし日は嬉しかりき
夕辺の星かぞへ御国《みくに》をしのべり
夢もうるはしき　幼き日よ
今もわが心　汝《なれ》をば呼ばん

幼かりし日は月日と共に
遙に去りゆきて帰りて来ねども
あどけなくありし　幼き日よ
今もわが胸に　思ひ出残れり」　（二二九番二―三節）

曲は、しみじみとした味わい深い旋律で、「田園風に」の曲想が付けられています。

二十才　昭和二年（一九二七）
この年も、月一作以上のペースで次々と作曲されています。
二月十六日『ばら』、三月〇日『からまつ原』、四月十六日『安寿と厨子王』、五月七日『おもちゃの舟』、五月十二日『さざなみ』、八月二十日『お嫁入り』、八月〇日『泊り舟』、九月十日『ちんちん千鳥』、九月十八日『紅』、十月五日『おたまじゃくし』、十一月一日『山びこ』、十一月六日『千曲川のほとりにて』、十二月二十八日『兵隊さん』『ピアノ曲子守歌』など。

今川氏の作曲上の直接の師は、宮原禎次氏（師は山田耕作氏）で、出来上った作品をお送りして添削を受けてこられたのですが、この年の作品には上達の程度が著しかったことから、師から次のような激励の言葉をいただかれています。

「貴君近来の傑作と信じ、大変にうれしくございました。和声がずっとやわらかく、一音をも等閑《なおざり》にしない用意がうかがわれ、しかも、和声に諸所新しい発見がありました。その上によく曲が流れています。特に伴奏の部分を推賞いたします。これは、どこに出しても恥ずかしくありません。りっぱなものです。なお、小生の加筆したところを、よくよく吟味研究して下さい。

喜びにひたりつつ。　宮原

この曲、浄書の上、私にお与えください。何かに発表したく思います」

（註）この曲とは、八月二十日作曲の『お嫁入り』を指しています。

二十一才　昭和三年（一九二八）

この年の十一月に、大正天皇の後を承けて昭和天皇が御大礼の式典に臨まれたのですが、これに先立ち、文部省から大礼奉祝歌の楽譜募集が行われています。歌詞は三節からなり、第三節に「神

の御代より伝れる　古き御国の新しく　日日に進みて栄えゆく　我が君が代の大御典《おおみのり》　祝へ祝へいざ祝へ」と記されています。今川氏も、国民の一人として奉祝の念をこめて作曲、応募され、見事二位に入選し、二百円の賞金を受けられています。当時の二百円を現在に換算しますと、四〇―五〇万円位といわれていますので、大した金額であったわけですが、氏は、これをもとに念願であったストップの沢山ついた、立派なオルガンを購入されています。

二十二才―二十三才　昭和四年―昭和五年（一九二九―一九三〇）

この年も作曲活動は盛んで、列記しますと、昭和四年に、三月十六日『灯』、四月五日『若き母のおもかげ』、五月二十日『秋に』、六月十五日『笛』、九月二十日『夏の河岸』、十月十八日『宝永小学校校歌』、十二月五日『すすり泣くとき』、又、昭和五年に、一月二十一日『遠き灯』、一月〇日『わが世の果ての』、三月十三日『福井中学校校歌』、十月〇日『こおろぎ』、十月二十七日『海』、十一月二日『うぐいす』、十一月四日『三方郡八村西小学校校歌』、讃美歌『波風あらぶる』、ピアノ曲『小さき踊り』などです。

特筆すべきことは、讃美歌『波風あらぶる』を作曲されていることです。歌詞は、牧師の宮川勇という人が、周囲の迫害や家族の不幸に耐えながら『ヨブ記』を読んで励まされ、その心境を長い詩に綴ったものが基となっているといわれています。

一番の歌詞に

「波風あらぶる　大海《おおうみ》のごと
試練《こころみ》たえせぬ　浮世に住めば
うから兄弟《はらから》の　むつむ家こそ
楽しきいこいの　港とはなれ」

とのべられています。

日本基督教団讃美歌委員会の一九七六年三九版発行の『讃美歌』によりますと、五六七曲のうち、ほとんどが外国のもので、詞・曲とも日本人の作となっているものは、わずか四十曲だけですが、その中に、『波風あらぶる』が、『家庭』と改題されて、四三五番に収められています。（一九三一年版の『讃美歌』には、『波風あらぶる』と題して四三六番に収められています）

前にも書きましたように、名曲『椰子の実』を作曲された大中寅二氏は、この『波風あらぶる』について、「讃美歌四三六番は、讃美歌らしくない。しかし、この四三六番こそ本当の讃美歌である」と、高く評価されています。

さて、今川節氏が作曲された讃美歌『波風あらぶる』の楽譜を拝見したとき、にわかに、心の奥に感応した重要なことがらがあります。それは、御主に啓示された歌聖典の二七一番に収められている『永遠《とは》なる平和よ』という聖歌のことです。この聖歌は、詞・曲とも一九五九年（昭和三十四年）に啓示されたものですが、今ここに、黙示の一端を言開くために、一節及びこの節の全てを抜粋いたします。

「波風はげしき　浮世には住めど
我らは安けし　主と共なればや
岩かげ涼しき　御山《みやま》に咲きにし
つつじの如くも　我ら安けし
（折返し）
　ああ　主は我らの永遠《とは》なる平和よ
　とこしへに湧く愛の泉よ

嵐の吹く夜も　雪の降る朝も
我らは安けし　主と共なればや
千歳《ちとせ》の巌《いはほ》の上にぞそびゆる
聖なる教会《やかた》の如くも安けし」

この二つの曲を比較してみますと、『波風あらぶる』では、冒頭に「波風あらぶる大海《おおうみ》のごと試練《こころみ》たえせぬ浮世に住めば」と記され、一方、『永遠《とは》なる平和よ』に於ては、「波風はげしき浮世には住めど」と記され、互に趣を同じくした言葉を以て表現されています。そして、曲については、二つの聖歌とも、八分の六拍子を以て荘厳に奏でられています。又、御主の聖歌に於ては、「主と共なればや」とか、「主は我らの」のように、いはばキリスト教的な表現を以て啓示されているのであります。

これらのことは、決して偶然の一致ではなく、今川節氏と御主との御神縁による神秘の黙示であり、ひいては、基督教と御主の御教との深奥な関わりを示す黙示であると拝察することができます。

ご承知のように、基督教に於ては讃美歌は、聖書と共に信仰者の心の糧となっていますが、イエス・キリスト御自ら作詞・作曲されたのではなく、イエス・キリストを信奉してやまない作詞家や作曲家が作られたものであります。津川主一先生の畢生の名著『教会音楽五〇〇〇年史』や『讃美歌作家の面影』によりますと、実に夥しい数の讃美歌作家が紹介されています。冒頭に触れましたように、今川氏もその中のお一人で、唯一曲ではありますが、歴史にその名をとどめ、燦然と輝いておられるのであります。

こうした事実に対して、御主の場合に於ては、六十年のご生涯に、三百六十余曲の聖なる歌曲を天の啓示によって享けられ、しかも、それが歌聖典として完成成就されているのであります。今日までこのような事例は皆無といわれています。これは、人類にかけ給われた大いなる天の御意志《みこころ》によるものではありますが、奇しくもその真実が、聖書六十六巻のむすびの巻に当る「ヨハネの黙示録」に、次のように宣べ伝えられています。

「われ見しに、視よ、羔羊《こひつじ》シオンの山に立ちたまふ。十四万四千の人これと偕に居り、その額《ひたひ》には羔羊《こひつじ》の名および羔羊《こひつじ》の父の名記しあり。……かれら新しき歌を御座《みくら》の前および四つの活物《いきもの》と長老たちとの前にて歌ふ。この歌は地より贖《あがな》はれたる十四万四千人の他《ほか》は誰も学びうる者なかりき」

（第十四章一―三節）

この黙示録は、終末尽劫の世に於て顕現されるという、予言の言葉といわれているものですが、文中の「新しき歌」とは、他ならぬ御主に啓示された歌聖典のことを黙示しているものと確信いたします。

二十四才　昭和六年（一九三一）

この年も又、作曲活動は旺盛で、地元の学校の要請に応え、校歌も作曲されています。

一月二十五日『丹生実科高等女学校校歌』、二月二十一日『ばらに寄せて』、四月十日『花売り』、九月三日『かもめ』、九月十日『坂井郡本荘小学校校歌』、十月十一日『三国高等女学校校歌』、十一月二日『あじさい』、十一月四日『なぎさ』、十一月二十二日『ねむりねこちゃん』など。

心身共に、つらく、悲しい情況の中にあって、よりすばらしい曲が創作されていった年でありま す。とりわけ、ご自身の最大の理解者であった、三つ年上の姉の死に遭って綴られた『亡き姉におくる小詩』は、詞・曲とも深い真情のこもった、香り高い作品といわれています。

なお、この年には、地元丸岡町でローレル管弦楽団が設立され、今川氏は、ピアノを担当しながら常任指揮者として、楽団のための作曲や編曲を引き受け、楽団を大いに盛り上げていかれることになったわけであります。

二十五才　昭和七年（一九三二）

この年の五月、時事新報社主催の第一回音楽コンクールが開催され、作曲部門に八〇頁もある『ローレライの主題によるバリエーション』を応募される。残念ながら落選。当時、応募者のほとんどが、専門の音楽学校を卒業し、その道の著名人に師事していた新進気鋭の作曲家であったため、やむをえなかったのかも知れません。その後、音楽講演のために福井へこられた山田耕作先生に面会した折、応募曲の批評や作曲上の指導を受けられてから、「君はぼくの孫弟子だったね。もっと勉強して、来年の第二回コンクールには立派なものを出してほしい」と、力強く激励されたとのことであります。

二十六才　昭和八年（一九三三）

第二回音楽コンクールを目標に、昨年から心血を注いで着手されていた大作、交響曲『四季』がようやく完成、早速応募されたわけです。やがて、予選に通過したとの通知が、今川氏と、東京音楽学校の松尾和雄氏、ドイツに留学経験のある江藤輝氏の三人に届いたのです。そして同時に、この三人に対して、五月十四日の当日に使用する指揮者用のスコアと、楽員個々のパート譜を作成して、四月十日までに必着するよう指示が出されたのです。これは大変な作業のようですが、銀行の宿直室で連日、疲れたからだに鞭うちながら懸命に書き続けられ、どうにか期限に間にあうことができたといわれています。

いよいよコンクールのその日が近づき、上京の準備をし始めたものの、先立つものに事欠き、銀行の支店長に頼んで三十円ばかりを借用されたとのこと。旅費がかかるため服は新調せず、胸ポケットが右側にあるいつもの背広のまま、五月十二日、郷里の人に見送られて福井駅から出発される。翌朝東京駅に到着すると、すぐにその日の時事新報をもとめ、「若葉匂ふ今宵ぞ　新人の音楽競演待望一年第二回コンクール　日比谷公会堂に開幕」との見出しにつづく記事を、なんべんも読み返されたとのことです。

コンクールは、二日間にわたって行われ、第一日目は、開会の辞に続いて、チェロ一名、ヴァイオリン二名、ピアノ七名の演奏が行われて終了。二日目は、声楽の部のあと作曲の部に移り、三名の曲が披露される。演奏は、近衛秀麿氏主宰の新交響楽団により、審査委員の一人である山本直忠氏の指揮を以て盛大に行われたのです。一番最後に今川氏の『四季』が演奏されてから、作曲者が聴衆に紹介されると、前よりも大きな拍手が起こり、いつまでも鳴りやまなかったといわれています。

審査の結果は、翌朝、時事新報の社会面に顔写真入りで五人の入賞者が発表され、作曲部門の第一位に、今川節氏の名前が記載されていたわけであります。ここに、時事新報の記念すべき記事の一部を再録いたします。

本社主催、第二回音楽コンクールの第二日は、厳重なる予選審査を見事にパスした新人二十二名が、十三、十四日の両日、日比谷公会堂の晴れの舞台に妙技を振って競演し、いずれも伯仲せる優れた技量に何人が栄冠を獲得するか、多大の興味をもって見られたが、十四日夕の第二日は、第一回同様、熱心なる音楽ファンが満場をうずめ、殊に作曲の部は、新交響楽団オールメンバーの特別出演を得て演奏されたこととて、非常に人気を呼び、午後十時盛会裡に閉会した。多数参加せる優秀なる楽人より選ばれて、見事に入賞の栄冠を担い、「音楽コンクール賞」並びに奨励金壱百円を獲得した楽人並びに次席者は左の如し。

ヴァイオリの部　　鷲見四郎氏

ピアノの部　　山田和子嬢

次席　堀澄江〃
声楽の部　井崎喜代子嬢
作曲の部　今川節氏
〈五氏の楽歴〉
今川節氏　ほとんど独学にて作曲の研究をなし、以前宮原禎次氏に作曲の添削を受けたことあり。住所、福井県坂井郡丸岡町巽一六―九
そして、数日後コンクールでの新交響楽団による『四季』の演奏が、ＪＯＡＫから全国中継で放送されています。
ではここで、この交響曲『四季』の内容について、概要を記すことにいたします。
全体が、春夏秋冬を表現する四つの楽章で構成されています。
第一楽章は、春を表現したもので、雅楽風の調べの中に春の息吹が感じられ、つづく軽やかな楽器の音色に、若草の萌え上る様子が美しく描き出されています。
第二楽章は、夏を表現したもので、夏になると田舎に廻ってくる伊勢大神楽の囃子太鼓の模様が、打楽器を使って効果的に表現されています。
第三楽章は、秋を表現したもので、秋の夕暮の踊りの旋律が主要なテーマとなっています。この

旋律は、今川氏が教会に行く時必ず通る国神神社（註一）で、ご神木の「たぶの木」の木の葉が落ちる様子を、幾つかの楽器（木管楽器、イングリッシュホルン、バイオリン、チェロなど）の音を重ね合わせながら表現されたものといわれています。

第四楽章は、冬を表現したもので、十九才の時に作曲された代表作の一つ『ペチカ』を主題として使いながら、ペチカを囲む家族の団欒（註二）を、ひいては精神の安らぎを表現したものといわれています。

長くなって大変恐縮ですが、右の解説の中で註を付した（一）国神神社とご神木「たぶの木」及び（二）家族の団欒についてその黙示を繙いてみたいと思います。

（註一）国神神社とご神木「たぶの木」について——国神神社は、延喜式式内社の越前国坂井郡三十三座の第九座に登載されている、由緒正しき古社ですが、現在、丸岡町石城戸一丁目二に鎮座しています。主祭神は、椀子《まりこ》皇子に坐し、相殿に、継体天皇の御母に当る振姫命と応神天皇が祭祀されています。主祭神の椀子皇子は、継体天皇と倭媛（近江国三尾の君堅槭《かたひ》の娘）との間に生れた方で、『新撰姓氏録』には、三国公の始祖と記されています。

蔽顔《おとばり》の救主《くじゅ》のご幼少に於ける七つの御神示の一つに、「花の姿は処何にこそあれ、その根にまことあらば、必ずいとよき実を結ぶべし」というご神示がありますが、御年十才の時に、この国神神社でいただかれたといわれています。

御主のお話によりますと、早朝犬をつれてよく散歩にでかけられたのですが、その折、この国神神社にお詣りすることが、ことのほか楽しみでしたそうです。それというのも、お詣りの度毎に、十二単衣を召された女神様がお出ましになり、桧扇で、なかば顔をお隠しになって微笑《ほほえ》み給われたからです。或る日のこと、先の御神示のおことばをのべられたあと、天から汚れた茶碗と疵の入った茶碗が降りてきて、やがて汚れた茶碗がきれいに拭われてから、この茶碗を指さされ、「汝はこちらの茶碗ぞよ」と、優しくのべられたとのことです。この御神示については、御主のご生誕に纏る伝承と生い立ち、身の上、行く末が黙示されているわけですが、継体天皇の御子椀子皇子の御事と重ねて味うことによって、より深くお心のほどが察せられるのではないでしょうか。今にして思いますと、御主がご幼少の砌、母の如く恋い慕われた、十二単衣の御方は、椀子皇子の御母、倭媛命の顕現ではなかったかと拝察いたします。

余談ですが、国神神社と同じ坂井郡に、式内社の三国神社が鎮座しています。先に、椀子皇子が三国公の始祖と書きましたが、当社はその三国公ゆかりの神社で、ご祭神が大山咋神といわれています。大山咋神を祀る代表的神社といえば、京都嵐山の古社で、秦一族が奉斎したとされる松尾大社が挙げられますが、当地坂井郡も、足羽郡とともに秦一族の名残りが色濃く反映されている土地柄となっています。又大山咋神は、寺社伝承学派の方々の考証により、かの饒速日尊の亦の御名に坐すことから、国神神社が、御主と深いご神縁で結ばれていた神社であったことが、頷けます。従って、御主と似通った境遇にあられた今川氏が、幼い時から国神神社に親しみを感じ、ご神木「たぶの木」をテーマに曲を作られたことは、まことに意味深く、ご神縁のつながりを窺うことができるわけであります。

ご神木「たぶの木」の「たぶ」は、「たつとぶ」の約まった語と解され、古来より神木や船材として貴ばれてきました。又、「たぶの木」は、クスノキ科に属する樹木で、クスノキは、御主ゆかりの尾張国名古屋の市木に指定されているとともに、御主の御名に関わりの深い樹木となっています。

（註二）家族の団欒について——今川氏は、交響曲『四季』の最終楽章で、自作の『ペチカ』を主題に用いながら、ペチカを囲む家族の団欒に想いを馳せ、ひいては、精神の安らぎ、永遠の平和を切に願い、祈られたのではないかと思います。この意味で、交響曲『四季』は、讃美歌『波風あらぶる』（後に『家庭』と改題）とともに、敬虔な今川節氏の、香り高い信仰の結晶と断言いたします。

続いて私事にわたりますが、平成十六年の夏に、御主を宮居として降臨された、かの饒速日尊の御神名についてその真義を考察したことがあります。御主は、わけあって、九の巻に於ては「饒速日尊」と表記され、完結編の十の巻に於ては「和速日尊」と表記されています。この「和《にぎ》」に関わる秘義の一端が、十の巻に「汝ら、世は唯一人の和魂《にぎみたま》によりて永遠《とこしへ》の平和を築くべし。汝ら、凡てのものの動きゆく世に、唯一つの不動《うごかぬ》ものは愛の真理にして、和魂《にぎみたま》の泉なり」（十輯七編第十一章十二―十四節）とロゴスされています。このロゴスを書き記していた日の翌日、七月二十六日の早暁、神鳴りとともに、「団欒」のことが黙示された貴重なロゴスを賜ったわけであります。長くなって恐縮に存じますが、その一節を抜粋させていただきます。

「ああ、汝ら、今世に生くることを喜び喜べ、その一家《いへ》の富むと富まぬに関はらず、又財宝のあるとなきとに関はらず、その天然自然《ままさながら》にして、囲爐裏火《いろりび》の火影《ほかげ》ゆららに燃ゆる爐辺《いろりべ》、各も各も和《にぎ》集《あ》へる、その温和《あたたか》の心より、生あるものはそれ既に、実に大《げ》いなる幸《さち》をここに得たり、と」（十輯十二編第六章八節）

ご承知のように、「ペチカ」は、ロシア風の暖炉のことですが、和風では通常「囲炉裏」に当ります。辞書には「いろり」は「ゆるり」の変化した語と記されていますが、原意に「ゆるやかな、ゆったりした」という意味があるようです。

昨今、団欒という言葉は、あまり使われなくなった言葉の一つとなっています。辞書に「車座に円居《まどい》する意。家族など親しい者同志が集まり、なごやかに過すこと」（『新明解国語辞典』）とでていますが、この団欒という良き風習が、薄れてきているのは、悲しい限りであります。先に掲げたロゴスにのべられていますように、囲炉裏を囲んで和気藹々と団欒することは、まさに至福のひとときではないでしょうか。

なお、この年の八月二十一日に、『台北高等商業学校校歌』を作曲されています。私の生れ故郷台湾（宣蘭で生れ、数えの十一才のとき台北より引揚げ）の地の学校であり、懐かしい思いをもって拝見した次第です。詳細は分りませんが、丸岡町出身の方が作曲を依頼されたのではないかと思います。

二十七才　昭和九年（一九三四）

この年、恩師を始め、楽友や知人、友人宛に年賀状を出されています。宛先が多かったためか、当時としては珍しく、横書きで印刷された正式なもので、次のように記されています。

「新年おめでとうございます

昨年六月以降ほとんど、その大半を病床に過しましたので、非常な御無沙汰をいたしてしまいました。

銀行家という職業にも去年切りでさよならをし、当分は浪人で健康回復をはかる決心です。でも、

音楽の方　勉強だけはボツボツやってゆくつもりですから、相変らず御指導をお願いいたします。
昭和九年　元旦
今川節
福井県丸岡町巽」

作曲の方は、病床にありながらも、一月十三日から十六日まで、一日一曲の割合で、『静寂』、『祈り』、『苗代太鼓』、『悲歌』、『カノン』などを作曲されています。その後、幾つか、五線紙に走り書きしたものがあったようですが、完成されたものとしては『カノン』が最後の作品といわれています。

一月の終り頃のある日、昨年開局したばかりの福井放送局から、ローレル楽団の演奏により交響曲『四季』の第一楽章春の部が放送されることになったのです。これは、病床にある、郷土の若き作曲家を慰めるという趣旨のものであったといわれています。

指揮は、常任指揮者であった今川氏に代って、恩師の矢野先生がつとめられ、同時に、放送する曲の楽譜を謄写版刷りにして何十部も作成されたとのこと。これに感激されて、今川氏は、夫々の表紙に、咳こみ、苦しみながらも、力をこめてサインをされたといわれています。

この放送後、三国町で出されていた地方新聞に「今川君を救え」という記事が発表されたことから、見舞金が寄せられるようになり、やがて、友人達によって「今川節氏後援会」が結成され、氏の選曲による作品が美しい小冊子となって発売されたのです。この小冊子は、予想を超えて好評となり、後援会の資金に役立てられたわけです。

しかし、苦しい闘病生活が続く中、五月に入ってから容態が悪化し、五月十二日、母親を始め、教会の牧師、楽友に見とられながら逝去、二十七才の生涯を終えられたのであります。

今川節氏は、作曲を始められてから十年という短かい歳月の間に、童謡、校歌、御大礼奉祝歌、讃美歌、交響曲、オルガン曲など二百数十曲を作曲され、音楽史上、香り豊かな珠玉の作品を遺されたのであります。

今川氏は、生前、メソジスト派の敬虔なキリスト者として信仰篤く、よく聖書を読まれ、暗誦しておられたとのことですが、とりわけて次の一節がお好きで、愛誦してやまなかったといわれています。

「空の鳥を見よ、播かず、刈らず、倉に収めず、然るに汝らの天の父は、これを養ひたまふ。汝らは、之よりも遙に優るる者ならずや。汝らの中たれか思ひ煩ひて身の長《たけ》一尺を加へ得んや。又なにゆえ衣のことを思ひ煩ふや。野の百合は如何にして育つかを思へ、労せず、紡がざるなり。されど我なんぢらに告ぐ、栄華を極めたるソロモンだに、その服装《よそほひ》この花の一つ

にも及《し》かざりき」（マタイ伝第六章二十六―二十九節）

静かに顧みますと、今川氏がこよなく愛誦されたというこの聖書の言葉について、後年御主は、天の黙示を観じられ、恰も、今川氏の切実無比のそのお心に感応せられたかの如く、一四三番『野辺の百合は衣つむがねど』の聖なる歌曲を啓示されています。この曲は、詞・曲とも昭和三十四年（一九五九）御年五十才の時にいただかれたものですが、先に書きましたように、今川氏の讃美歌『波風あらぶる』に対応する二七一番『永遠《とは》なる平和よ』と同じ年の曲となっています。

又、今川氏が、生前座右の銘として大切にされたという有名な和歌があります。山中鹿之助が三日月に向って、「憂きことの尚此の上に積れかし　限りある身の力ためさん」と詠まれた一首ですが、これを半紙に浄書して居室の壁に貼っておかれた由、同じ壁には、山水の条幅に浮世絵、ベートーベンの肖像画などが掲げられていますが、一番右奥の上座に当る位置にこの和歌が貼られていたことから、この和歌に寄せられたそのお心が、並々ならぬものであったことが窺われます。

過ぎし日、二十才を超えてから、私もこの和歌を手帳に書き込み、折々に口吟んでいたことが懐しく想い出されます。

思えば、今川氏は、ご幼少の頃から、人並はずれて崇高な志を掲げ、篤い信仰と絶えまぬ努力によって作曲の世界に輝かしい業績を遺されたのですが、余りにも若くして逝去されたため、氏を知る多くの人々から惜まれたのであります。

逝去の年の六月十五日付の『時事新報』には、第二回音楽コンクールで審査員を努めた増沢健美氏が、「君の死を意義あらしめよ」と題して、次のような追悼の言葉を寄せられています。

「地方に在って作曲を独学することは、難中の難事であるが、然もそれを或る程度まで成し遂げた同君に対して、私は、ここに満腔の敬意と哀悼の意を表すると共に、その音楽に対する熱意と努力とは、吾が国の多くの音楽家にとって以て範とすべきことを、この機に臨み強調せんとするものである。若しも同君の死が幾らかでも沈滞せる吾が楽壇の空気を更新し得たなら、不遇にして逝った同君も瞑し得るであろう。私は同君の死を無意義には終らせたくない」

又、同じ審査員の一人として音楽コンクールに列席された、作曲家であり音楽評論家の堀内敬三氏が、切々たる感情をこめて、次のように綴っておられます。

「私も教会音楽とは聊《いささ》かの関係をもちます関係から、今川節氏の御作は幾つか承知して居りました。音楽コンクールの作曲審査の時も、「此の人なら作品を知っている」という事を委員の皆々に申して、たいへん嬉しく思いました。ほかの委員たちも全然名を知らぬ人が最もすぐれた作品を出した事について、驚きもし、又、心強く思ったと云う事を云って居りました。「此の人はもっと延びる」と皆が云い合った事でした。今東京で新進作曲家として名のある人々が幾人も落選し、入選しても賞に入らなかった位ですから、これは非常な厳選でした。「作曲の賞は一人ではいかぬ、三人位は入賞させなくては可哀想だ」という声が、大分興論になって居りました位で、今川節氏は相当によい作品が揃っていた中から、全委員一致の推薦で入賞されたのでした。

日本人の手に成る新しい作曲が求められつつある今日、此の有為な、有望な且つ、多くの人が認めて抜群の技倆を持っていると云う青年作曲家を失ったことは、返すぐも残念に思われてなりません。

お人柄についても、たった一度の御面会ですが、十年の知己のごとく語りました。私の思っていた通りの明るい、正直な、うるわしい心の方でした。

天才は長く生きません。二十代で逝去した楽人として、「さんびか」に曲が残り、コンクールに入選した（入賞すると如何とを問わず、予選を通過した人は皆三十歳以上です）と云う事は、全く稀な事蹟であります。今川氏のなさった仕事は、分量としては僅かであったにせよ、その実質はすぐれたものでありました。後の世までそれは残るでしょう。後の人にまで影響は及ぶでしょう。

百歳の齢《よわい》を重ねても、人の多くは、これ丈の仕事はしません。多くの人が死んで忘れられて行くとき、今川節氏は、仕事の上に生き、記憶の上にかがやくでしょう。地上に受けた年は短くとも、今川節氏は、特別な御恩寵を受けられ、また思《おぼ》し召に叶った方と存じます。

一九三四・五・二〇」

（註）福井県坂井郡丸岡町霞の緑幼稚園の前庭にある石碑には、堀内敬三氏の右の文章から引用した『百歳の齢を数ふるも無為に終る者少からず　然るに今川節君夭折するも　神を仰ぎ芸術に生く』という文が刻まれています。

以上、これまで、敬虔な天才作曲家今川節氏について、いろいろ書き記してきましたが、本項のむすびとして、御主との関わりを振り返りながら記すことにいたします。

既に書きましたように、御主が今川氏と巡り逢われたのは、大正九年のことといわれています。今川氏が十三才、御主が十一才の時に当るわけですが、それ以前から、互いにその存在をそれとなく耳にしていたことと思われます。

今川氏の場合、当時としては珍しくオルガンを弾くことが大好きで、聖書を読み、ペンで美しい英文字が書ける聡明な子どもでした。又、御主の場合には、村人から神の申し子、生き如来、神童などと囁かれた不思議な子どもでした。いわば、御二方とも特異な存在であったわけです。又、生い立ちや境遇に似通う一面もあり、教会での奇しき巡り逢いによって、互いに心が融け合い、親交を結ばれたのであります。

御主のお話によりますと、今川節氏に対し兄のような親近感をもって接し、心から尊敬しておられたのですが、神隠しに会って鞍馬山に入り、貴船の松岡日恵翁宅に滞在されてからも、丸岡の今川氏を訪ねられていますす。御主が十七才か十八才の時といわれていますが、その折に、今川氏が自筆の『ペチカ』の楽譜を贈られ、いつも大切に所持しておられたのであります。

後年、御主の聖歌を校閲、編曲された作曲家の津川主一先生に、御主が今川節氏との出会いをお話された時、同氏のことを「よく存じあげております。かって、大阪の日曜世界社（西坂保治主宰）からこども聖歌を主とした作品集を出版する時に、お会いしたことがあります」と、おっしゃったとのことです。なお、このことは、津川先生の『教会音楽五〇〇〇年史』の中でも触れておられ、今川氏を讃美歌作家の一人として高く評価され、書き遺されたのであります。

考えてみますと、蔽顔《おとばり》の救主《くじゅ》に御神縁の深かった二人の作曲家、今川節氏と津川主一先生の姓氏が、ともに、御主の姓氏「清水」に因む水の姓氏であったことに、摂理の神秘を痛感いたします。

（天暦四十四年平成二十年四月十日　聖戒結願の日に　謹書）

今回の執筆に当り、参考にさせていただいた文献は、次の通りです。

『新撰姓氏録』

太田亮編著『姓氏家系大辞典』
講談社『日本人名大辞典』
『全国神社名鑑』
『聖書』（日本聖書協会）
『讃美歌』（日本基督教団讃美歌委員会）
江守賢治編著『ペチカは燃える　若き作曲家今川節君のこと』（今川節顕彰会）
平井英治編『今川節追悼顕彰誌　ペチカよ永久に』（大空社伝記叢書二〇七）
丸岡町図書館今川節の部屋「郷土が生んだ作曲家」
丸岡劇の会甍五周年記念公演誌『今川節その人と生涯　ペチカよ永久に』（福井県文化協議会）
江守賢治編『今川節選曲集』（今川節顕彰会）
雑誌『赤い鳥』大正十四年八月号（赤い鳥社）
津川主一著『教会音楽五〇〇〇年史』（ヨルダン社）
『国神神社由緒書』
大和岩雄著『神社と古代民間祭祀』（平凡社）
『新明解国語辞典』（三省堂）
『大辞典』（平凡社）

其の五

合唱音楽の父　作曲家　津川主一先生について

始めに、二〇〇一年に発行された講談社の『日本人名大辞典』に、津川主一先生のことが、次にように記載されています。

「大正昭和時代の合唱指揮者。明治二十九年十一月十六日生れ。原田彦四郎氏に師事。東京の麻布美普教会の牧師。青山学院、恵泉女学園、自由学園などで合唱を指導、東京オラトリオ協会、東京交響合唱団、東京バッハ、ヘンデル協会を設立した。関西学院神学部卒、昭和四十六年五月三日死去。七十四才。愛知県出身」

又、二〇〇四年発行の三省堂『コンサイス日本人名辞典』には、

「大正・昭和期の合唱指揮者。原田彦四郎に師事。生涯合唱運動に捧げ、わが国における合唱運

動の開拓者となった。その指揮で日本初演されたバッハその他の宗教音楽も多く、合唱の編曲も多く残した」と記述されています。

紙面に限りのある人名辞典の性格上、津川先生についてのこれらの記述は、ほんのわずかに過ぎませんが、入手した多くの資料を調べてみますと、音楽の世界に遺された先生のご功績が余りにも大きく、筆舌に尽しがたいものがあります。

先生は、イギリスからアメリカに渡った最も民主的な教派の一つ、メソジスト・プロテスタントの流れを汲む日本美普教会の津川弥久茂牧師の長男として生れ、「主一」という、主イエス・キリストの嘉し給うこよなき愛児《いとしご》を黙示する名前をいただかれています。

ご幼少の頃から、厳父の薫陶を一身に受けながら生長され、やがて、生涯を教会音楽の護持興隆のために捧げることが、自分に託された使命であることを確信されたのであります。以来、名古屋中学校（現名古屋学院）に入ってまもなく、オルガンを川喜多女史、原田彦四郎氏に、声楽を大島政子女史に師事され、習得に励まれたのですが、作曲については、師に就かず、内外の文献をもとに独学で研究されたといわれています。

やがて時は過ぎ、大正五年（一九一六）御年二十一才（数え年）で関西学院神学部に進まれてからは、同学院でチャペルのオルガニスト（四年間）を勤めるかたわら、コーラスを指揮されるなど、早くも宗教音楽家としての片鱗をのぞかせておられます。

そして、大正十年（一九二一）、卒業後東京麻布美普教会の牧師に就任（昭和四年まで）、この時代に、一四一曲にも及ぶ世界のオルガン曲の解説を執筆、編纂され、三十六才の時に、『オルガン名曲集』として出版されています。この曲集は、学校及び教会のオルガニストのために刊行されたものですが、版を重ねること九回に及び、今日オルガン奏者にとって必携の古典的名著といわれています。当時、こうした類《たぐい》の書籍がなかった時代だけに、先駆的役割を果した貴重なご著作であったわけです。このほか、初歩者のための『オルガン小典集』や『ラインハルトオルガン小教程』なども出版され、版を重ねて現在も刊行されているとのことですが、この本に寄せられた信頼の厚さが窺われます。

以後、合唱音楽や宗教教育に関するもの、ご自身の作曲による聖歌、讃美歌の数々が続けて刊行されていますが、特筆すべきことは、世界の民謡、名曲、合唱曲などを誰でも歌えるように日本語に翻訳され、シリーズとして刊行を続けられたことです。終戦後の混沌としたあの時代に、各地の喫茶店や小劇場で歌ごえ運動が澎湃として湧き起り、やがて進化向上し、学校や産業界に合唱団が誕生していったその背景には、合唱曲集を始め、合唱音楽の理論と実際、指揮法など、一連の御著作を発表していかれた、先生のひたむきなご尽力があったからであります。

凡そ、合唱音楽を学び、楽しみ、そして指導に携わる人々にとって、先生の恩恵を享けなかった人はなかったといわれるほどに、そのご功績は甚大であったのであります。

先生ご逝去後、津川家からいただいた先生の「略歴」（B5四枚）をみますと、役職の部に主要な役職が十八行にわたって列記されています。ほんの一部を抜粋し、ご功績を偲ぶよすがといたします。

日本基督教団讃美歌委員会音楽専門委員
文部省教科書検定調査委員
国際音楽オリンピック日本委員
関東合唱連盟理事長（四期）
全日本産業人合唱コンテスト審査委員長
全日本合唱連盟常任理事（昭和三十一年―四十一年）

続いて、「職歴」の部をみますと、戦前から宗教的作品を演奏するために、東京オラトリオ協会を結成され、その後、東京交響合唱団（シンフォニックコーラス）を創立、戦後は、東京バッハ・ヘンデル協会を設立されて、宗教音楽の興隆に貢献されています。これらの協会や合唱団から有能な音楽家、指揮者、プロデューサーなどが輩出、各方面で活躍されています。

津川主一先生は、七十六年のご生涯に、実に夥しい数の書籍や機関誌、雑誌などに執筆されていますが、それらの中で、ひときわ燦然と光輝を放っている御著作は、六十九才の時に刊行された『教会音楽五〇〇〇年史』であります。この書は、まさに先生畢生の大著であり、これまで誰もなし得なかったことを手懸けられ、豊富な資料を駆使して集大成されたものであります。一般にはあまり知られていませんが、先生がお住いになっておられた武蔵野の夷狄荘の書庫に、先生が全世界から集められた厖大な数量の資料が収蔵されているといわれています。世界の作曲家や作詞家の原稿、楽譜、写真、肖像画、書籍など音楽に関するもののほか、趣味（実際には趣味の域を超えておられるようです）として蒐集された考古学や民俗学の関係資料も含まれていたといわれています。昭和三十五年か三十六年だったと思いますが、収蔵品の中に、ベートーベンのデスマスクがあったという話を承ったことがあります。どういう経路で入手されたのかは分りませんが、博物館級の逸品でもあり、驚いて拝聴したことだけを覚えています。

充分に精査された確かな資料を基に、篤いご信仰と豊かなご学識を以て綴られた『教会音楽五〇〇〇年史』は、出版されてまもなく図書館協会の推薦図書に指定されています。これは、この書に対する評価がすばらしかったからですが、今ここに、「本書のねらい」と題する文章の一部を抜粋させていただきます。

「普通音楽芸術の歴史では、ものの数にも及ばない音楽といえども、大衆的宗教運動には、なくてはならない音楽もあったわけである。昔は、よくわからない音楽でも、おとなしい民衆は、黙って聞いていたが、人類社会の教養が普遍化してくるにつれ、大衆もまた自分自身の教会音楽を求めるようになってきた。そこでわたくしは、パレストリーナやバッハの教会音楽と同時に、大衆のなかから、いつとはなしに生まれて育った無名作家の信仰の歌にも言及している。これは普通の音楽家には知られていない分野であるが、しかし教会音楽の全史を語るには、省くことのできない領域であり、著者はこのことに関し、かねがね強い関心をもちつづけて来たのである。

小著ながらも、これが、一般の人たちの教会音楽への関心を高まらせ、また一人でも多くの教会音楽の熱心家に力を添える結果となり、ひいては人類同志の善意と、神への思慕をかき立てさせるよすがとなるならば、土の器とし、神の摂理を深く感謝したいのである。……

それから筆者自身の身辺のことを少し書き過ぎた嫌いがあるかも知れないが、一生涯を教会音楽の演奏と研究と著述に捧げて、今日に至った私の側面からみた自叙伝だと思ってもらえば、我慢してもらえるかも知れない。人間、自分のことを当の本人が書くほど確かなことはない。いささか詭弁に類するかも知れないが、ご勘弁ねがいたい。

一九六三年七月六日

むさし野夷狄荘にて　著者」

これまで津川主一先生について、そのご足跡の概要を記してきましたが、これから順次、年譜に従って更に詳しく辿りながら、御主との奇しき巡り逢いの経緯や御教との関わりを記すことにいたします。なお、年令については、前回と同様に数え年を以て表記します。

誕生　明治二十九年（一八九六）十一月十六日

年譜に「明治二十九年十一月十六日、日本美普教会津川弥久茂牧師の長男として、名古屋市に於て誕生」と記載されています。明治二十九年は、西暦一八九六年で干支は丙申、九星は五黄土星となっています。

この明治二十九年という年は、どのようなことが生起しているかについて、『日本宗教史年表』（山折哲雄鑑修河出書房新社発行）で調べてみますと、次の四件が黙示として現われています。

その（一）山室軍平氏が一月に救世軍の中尉に任命されています。これは、日本初の士官といわれています。

その（二）三月十二日、御主ゆかりの菅生石部神社が県社から国幣小社に指定されています。

その（三）八月十五日、内村鑑三先生が『国民之友』に「時勢の観察」と題して論文を発表されています。

その（四）メソジスト教会徒の佐竹音次郎という人が鎌倉に最初の小児保育園を開設しています。

紙面の都合で、その（三）と（四）だけ黙示の一端を繙いてみますと、（三）に内村鑑三先生のことが記述されていますが、津川先生のご出身校の名古屋学院の前身である英和学校時代に、内村先生も音楽伝道団に関与しておられたとのことで、ご縁浅からぬことが窺われます。又、内村先生は、蔽顔《おとばり》の救主《くじゅ》ご生誕の明治四十三年（一九一〇）五月十日のその日に、奇しくも、「生命の新紀元・日本国の救済」と題して、この日の本の国より救い主の来現を渇仰する雄渾壮麗な演説を行っておられます。この演説は、先生四十九才のときのもので、この機会にその一部を記させていただきます。

「神は日本人を以て日本国を救ひ給ふべし。……神は日本人の中より日本国の救者《すくひて》を起し給ふべし。……神は日本人の愛国心を以て日本国を化して神の国と為し給ふべし。……日本人自身の聖化されたる高貴なる愛国心に由て救はるべし」

（四）のメソジストといえば、始めに書きましたように、イギリスからアメリカに渡ったキリスト教の一派ですが、津川先生のご家系も、この派の信仰を継承しておられたわけであります。父の弥久茂牧師を始め、母方（川並家）の祖父から三代にわたってこの派に属しておられたとのことです。母の出身地は尾張国の名古屋で、最も古いクリスチャンの家柄であったといわれています。余談ですが、御主とご神縁の深かった福井県丸岡出身の天才作曲家今川節氏も、このメソジスト派の教会でオルガンを学び、篤い信仰家であったといわれていますし、津川先生も同氏との親交があり、讃美歌作家の一人として高く評価しておられたのであります。

又、（四）の人名に佐竹音次郎とありますが、佐竹といえば常陸国の名族で、古の、かの饒速日尊の大和国東遷の時に従った二十五部人の中に、佐竹物部の名がみえており、祖神に饒速日尊を奉じていた氏族の流れであることが解ります。又、茨城県久慈郡佐竹村大字天神林に、饒速日尊を主祭神とする稲村神社と聖徳太子の御作と伝える十一面観音を祀る佐竹寺とが同じ地域に鎮座しており、大きな黙示を現わしています。饒速日尊は、御主に降臨された御神霊に坐すことから、この神を祖神にいただく佐竹氏族の流れを汲むとされる佐竹音次郎という人が、津川先生と同じメソジスト派の信仰家であったところに、深い意義があるわけであります。

十六才　明治四十四年（一九一一）
　私立名古屋中学校（現名古屋学院）に入学され、オルガンを川喜多みね子女史、原田彦四郎氏に、声楽を大島政子女史に師事され、本格的に習得に励まれる。作曲法については、内外の文献をもとに独学で研究を進められる。

二十才　大正四年（一九一五）
　同校卒業と同時に、日本美普教会の神学候補生となり、名古屋市に於て実地の伝道に従事される。

二十一才　大正五年（一九一六）
　関西学院大学神学部に入学され、学業に専念するかたわら、神学部チャペルのオルガニスト（四年間）を勤められ、コーラスの指揮も担当されるなど、精力的に音楽活動に奉仕される。

二十六才　大正十年（一九二一）
　同大学を卒業後、母校名古屋中学校の聖書教師として奉職される。短かい期間ながら同校の教師を対象にオルガンや合唱の指導に当られる。

二十七才　大正十一年（一九二二）

住居を東京に移し、麻布美普教会牧師に就任。同教会で教会音楽研究所を開設される。多忙を極めた（七年半の）牧師生活の中で、オルガンの名曲一曲一曲の解説文を、二晩徹夜して一気に執筆される。これは、京文社が企画した世界名曲大系の中の一つとして、学校及び教会のオルガニストのために書かれたもので、昭和六年に、『オルガン名曲集』と題して出版されています。この書は、版を重ねること九回に及び、今日も名称を変えて続けられ、オルガン曲集の古典的名著として高く評価されています。

二十九才　大正十二年（一九二四）

教会に於ける音楽教育の一環として、先生の作曲による『こども聖歌集　銀の星』『日曜学校音楽』が刊行される。

三十二才　昭和二年（一九二七）

『讃美歌作家の面影』を執筆。八年後の昭和十年に教文館から初版本が刊行されることになります。

三十四才　昭和四年（一九二九）
　麻布美普教会の牧師を辞任され、音楽活動に専念される。この年、ベルリオーズの『合唱管弦楽指揮法』を翻訳され、新響社から出版。このような専門的な書籍を刊行されたということは、独学で学ばれた先生が、既に、充分指揮法をマスターしておられたばかりでなく、語学にも堪能であられたからであります。

三十五才　昭和五年（一九三〇）
　この年、帝国音楽学校の講師に就任されてから、青山学院を始め、自由学園、恵泉女学園、文化学園、東京ＹＭＣＡ、ＹＷＣＡ、東京家政専修学校等で音楽を教えながら、教会音楽所を主宰され、音楽書や機関誌を刊行される。又、教会音楽の研究発表や宗教的作品を演奏するために、東京オラトリオ協会、横浜オラトリオ協会、仙台オラトリオ協会、更に東京交響合唱団（シンフォニック・コーラス）を創立され、指揮される。そのほか、讃美歌『みよ世をこぞりて』を作曲されています。この曲は、日本基督教団の一九七六年版『讃美歌』に、二四一番『神の招き』として収録されています。

三十六才　昭和六年（一九三一）

讃美歌『この世のつとめ』を作曲される。前記の『讃美歌』には、三一三番『祈祷』として収録されています。余談ですが、この三一三番『祈祷』から、ただちに思い起されるのは、御主の歌曲集『歌聖典』の三一三番のことですが、表題が「御光ともして我れは祈らん」となっており、奇しくも「祈祷」と趣が暗合していたわけであります。

三十八才　昭和八年（一九三三）
『合唱楽及び指揮法』を文芸春秋社から、『合唱音楽の理論と実際』を音楽之友社から刊行。

四十才　昭和十年（一九三五）
先生渾身の力作『讃美歌作家の面影』の初版本が教文館から刊行される。この本は、大きな反響を呼び、昭和二十二年に再版され、更に、昭和三十年には新装本としてヨルダン社から発行されています。なお、初版本の刊行に当り、東京音楽協会理事長の田中正平博士が序文を寄せられていますので、ここにその全文を記しておきます。

「泰西の音楽は、理論こそ遠く希臘時代より伝わったとするも芸術として中世期に勃興したる基督教讃歌に起源した。特に独乙において新教樹立に伴うて起った「コラール」は、近世古典楽の元祖とみられるバッハ、ヘンデルの精神的基礎を造ったのである。「コラール」は、簡朴なる中に、崇高にして言語に絶する深みを有ち、泰西音楽の真価を味わい、其の真髄に触れんとするには讃美歌に深染することを捷径とする。又数世紀に渉り、篤実なる士が、如何に深き宗教的敬虔なる信念をもって、これが作曲に当ったかの事跡を辿るに於いて、讃美歌に対する感慨を深くすると共に、一層の尊さを覚らしめるのである。

本書において中興宗祖の流れを汲み、其の聖訓に心を鍛え、而も音楽に精通し、音楽をもって人心を陶冶するに効績を積める著者が、其の薀蓄を世に頒たれたるは、衷心歓喜に湛えぬところで、茲に聊か蕉辞を連ねてこれを迎えんとするのである」

この年、『おさなごのうた』を作曲され、シンキャウ社から『最新音楽教本前編』を刊行される。

四十二才　昭和十二年（一九三七）

野呂信次郎氏との共著で『ジョンウェスレーと音楽』を教文社から刊行される。

四十三才　昭和十三年（一九三八）

『新声楽教本』の前編と後編を東京音楽書院から刊行される。

四十五才　昭和十五年（一九四〇）

アルバート・シュバイツァー著『バッハの生涯』を翻訳。

四十七才　昭和十七年（一九四二）

『バッハの生涯』（訳書）『独逸国民と音楽生活』を新興音楽出版社から刊行。

四十八才　昭和十八年（一九四三）

『バッハの芸術』『女性と音楽』を新興音楽出版社から、『音楽の教養』を愛之事業社から刊行。

四十九才　昭和十九年（一九四四）

ファイ・ズイー・ラハミン著『印度の音楽』（訳書）を東洋社から、クルト・ロンドン著『映画音楽の美学と科学』（訳書）を楽苑社から刊行。

五十二才　昭和二十二年（一九四七）

日東出版社から『讃美作家の面影』の再版が刊行される。

昭和十年の初版以来、ちょうど十二干支の巡りに装も新たに刊行されることになったわけでありま す。先生は、この書の刊行に当り、「再版への自序」のむすびに、次のようにのべておられます。

「この貧しい本書が、神の御手によって浄められ、老人には心の慰めを、壮年者には活動への鼓舞を、そして青年子女たちには神につける芸術の感動を、頒つことができたらと祈る次第である」

人心枯渇し、未だ虚脱感の漂う終戦直後の混沌としたあの時期に、新生への悲願をこめて刊行されたのであります。まさに、旱天に慈雨の如きご出版であったのであり、こよなく音楽を愛し、国の前途を想う先生の熱きお心が偲ばれてなりません。

なお、この書には、賀川豊彦先生が、力強い讃辞を贈られていますので、ここに、その全文を記させていただきます。

「宗教改革以後、キリスト教芸術は、建築と音楽の二つをもって満足してきた。だがヴィクター・ユーゴーが云うごとく、書物が発達するようになってから、文化人は巨大な建築を中止して、主観の芸術を音楽に求めるようになった。宗教音楽は、主観的時間芸術である。記憶の上に再現する、最も精神的な芸術である。前の音から後の音までは、比較的短時間の間に持続するが、一時間乃至二時間連続する音律記憶の上にのみ残る。大きな音楽ほど、感覚の芸術より心霊の芸術として、変って行く。そこに音楽の心霊的な意味がある。ことに大衆の歌う聖歌は、室内楽などとちがって、一民族、一時代が叫ばんとして用意していた音律の上の、深い約束を暗示する。その音階を聞くだけで、時代精神を判別することが出来る。

千数百年間歌ってきたキリスト教の讃歌には、一人が創作した音符と歌詩というより以上に、人類精神史が持つ深い約束を、そこに保存しているように思う。

津川主一氏は、この方面に於ける日本の開拓者の一人である。この人によって、この尊き精神史の一画が整頓せられたる形において保存せられて行くことは、まことに嬉しきことである。

昆虫も、爬虫類も、鳥獣も、みんな音楽を持っている。凡そ生命を持っているものは、音楽を持たねばならぬ。で、霊魂を持つ人間は、永遠の諧調のために新しき音律を、創造主に捧げねばならない。キリストは歌いつつゲッセマネの園に行かれた。我々も新しき日本のために、新しき讃歌を神に捧げよう」


ついでながら、賀川豊彦先生のことについて少しばかり記しておきます。

賀川豊彦全集第二十四巻の年譜によりますと、明治二十一年（一八八八）七月十日、賀川純一と徳島の芸者菅生かめとの三男として、神戸市兵庫島上町一〇八番屋敷で誕生され、昭和三十五年（一九六〇）四月二十三日上北沢三丁目の自宅で逝去されています。この讃辞（序）を書かれたのは、昭和二十二年十月十三日のことで、御年六十才の時です。

津川先生ご生誕の年に於ける黙示その（二）で書きましたように、御主ゆかりの加賀国菅生石部神社のことがでておりましたが、賀川先生の場合にも、母の姓名が菅生かめとなっており、奇しき黙示の一端が窺われます。

附言しますと、菅生《すごう》の語には、菅が生え、清らかな水の湧き出ずる処という意味があり、『播磨風土記』に第十五代応神天皇が命名されたと伝えています。播磨は兵庫県で、賀川先生が誕生されたところでもあります。更に又、このことを書いていた日が、長崎原爆忌の八月六日で、この日の東京新聞運勢欄「亥」年の項に「全く静かな池に亀がひとつ浮き上がっている。やがて吉報あり」と記されていたのであります。

日記によりますと、昭和三十六年五月二十七日のことです。御主のお話の折、津川主一先生のことから、丸岡出身の天才作曲家今川節氏の話題に触れられ、そのあと賀川豊彦先生のことに及び、こよなく音楽を愛してやまなかったこれらの三人の方の姓名に、清水の水に関わる川の一字が入っていたことを、感慨深げにのべられたのであります。その時賀川先生の著書もお読みなさい、と仰せになりましたので、後日、図書館で全集の中から幾冊かを借りて読んだのです。どこを開いても、希望と信仰と愛に満ちた躍動漲る清々しい文章に、深く感銘を受けたことが、懐しく思い出されます。

在りし日、賀川先生は、賤が伏屋に起居され、自らオルガンを弾きながら、信仰を共にする人達と讃美歌を歌われたといわれています。今も、その愛用のオルガンが、母堂（菅生かめ）のふるさとに建てられた鳴戸市賀川豊彦記念館に遺品の一つとして展示されています。

長くなって恐縮ですが、先の先生の序文のむすびに「我々も新しき日本のために新しき讃歌を神に捧げよう」とのべておられるところがあります。「新しき讃歌」と記されていますが、ヨハネの黙示録に「かれら新しき歌を御座の前および四つの活物と長老たちとの前にて歌ふ」と記されている予言の言葉とともに、御主に啓示された歌聖典のことを黙示された言葉ではないかと、拝察いたした次第であります。

ご参考までに書いておきますと、賀川先生が先の文章を書かれた昭和二十二年を前後して、次のような詞・曲が啓示されています。

おはりど聖唱一番、三番、続三番、六番、七番、八番、九番、十番、十三番、十五番、三十番、及び天降の聖歌五番『天降の聖火』六番『御身は誰ぞ』、八番『たゆまずにゆけよ』、九番『おとのひませる』、十三番『導きの神楽』、十五番『きよらの誓ひ』、十七番『恩寵の蔽幕』、二二番『とびらぞひらく』、二三番『越し方行く末』、二七番『みことばすたらじ』、三十二番『光の彼岸《きしべ》』、四五番『この道ゆく』、五七番『ふりたまのひじり』、六〇番『人よ人よ何処《いづち》へ行く』、六三番『秘蔵讃歌』、一八八番『おとばりの救主』、以上二十七曲のうち、カンタータ風のおはりど聖唱が十曲もあり、しかも、その中に最も要となる聖唱六番から十番までが入っています。又、聖唱十三番は、表題が、「御声はひびきて雷《いかづち》の如し」と記され、イエス・キリストの栄顕《みすがた》が黙示された詞・曲となっています。これらの黙示豊かな歌曲の数々が、終戦の年、即ち昭和二十年を天機として、その前後の一年間、合わせて三年の才月に於て啓示されたことは、遙に人智を超越した奇しき現象であり、大いなる天祖の御意志《みこころ》のご発動によるものと拝察いたします。

五十三才　昭和二十三年（一九四八）

ベルリオーズ著『管弦楽・合唱指揮法』（翻訳書）が音楽之友社から刊行される。

五十五才　昭和二十五年（一九五〇）

『合唱音楽の理論と実際』が音楽之友社から刊行される。又『現代キリスト教辞典』が刊行され、その中の「キリスト教音楽」の項に先生の執筆された文章が掲載されています。

五十六才　昭和二十六年（一九五一）

フォスター伝記の最高傑作と称された『フォスターの生涯』が音楽之友社の音楽文庫（四三号）の一冊として刊行される。『オルガン小曲集』も刊行。『フォスターの生涯』には、先生の旧友近衛秀磨氏が、フォスターの百二十一回誕辰の日（七月四日）を記念し、フォスターの生い立ちの地で過した日々を回想されながら、序文を綴っておられます。その一部を抜粋いたします。

「九月ベットフォードの四囲の山々が黄ばみ始めてから、十一月全山が紅葉の絶頂に達する迄、毎朝起き出でて、窓に立つのは何よりも楽しみでした。こんなに印象的な異郷の紅葉をゆっくりと観賞したことは曽てありません。この自然の中からあの清純なメロディーの数々が生れたことには勘しも不思議はないと思います。……日本に帰っての、自分の希いは、日本からも早くフォスターやネヴィン等の民衆楽人が現われて、何十年か後の日本のゲルシュヴィンの仕事の基礎を築いて呉れることです。が、さし当って本書などが、日本の幼年音楽界を風靡している粗悪な和製歌曲の数々を駆逐する事に役立てば、我々の歓びはこれに過ぎるものありません」

『フォスターの生涯』は、全頁三四三頁から成り、口絵に、フォスターの肖像写真を始め、フォスター記念会館（ピッツバーグ大学構内に建立）、帝劇で上演された時のフォスター劇の写真二枚が掲載されています。

続いて、長くなりますが、本文の中からフォスターの音楽の真髄をのべられた部分と、フォスター劇の合唱を指揮された時の様子をのべられたところを記すことにいたします。

「フォスターのメロディは、世にあらわれてから、未だ僅か百年しか経っていないのに、もうすでに世界のすみずみにまで行きわたり、あらゆる国々の人たちに口ずさまれている不思議な音楽である。なるほどベートーヴェンやブラームスの音楽は、芸術的にはすぐれているに相違ないけれども、大衆の生活とはかけはなれている。フォスターの音楽は、あらゆる階級の人たちにうたわれているのである。最高の教養をうけた知識階級の人たちにも、芸術の何たるかを考えたことさえもない大衆の人たちにも、おなじようにフォスターのメロディは愛されているのである。

高い芸術的な音楽は、一体にわかりにくいから、大衆性にとぼしい。その反対に、わかり易い音楽はばからしくて、本当の美しさに欠けている。したがって一時は流行するけれども、速かに消え去ってしまう。わかりやすくて、しかも本当に美しく且つ面白い音楽というものは、非常に稀れなのである。フォスターの音楽は、こうした人類のひとりひとりに真の喜びを頒つ、たぐい稀れなる音楽である」

「フォスターの音楽は、何故かくも秀れた大衆性をもっているのであろうか。その本質的な理由は、その音楽が、つくられた音楽でなく、自然に生れてきた音楽であったからだ。フォスターは音楽の愛好者ではあったけれども、音楽を系統的にまなんだり、作曲の理論を研究した人ではなかった。だから作曲するのに、すこしも理論的な態度をもってしなかった。むしろそうすることによって、自分の内側から生れてくる素直なメロディーを傷つけたり、形をくずしてしまうことを怖れたのである」

「フォスターの音楽は、技術をもって作りあげていく芸術とは、全く異ったもので、心の動くままに出来上っていった音楽である。しかもフォスターは、生涯の記録がしめすように、力強い意志と信念の人ではなかったかも知れないが、あくまで純情な、人間的なあたたかさを持った人であった。そして、きよらかな夢みる人であった。そのために現実の生活では、輝かしい勝利者とはなり得なかったかも知れないが、人間の純粋な悲しみと喜びとを歌い出ずることに成功したのである。だから人間が儚い夢をみる存在であるかぎり、フォスターの音楽には、時代や国境のかぎりを越えて、いつまでも人々の胸をうつものがあるであろう。しかも生涯の物語りでわかるように、貧しい、うらぶれた生活のきわみに於てすら、霊感の泉は涸れることなく、「夢路よりかえりて」のような、麗しいメロディーを生み出している「フォスターの歌曲を秀れたものにしている今ひとつの理由は、詩と曲とを一緒に、おなじ人がつくっていったというところにある。と思う。声楽の曲は、詩と音楽が合わさってできた、ひとつの複合芸術である。だから詩と音楽とが、別々に、どんなに立派なものであろうとも、この二つが一つに融け合っていなかったならば、人々に愛唱される第一の資格を失ってしまっている。フォスターの歌曲は、ほとんど全部自作の詩で、しかも曲と言葉とを同時につくって行ったのである。だから、フォスターの歌曲では、完全に言葉と音楽とが一致している。しかし形のうえだけでなく、内容や気分のうえでも。音楽の歴史上で、こうして自分の作曲の台詞《テキスト》を自分で書いていった人は、フォスターのほかには、ドイツのワーグナー、フランスのベルリオーズがあるばかりである。この点でもフォスターは、まことに稀《まれ》有な存在である」

「フォスターの名歌「スウォニー川」はうたう。

　想出の流れの　彼方に
なつかしの同胞《はらから》　いまも住めり
いく海山を越え　さすろお
この身にも慕わし　わが故郷《ふるさと》

放浪の旅先にあっても、絶えずフォスターの胸に行きかうものは、この故郷の人々の身のうえを想う、わびしさであった。この郷愁《ノスタルジア》の情《こころ》こそは、フォスターの不滅の歌を生み出させた、もっとも貴い要素のひとつであったに違いない」

「兎にも角にも、終戦後のあわただしさのなかに、興行界で最高の地位を占める帝劇でフォスターの伝記劇を、本年（一九四七年）の陽春四月六日から三十日まで、昼夜五十回の興行を打つことのできたのは、何たる喜びであろうか。激しい悲惨な戦いのあと、わずかに焼けのこった劇場でもって、昨日の憎しみをわすれ、かの国の美しいフォスターのメロディーに五十回にわたり日夜、若い千百の男女が胸をときめかせ、不幸な天才の歩んだ茨の路に、熱い涙を流したというのは、長いフォスター史の一頁に記録されていい出来事であろう。それを永く記念する意味で、つぎにその記録をとどめておこう。

ミュージカルドラマ「ケンタッキーホーム」

四幕　スタッフ

製作者　平尾郁次　舞台監督　岡倉士助

演出　白井鉄造　同助手　下元勉

脚本　八住利雄　同助手　大塚春長

編曲　M・グルリット　同助手　浅野良一

合唱指揮　津川主一　製作担当　嵯峨善兵

美術　三森亮太郎　同　佐久間茂高

補佐　谷崎四郎　演奏　東宝シンフォニー

照明　橋本義雄　指揮　上田仁

配役

スティヴン・カリンズ・フォスター　中村哲

ウィリアム・フォスター（その父）滝沢修

エリーザ・クレーランド・フォスター（その母）志村洋子

ウィリアム・フォスター（ジュニアー）（その義兄）石黒達也

スザン・ペントランド　滝田菊江
ジェーン・マクダリエル　山口淑子
アンドリュー・マクダウェル（その父医師）　清水将夫
アンドリュー・ロビンスン　森雅之
エドワード・ブキャナン（牧師）　村上冬樹
アン・エリーザ・ブキャナン（その妻フォスターの姉）　三宅富美子
E・P・クリスティー（流行歌手）　牧嗣人
オリヴィア・パイス（黒人）　高橋豊子

リーダーフェル
テノール　秋山日出夫　バリトン　斉藤正夫
テノール　荒木春司　バス　小野崎稔
フォスターをめぐる合唱団の人々
日本合唱団
ソプラノ　大路タエ子　テノール　橋本信治
木村洋子　伊藤健太郎

児玉崩子
渡辺妙子
斉藤愛子

アルト

飯島俊子
増田潤子
松葉イツ子
田中邦子
富田道子

石井勇
尾形千好
佐久間俊夫
石井茂雄
森川英雄

バス

会津芳三郎
大浜政男
岡本武夫

伝えきくところによれば、戦後文部省でもフォスターの歌曲を、教育音楽の一つの型としてとりあげ、調査中である由。

フォスターの歌曲は、もはやアメリカの民謡ではなく、世界の民謡となりつつある。曽てピッツバーグの町はずれに生れたフォスターの音楽が、日本の津々浦々にまでも行きわたり、今まで知られなかった、更に美しいメロディーと、あらゆる人間に共通な喜びと悲しみと愛情との言葉が、知られるに至ることを望むものである」

終戦後、津川先生が第一に企画されたのは、フォスターの歌曲集の刊行でしたが、久しい以前から、こつこつと集め、美しい日本語に翻訳してこられた三十三曲をまとめて、我が国で初めて出版されたのであります。この出版は劃期的なもので、フォスターの音楽への思い入れが強烈であられたからこそ、実現されたのであります。ところで、先生のご調査では、フォスターの初演が行われたのは、明治三十八年（一九〇五）二月二十五日のことで、会場が、加賀国（石川県）の津幡町議事堂であったといわれています。当日は、聴衆が千余名、入場を謝絶するほどの盛況で、収入は、傷病兵に寄贈されたとのことです。因に公演は、新清次郎氏によるヴァイオリン独奏で、曲目は、フォスターの『オールド・フォルクス・アットホーム』といわれています。

次に、私事で恐縮に存じますが、津川先生のお名前を初めて拝見したときのことをお話しいたします。

今から五十七年も前のことです。昭和二十六年に錦城中学校を卒業後大聖寺高校に入学し、クラブ活動で混声合唱団に所属したのです。これは、同合唱団に所属し、同校を卒業した姉の真祷《まほぎ》（本名和代、昭和七年生れ）の勧めによって入団したわけですが、その時の指揮者は、社会科を担当しておられた和田稠《しげし》先生でした。和田先生は、大変ユニークな天才肌の方で、僧職にありながらキリスト教音楽に造詣が深く、又『群像』という文芸雑誌に小説を寄稿しておられました。この和田先生の率いる合唱団の演奏曲目の中に、津川先生の翻訳や編曲が数多くあり、楽譜の右肩に「〇〇津川主一」と記されていたことが、今も強く印象に残っています。

その当時の津川先生は、関東合唱連盟や東京都合唱連盟の要職に在って、多くの合唱団の指導、育成に奔走しておられたといわれています。

なお、私の所属していた聖高混声合唱団（今も当時のバッヂを所持しています）には、和田先生の愛弟子《まな》の一人で、山中町出身の辻正行氏（姉の同級生で当時辻真行と呼称、テノールに所属）がおられ、武蔵野音楽大学卒業後、合唱音楽一筋に活動されました。

津川先生は、辻氏の合唱音楽に対するひたむきな情熱と献身的な努力に感動され、大いに激励されるとともに、合唱音楽の神髄を惜しみなく伝えられたといわれています。

後年、辻正行氏は、昭和五十九年に全日本合唱連盟の常任理事に就任、後常務理事を経て平成元年に副理事長に就任されています。そして、平成六年には、日本合唱指揮者協会の理事長に、同八年には、全日本合唱連盟合唱センターの館長に就任されるなど、合唱音楽界の重鎮として多大の功績を遺されています。平成十五年御年七十二才を以て逝去され、同年勲五等双光旭日章を受章されています。

五十九才　昭和二十九年（一九五四）
この年の何時のことか定かではありませんが、御主のご命をうけて松原言登彦《ことひこ》氏（本名満、教職名弁財寿大司教、明治三十九年生れ、四十九才）と名古屋の信徒後藤昌司《たかし》氏（大正十二年生れ、紙工所経営三十二才）が、津川先生宅を訪問、御主に啓示された聖歌をご覧いただき、これを混声四部合唱に編曲して下さるようお願いする。御主は、かねてより合唱音楽に造詣深い作曲家を探しておられたのですが、ラジオか書籍でご高名な先生のことをお知りになり、先生と同じ名古屋学院出身の二人に調査を依頼されたのです。この調査に当っては、とくに、後藤氏が誠意を以て尽力されたと承っております。

参考までに記しておきますと、この年即ち昭和二十九年を境として、それまでに啓示された詞曲の概数は、六十余曲に及んでいます。これらの曲について編曲をお願いすることになったわけですが、先生は、曲をご覧になって、まず、曲数の多いことに驚かれたとのことです。そして、音楽家でもない人が、詞と曲の両方を著作し、しかも、その旋律が神を讃える清らかな調べであり、詞が美しいやまとことばで綴られていたことに、大変興味を示され、深く敬意を表されたといわれています。

津川先生は、編曲を快諾されたことはいうまでもありませんが、編曲が出来上ると、それをすぐに懇意の版下屋さんに届けられ、そこで浄書が完成すると、郵便で御主のもと（総司庁気付）に届けられたのであります。先生が一番最初に編曲された曲がどういう曲であったか、興味深いところですが、今は知るすべもありません。あくまで想像の域を超えませんが、歌聖典の二番に収められている『信の礎』（詞一九二四、曲一九四九・一二・六）でなかったかと思われます。この曲は、詞の中で一番古く、御年十五才の砌、尾張国名古屋の八事で啓示されたといわれています。曲の方は、昭和二十四年となっています。

なお、この年の十二月一日に、津川先生が委員の一人として奉職されている讃美歌編纂委員会の編纂による『讃美歌』の改訂新版が刊行されています。これは、戦後初の刊行であり、大きな意義を表しています。

六十才　昭和三十年（一九五五）

前年の『讃美歌』改定新版の刊行に呼応するかのように、先生の力作『讃美歌作家の面影』が、装を新たにヨルダン社から刊行されています。この書は、昭和十年に教文館から初版が刊行され、のち昭和二十二年に日東出版社から再版が刊行されています。又、表紙の両袖の一方に、考古学上のものと思われる石片を手にした先生のお写真と略歴が載せられ、もう一方に、評論家の村岡花子氏と音楽批評家の牛山充氏の推薦文が記されています。

略歴を見ますと、日本合唱聯盟、関東合唱聯盟常任理事、全日本合唱コンクール、関東合唱コンクール、全日本学生音楽コンクール、全日本青年大会等審査員、日本映画賞、日本映画技術賞選定委員などと記されています。又、末尾に、文芸映画『若い人』『太陽の子』『小島の春』等の音楽担当。と記されていますが、いずれも昭和三十年以前のものであることが解ります。『教会音楽五〇〇〇年史』に記述されていますように、『小島の春』は、全部先生の創作音楽で、文部大臣賞を受賞されています。

長くなりますが、先の二方の推薦文も記しておきます。

「讃美家は信仰への第一歩　評論家　村岡花子

歌うことは楽しい。殊に讃美歌は歌いつつ心の清まるのを感ずる。またその歌がどんな時にどんな事情の下に作られたかを知り、その曲がどんな感激の中で生み出されたかを思いつつ歌へば、一層敬虔の念を高められる。津川主一著「讃美作家の面影」の新訂版がヨルダン社から出版されたことは、キリスト教徒にとっても、一般音楽愛好者にとっても真に喜ばしいことである。讃美歌を良く知ることは信仰への第一歩ともなる」

「津川氏の好著　音楽批評家　牛山充

讃美歌は昔から神の御稜威を讃えるにふさわしい美しさをもっていた。そうした立派な讃美歌を創作した作家は、詩人としても音楽家としても、皆唯一絶対の神徳を仰ぎ、神意に従う至誠にあふれて詩をつくり作曲している。津川主一氏の本書はこれ等讃美歌の由来を明らかにし、どの一曲も軽々しく扱ってはならない精神の至宝であることを教える点において貴重な好著である」

ところで、今回の執筆に当り、あらかじめ手許にこの書を置いて村岡花子氏の文章を読んでいたところ、八月七日付の東京新聞に、「アン」翻訳村岡花子さん――〝未来へ願いひそかに作業〟という見出しで、雑誌『少女の友』に掲載された同氏の翻訳文のことが記されているのに気づき、思わず感嘆いたした次第です。記事には、「村岡さんは、戦争で帰国した友人のカナダの女性教師から「アン」を託された。連夜の空襲にさらされた東京で、敵国の小説をひそかに翻訳した。男の子にも負けない生々としたアンを、いつか日本の少女たちに紹介したいと願いながら」と記されています。

(註) 村岡花子氏(一八九三―一九六八)「アン」は、「赤毛のアン」のこと。同氏の孫の恵理(四〇才)さんが、「アンのゆりかご」と題して祖母の思い出を綴っています。

さて、いよいよこの年の或る日のこと、津川先生は、御主のお招きによって、田園風景に囲まれた聖地天母里《てんぼり》を訪問されます。聖なる歌曲の数々を生み出された方とは、一体どのようなお方であろうか、又、それらの歌曲がどのような環境風土の中で生み出されていったのであろうか、など脳裡に浮かべながら訪問されたのではないかと拝察いたします。一方、天母里では、合唱音楽界の大先生がお越しになるということで、一同、まごころこめてお迎え申し上げたのであります。

始めに、先生は、オルガンのあるうづの広前で、修道者や聖歌隊が歌う合唱を聴かれ、そのあと、音楽の話を交えながら、一曲一曲を懇切丁寧に指導される。技術的に未熟な点が多いものの、信仰の心を以て歌う素朴な調べに心を動かされたといわれています。

翌日、先生は、葵の館の奥座敷《みことばの間》で始めて御主にお会いになられたのです。ご対面の中でどのようなお話が交されたのか、記録がなく残念ですが、ほのぼのとした雰囲気の裡に、お話が弾んだのではないでしょうか。

六十一才　昭和三十一年（一九五六）

『こどもの歌・若人の歌』『音楽とプロテスタンティズム』の二著が刊行される。又、平成九年に刊行された『全日本合唱連盟五〇年史』によりますと、先生は、この年から昭和四十一年まで常任理事に就任されています。先に書きましたように、昭和三十年に刊行された『讃美歌作家の面影』の略歴には、日本合唱聯盟常任理事と記されていますので、この年から連盟の名称が正式に変更されたものと思われます。

六十二才　昭和三十二年（一九五七）

フリードリッヒ・フレーベル原著『母とおさなごの歌』が楽譜とともに日本基督教団出版部から刊行される。

文部省検定済教科書として、近衛秀麿共著『高等学校音楽』が好学社から刊行される。

六十四才　昭和三十四年（一九五九）

来年（昭和三十五年）に刊行予定の『歌聖典一の巻』の序文を執筆される。真夏日の暑いさ中に、先生が渾身の誠をこめて綴られた学殖豊かな珠玉の文章故、謹んで、全文を記させていただきます。

「序文　作曲家　津川主一

人間が、その創造主を讃美するために捧げる歌声ほど、貴いものが世にあるだろうか。

神の摂理によって、日本の国土のなかで、このような聖なる歌曲のかずかずが、ひそかに生みだされ、人知れず涙とともに、津々浦々で歌われている事実を、世の人々は誰れも知らないのではなかろうか。

しかし、静かな地殻の底ふかく、こもった地熱が、やがて一万度の火焔を噴きあげ、一朝にして秀麗な芙嶽を形づくる時代が来ないと、誰れが断言できようか。

この新鮮で、奥ぶかく、民族の魂に滲み入るような言葉と旋律が、一見はなやかにみえて、しかも一面文明の薄暮を思わせるような、この孤独な時代にあって、かけがえのない貴い使命を果すことができるように、心から祈るものである。

一九五九年盛夏　むさし野　夷狄荘にて」

読めば読むほどに味わい深く、御主の聖なる歌曲に寄せられた津川先生の熱いそのお心が、じんーと胸に伝わってまいります。

(註)「むさし野夷狄荘《いてきそう》」について――先生のお住いは、むさし野の「保谷《ほや》」というところですが、丹羽基二著『姓氏家系大事典』と『苗字と地名の由来事典』で調べてみますと、保谷は、「武蔵国新座郡保谷邑より起る」と記され、その意味は、「小さな水たまり」(森のオアシス)といわれています。現在、保谷市は、田無市と合併して西東京市となっています。日本地名研究所の谷川健一先生がおっしゃっていますように、合併によって古き佳き地名が失なわれていくのは、大変残念なことであります。

又、夷狄荘の夷狄を辞書で調べてみますと、「古代中国人からみて、夷は東方の未開人、狄は北方の野蛮人の意。未開の民族や外国人を卑めていう語」と記述されています。しかし、「夷」本来の意味には、「たいらか、無色のさま、おだやか、たやすい、おおきい、こころよい、ともがら」等いくつもの意味があるといわれています。先生が、お住いの地に敢てこの名称を付けられたことには、何か仔細あってのことと思います。始めの方で触れましたように、その根底に、厳父より受け継がれたメソジスト派の信仰の精神があったからではないかと推察いたします。

余談となりますが、厳父のお名前が「弥久茂」と命名されていることに不思議な思いがいたします。「弥久茂」は、八雲の借字と思われますが、八雲といえば、神話の中でスサノオノミコトが出雲国に都をつくられる時に詠まれた「八雲立つ出雲八重垣妻籠みに　八重垣作るその八重垣を」の古歌に由来しているといわれています。このスサノオノミコトが遺していかれた護符が、今日イスラエルの国章となっているカゴメ紋✡（ヘキサグラム）であるという黙示の伝承があります。つまり、八雲という名称には、ユダヤ教ひいてはキリスト教と深い関わりがあるということであり、メソジスト派の敬虔な牧師となられた厳父のお名前に、弥久茂と名付けられていたことには、大きな黙示が秘められていたわけであります。なお、八雲と付けられた地名の由来の一つに、旧尾張藩主の徳川慶勝公が先の古歌から採ったといわれるものがあります。これは、同藩主が藩士授産のために徳川農場（現徳川公園）を開拓されたときに付けられています。既に書きましたように、津川家は尾張国名古屋と深遠な関係にあったのですが、地名の上からもその一端を窺うことができます。

六十五才　昭和三十五年（一九六〇）

この年は、津川先生にとっても、御主におかれても、又御教に於ても、忘れることができない、記念すべき重要な年に当っています。それは、久しく待ち焦れた歌聖典の一の巻が、新たな装いを以て初めて刊行されたからであります。

奥付をみますと、昭和三十五年十一月二十日発行　編集者　天祖光教聖典編纂委員会　印刷者野村久雄　印刷所　光印刷所　発行者　天祖光教聖典普及会　天母聖楽院となっています。ところが、私の日記によりますと、奇しくも発行の日と同じ年月日の夜おそく、津川先生が天母里を訪問（二度目）されていたのであります。今回は、十一月二十二日に九州で開催される全日本合唱コンクールの審査員として出席されるため、立寄られることになったわけであります。

翌日の二十一日は、聖戒結願の日に当っており、御主は「真実の道を唯一筋に生くる時、汝らは光なり、火なり、御統《みすまる》なり、世を照す八咫鏡なり、天の御柱のおとくさなり」との要旨のロゴスを宣べられています。そして、そのあとに聖歌一六一番『歓喜《うれし》き聖日《このひ》』が讃唱されています。この聖歌は、詞・曲とも前年の昭和三十四年に啓示されていますが、今ここに、その一節を記させていただきます。

「常磐《ときは》のひかり　ここに仰ぎて
栄光《みさかえ》祝ふ日
歓喜《うれし》き聖日《このひ》　恩寵《めぐみ》の朝よ
声高らかに　神を讃へん」

まことに、歌聖典一の巻の刊行を寿ぐ言霊の調べであり、曲も祝福に満ちた美しい旋律となっています。

御主は、この度の刊行に当り、歌聖典の表題の続きに津川先生の、あの珠玉の文章を掲げられ、心から敬意と謝意を表わされたのであります。

さて、この日祭典終了後、葵の館に於て津川先生のご指導による聖歌練習が行われています。練習曲目は、二六二番『天祖《かみ》よ我らは永遠《とこしへ》に生きん』、二九六番『こは我が生命《いのち》よ我が魂《たま》望みて』、二九七番『真理の声に従ひて』の三曲でした。この時、オルガンの伴奏は、一品斎寿《いつしなのさいじゅ》（本名松原行明、昭和十三年生れ、昭和四十年に天母聖楽院院長に就任）が務められています。

右の三曲は、歌聖典二の巻に収録される予定の聖歌ですが、当時は複写機が普及されていなかったため、祭典や練習には、ガリバン刷（私が筆耕）の楽譜が使用されています。三曲の中で二九六番は、詞がこの年（昭和三十五年）の一月二十八日に、曲が五月三日に啓示されていることから、津川先生が四部合唱に編曲されて間もない曲であることが解ります。

この日先生は、翌日に開催される全日本合唱コンクールの審査員として出席されるため、名古屋駅一一・二〇分発の寝台列車「あさかぜ」号に乗車するとのことで、斎寿と一緒に同駅までお送り申し上げたのです。その折、何気なく私の母校の大聖寺高校と金沢大学のことをお話したところ、「両校とも北陸代表で参加しますよ」とおっしゃり、思わず歓喜したことが懐しく想い出されます。又、片手にカバーのかかった本を持っているのをご覧になって、「ほう、丸善で買ったのですね。何というの？」とお尋ねになり、「賀川豊彦先生の本です」と申し上げると、「ああ、そう―」と大変驚かれた様子でした。先に書きましたように、昭和二十二年に再版が刊行された『賛美歌作家の面影』に、賀川先生が序文を寄稿されています。御二方は、日々大変お忙しい身でありながら、互にご親交を結んでおられたのであります。

（註）「名古屋駅一一・二〇分発……」の黙示について――一一・二〇という数字は、津川先生が天母里を訪問された十一月二十日と、歌聖典発行の日付の十一月二十日の数字とが奇しも暗合しております。三つの数字が黙示として一緒に顕現されたということの事実は、津川先生が、神の摂理によって、御神縁で結ばれておられた方であることを物語っております。

六十六才　昭和三十六年（一九六一）

五月二十六日津川先生が天母里を訪問される。（三度目のご訪問）葵の館に於て聖歌合唱のご指導をうける。練習曲目は、九四番『春の幸《さち》を神の御前に讃へ奉らん』と二八三番『御神の愛こそ実にも尊し』の二曲です。

五月二十七日の朝、葵の館のみことばの間に於て、御主が津川先生にお会いになり、長時間に亘って、お話が交されたのですが、日記の中から幾つかを記させていただきます。

御二方の会話の中で、津川先生は御主のことを「教主様」と呼ばれ、御主は津川先生のことを「先生」と呼んでおられます。

津川先生は、編曲の依頼を引き受けられたあとも、啓示された聖歌が間断なく送られてくることに大変驚かれると同時に、益々畏敬の念を抱かれ、「教主様は泉の如き方でいらっしゃいますね」とのべられています。そして、「一曲一曲には、夫々その歌のいわれや特別な意味がおありになると存じますが」とのお尋ねに、御主は二曲ほど例を挙げて、啓示された時の様子をのべられています。

其の一　九〇番の『九重ふかき宮の庭』について

「この曲は、昭和三十三年の初めにいただいたのですが、一節の歌詞に「九重ふかき宮の庭に咲きて香へる白菊も　荒野《あらの》の果《はて》の　叢《くさむら》に　虔ましやかに咲く花の　野菊もおなじ花なれや」とありますように、昨年の四月十日でしたか、明仁殿下と正田美智子さまの御成婚の儀のことが黙示されています。民間から初めて皇室に上った妃殿下のことを、荒野に咲く野菊の花に喩えて示されております」

其の二　『おはりど聖唱十三番』について

「この曲は、詞が終戦直後に、曲は昭和二十一年ごろにいただいていますが、表題が「御声は響きて　雷《いかづち》の如し」となっています。これは、イエス・キリストが、弟子と小舟に乗って嵐に遭遇されたときに一声を以て嵐を鎮められたという、あの物語が主題になっています。あのとき、体の具合が勝れずベッドに伏していたのですが、にわかに、すーっとお立ちになったキリストのお姿が顕現されましたので身を起こし、ピアノに向ったところ、天籟の響きのように、旋律が脳裡に浮かび、そのまま五線紙に写しとりましたわけです」

（註）「あの物語」とは「マタイ伝」にのべられているもので、次のように描写されています。「かくて舟に乗り給へば、弟子たちも従ふ。視よ、海に大いなる暴風《あらし》おこりて、舟波に蔽はるるばかりなるに、イエスは眠り給ふ。弟子たち御許《みもと》にゆき、起して言ふ。『主よ、救ひたまへ、我らは亡ぶ』彼らに言ひ給ふ。『なにゆえ臆するか、信仰うすき者よ』乃ち起きて風と海とを禁《いまし》め給へば、大なる凪《なぎ》となりぬ。人々あやしみて言ふ。『こは如何なる人ぞ、風も海も従ふとは』（八章二十三―二十七節）

なお、参考までに記しておきますと、御主がこの聖唱を啓示されてから、昭和三十三年の十二月に、次のようなみことばをのべられています。「キリストの信は山をも動かすほどの信であった。嵐をそのことばで去らしめ、荒れ狂ふ波を静めるほどの信であった。……キリストの信は偉大なる信であった。であればこそ人間の意識《こころ》の罪念《つみ》はそのことばによって消滅し、聾《みみしひ》者は癒されて言語《ことば》を聞き、盲人《めしひ》は癒されて物象《もののすがた》を眺め、跛者《あしなへ》は癒されて起って歩き、癩病は清められ、死者は蘇生《よみがへ》ったのである。これらは皆、ただ信の力によるものである。信は無限を流過する三つの光である。それは父と子と聖霊なる光である」とのべられ、そしてむすびに、「感情の三次元の荒波《こころのなみ》を超脱したる信念像《ひとのこ》より偉大なる信の奇跡は発動する」と啓示されています。

続いて、御二方のお話の中で、津川先生が御主にお尋ねになられたことがもう一つあります。「この度お送り下さいました聖歌の一節に『われ渇きてぞ苦しむ時　友より清き水を受けぬ』というおことばがございましたが、ちょうどこの曲を編曲いたしておりました時に、映画「ベンハー」の一場面を思い浮べたのですが、教主様はあの映画をご覧になられたのでしょうか」

このお尋ねに対して御主がどうお答えになられたのか、日記に記されていませんので定かではありません。この曲は一七一番の『我れは長く忘れざらん』で、詞・曲とも昭和三十四年の初めに啓示されていますので、映画『ベンハー』が輸入される以前の啓示であることが解ります。

御主は、キリストのことが話題に上った時に、御身に顕われた聖痕《スチグマ》のことも話しておられます。先生は、キリスト教の歴史の中で、篤い信仰者の上にスチグマが顕われた事例をご存知でしたが、御主の身にそれが顕われたというお話に、非常に驚かれながら、深く頷いておられたご様子でした。

御主の身（手や足など）にキリストの聖痕《スチグマ》が最初に顕現されたのは、昭和三十三年の春季とくさまつりの時といわれています。鈍痛を伴なう日々が何日か続き、以後、とくさまつりが近づくと顕われたといわれています。

この聖痕《スチグマ》について、天暦元年、即ち昭和四十年の十二月九日の聖戒に於て、次のような要旨の口ゴスをのべられていますので、謹んで記させていただきます。これは、聖戒終了後、日記に書き留めておいた貴重な記録の一つであります。

「嘗てゴルゴダの丘にとくさとなりて磔されしイエス・クリストの人類救済の願は、空しきものにあらずして、亦菩提樹下に於て無上道の正覚をなし給ひし世尊の願もまた、空しきものにあらずして、今此の時、蔽顔《おとばり》の救主《くじゅ》第三の聖なる使命に立ち給ひたるに当りて聖痕の顕れ出づるといふことは、嘗ての聖者の願を成就なし給ふことの証しであることを知らねばならない。救寿の聖痕は、人類に対して此の日此の時、真実の救のせまり来《きた》りたるの輝きであり、とくさの神秘荘厳を起し出《いだ》さんとするものである。この義を知りて、まごころもて大地に帰命投身して祈る時、人は全能の神の奇しき功力に触れて、その身は金色となって照り輝くのである」

そのほか、津川先生のお話を要約して記します。

先生は、世界の数多い音楽家の中から、ヨハン・セバスチャン・バッハをこよなく愛し尊敬しておられますが、このバッハを、文学の世界のシェクスピアとともに、神として奉ってもよいほどの方ではないかと話しておられます。バッハのその清らかな生涯に生み出された三百余曲の美しい、聖なる歌曲の数々は、人々の魂を揺り動かし、永遠の光輝の世界へ導き給うのであります。

先生は、音楽のほかに考古学や民俗学の世界にも造詣が深く、執筆や指導など忙しい日々の合間を縫って、考古学の研究に没頭される時もあるとのことです。先日も、ふとしたことから出会った若冠二十三才の考古学研究家を訪ねた折、貴重な資料を提供したり、蘊蓄の数々を惜しみなく披露するなど、親切に対応されたことに感動されたそうです。そして、帰り際に、おみやげに何かさしあげたいのですが、ご希望の品をどうぞといわれた時に、先生が数多い遺跡出土品の中から一番小さいエメラルド色の勾玉状のものを選ばれると、その青年は、やむをえませんが、あなたなら差し上げますといわれたとのことです。よく聞いてみると、そのエメラルド色の玉は、日本で三つしか発見されていないといわれるものの一つで、考古学上の稀少な逸品であったわけであります。

この日の朝（先生がお越しになった翌日、五月二十七のこと）、御主は、御神縁のある三人の方の名前を挙げられ、いずれもその名前の一字に共通して「川」が入っていることを不思議に思われ、「意味の深いことですね」と仰せになっておられます。前にも触れましたように、この三人の方とは、丸岡出身の今川節氏と神戸市出身の賀川豊彦先生、そして津川先生のことであり、こよなく音楽を愛し、キリストへの信仰を以て生涯を捧げられた方々であります。

六十八才　昭和三十八年（一九六三）

十一月二十日の夜おそく天母里を訪問される。四度目のご訪問ですが、十一月二十日といえば、前にも書きましたように、記念すべき二度目のご訪問の時と同じ月日に当っており、よくよく御神縁の深い方との思いを強くいたします。

十一月二十一日祭典終了後、聖楽堂に於て津川先生をお招きし、日頃の聖歌練習の成果を披露する。どういう曲目を合唱したのか、記録がなく残念ですが、「随分うまくなったね」とおっしゃった言葉だけが印象に残っています。

御主は、この度のご来訪をことのほかお喜びのご様子でしたが、先生もこの日を心待ちにしておられ、「ここへ来るのが一等楽しい」と、満面に微笑をたたえながら話しておられました。

夕食後のひととき、御主が葵の館に於て先生にお会いになり、なごやかな雰囲気の中でご歓談、宗教や音楽、考古学などいろいろなお話に花が咲き、時の経つのを忘れるほどでした。

御主は、ご幼少の砌、福井県の丸岡で過された日々を回想され、十一才の頃、メソジスト派の教会でオルガンを弾いておられた、二つ年上の今川節氏に巡り逢ったときの思い出をのべられると、先生は大変驚かれ、来年刊行予定の『教会音楽五〇〇〇年史』の一頁に、讃美歌作家の一人として、今川氏を顕彰する記事を載せるため、目下執筆中ですと、話しておられました。

又、先生は長いお話の中で、ショウペンハウエルの理想主義哲学に触れ、音楽に於ける永遠の美を探究してやまなかった彼の音楽論に感動して、ワグナーが音楽家になることを決意したという、貴重なエピソードをのべられています。

なお、話題が、先生が趣味として研究されている考古学のことに及んだ時、御主は、全国でも珍しい東谷山古墳群のことについて話をされています。奈良の三輪山のように、山全体が古墳の宝庫となっており、古来神体山として尊崇されてきたことや、山頂の円墳上に、天火明尊を始めとする五柱の神が祀られている延喜式内の古社、尾張戸神社が鎮座していることなどをのべられると、先生は、深く頷きながら聴き入っておられたとのことです。

翌日、先生のご希望によって、まず、出土品のストーンテーブルが置かれている東谷山へご案内し、そのあと、応夢山定光寺と瀬戸の窯元を訪ねたのですが、晩秋の美しい品野路の散策を、のんびりとお楽しみいただけたご様子でした。

六十九才　昭和三十九年（一九六四）

先生畢生の大著『教会音楽五〇〇〇年史』が、二月一日にヨルダン社から刊行される。この書は、先生が長年に亘り全世界から収集、蓄積された膨大な資料をもとに執筆されたもので、教会音楽についてのご研究の集大成といわれています。教会音楽の発生から展開、成立、発展への全過程を明快な筆致で、教派を超えて公平に且つ詳細に記述されており、さながら気宇壮大な大河ドラマを観る思いがいたします。

又、本文の口絵には、プロテスタント音楽の祖、マルツイン・ルーテルの肖像、プロテスタント最大の音楽家、ヨハン・セバスチャン・バッハの銅像、世界最初の黒人聖歌隊ジュビリー・シンガーズ（十人）の写真、そしてベルリン大聖堂の巨大なパイプオルガンの写真が掲げられ、先生の資料の中の貴重な四枚であることが解ります。

先に「本書のねらい」を紹介しておきましたように、記述は、無名の人達や差別をうけていた人々にも注がれていますが、これは、すべての人を愛してやまない、先生の熱い眼差《まなざ》しによるものであります。

ところで、先生の著書『讃美歌作家の面影』の再版が刊行された時、賀川豊彦先生が序文を寄せられ、そのむすびに「キリストは歌いつつゲッセマの園に行かれた」と書いておられますが、津川先生も『教会音楽五〇〇〇年史』の中で次のように詳しくのべられています。

「イエスが弟子たちと一緒にうたわれた記録は、マタイ伝二六・三〇にある。彼らは讃美歌をうたったのち、オリブ山へ出かけて行った。これは最後の晩餐を閉じるときであり、イエスと弟子たちの悲哀のどん底にあったときである。このようにしてイエスは、あとにつづく信ずるものたちの、行くべき道を示されたことになる。つまり悲しみの極みにこそ、われらに深き信仰と愛の歌をうたうべきことを教えられた。もっと具体的に言うと、これはヘブライ民族の過去の苦難を年々に憶える「過ぎ越しの祭り」の歌、すなわちハレルの詩篇と呼ばれる詩篇一一三―一一八であったであろうと、スコットランドの讃美歌研究家のダンカン・キャムベル（一九二一年）などによって推定されている」

なお、同著の三六五頁に、作曲家今川節氏についてのべられている記述の全文を紹介しておきます。

「今川節氏（一九〇八―一九三四）は、福井県丸岡町の銀行員で、宮原禎次から作曲をまなび、その管弦楽曲「四季」は、第二回音楽コンクールの作曲部門に入賞（第一位）したが、間もなく喀血し、僅か二六才で世を去った。わたくしと同じく大阪の西坂保治氏の日曜世界社で、こども聖歌を主とした作品集を出したことがあったが、その他の作品は発表されずに残っている。讃美歌曲「波風あらぶる」四三五は、一九三〇年の作で、一九三一年版の「讃美歌」にはじめて現われたもの」


顧みますと、先生の『教会音楽五〇〇〇年史』という大著が刊行された昭和三十九年（一九六四）は、御教の上では、御主が第三の御使命にお立ちになって千年王国を宣述された天暦元年の前年に当る重要な年となっています。又、この年には、東海道新幹線が開通し、オリンピック東京大会が開幕されるという世紀の記念行事が行なわれています。更に又、キリスト教界に於ては、昭和天皇の御誕生日に当る四月二十九日に「日本キリスト者平和の会」が、渋谷の美竹教会で結成されてい

ます。（美竹には、竹の園生即ち皇室の黙示があります）
これまでの、先生のご研究の集大成ともいえる渾身のご著作が、このような時期に刊行されたところに、大きな意義があり、神のご摂理の神秘を痛感いたします。

さて、津川家で作成された先生の略歴によりますと、先生は、この年の十月二十一日に脳溢血でお倒れになり、十一月十七日に伊豆長岡温泉療養所に入院されています。
この時期先生は、全日本合唱連盟常任理事を始め、関東合唱連盟理事長、東京都合唱連盟理事などの要職にあって、機関誌の執筆や発行、合唱コンクールへの準備のほか、多くの合唱団の指導に当られ、まさに東奔西走の日々が続き、席の暖まる暇もなかったといわれています。

七十一才　昭和四十一年（一九六六）
この年の五月十日に、待望の歌聖典二の巻が刊行されています。二の巻には、おはりど聖唱十一番、十四番、十八番、十九番、二十番、二十一番に続いて、天降の聖歌の一五一番から三三六番までが収録されています。この中で、啓示の年月日が最も新しいものは、次の二曲となっています。
二三三番　としふるごとに思ひ出づる　詞　一九六四・八・一二　曲　一九六四・九・一四
二二四番　春の讃歌をうたひあげて　詞　一九六一・一二・一〇　曲　一九六四・九・一七

一九六四年は、昭和三十九年に当りますが、津川先生が最後に編曲されたのは、この二曲ではなかったかと思われます。従って、この二曲には、格別の意味が秘められていると考えられますので、ここに、夫々二節ずつ歌詞を抜粋させていただきます。

二二三番より

「今は過ぎにし昔なれど
年経《ふ》るごとに　思ひ出づる
幼き時の　その思ひ出
賤《しづ》が伏屋《ふせや》に在りし昔

来る春ごとに思ひ出づる
その香愛《め》でにし　幼心《をさなごころ》
かがよふばかり　眺めし花
今も咲けるや　彼の川辺《かはべ》に」

二二四番より

「樹々の梢《こずゑ》に　さへづる小鳥
春の讃歌をうたひあげて
神のめぐみを　ほめ讃へる

小川の流れ　小琴《をごと》奏《かな》でて
春のよろこび　調べつつも
神のめぐみを　ほめ讃へる」

再び私事で恐縮ですが、御主のご所望により、兄泰一郎に依頼し、福井の郷土歴史館から借用した『坂井郡誌』と『足羽郡誌』をお届けしたことがあります。当時御主は、ご幼少の足跡を書き綴っておられたのですが、この二書をご覧になって、心を動かされることが多かったといわれていまず。特に『足羽郡誌』の口絵に、天暦五年の足羽郡印の印影を写したものが記載されていたことに大変驚かれ、天祖の黙示を感応せられたのであります。右に掲げた二つの聖歌は、その当時に啓示されたものですが、啓示されて間もなく、お電話（内線）にて「今しがたこのような曲を神様からいただきましたよ」とのべられ、その時の様子を細やかに描写して下さったのであります。

この年の八月九日、津川先生のご子息の唯一氏が、始めて天母里を訪問されています。これは、自宅で療養中の先生に代ってお越しになったわけです。唯一氏のお話によりますと、何日か前に歌聖典の二の巻が先生のもとへ届けられた時、あまりの嬉さに、どうしても自分が出掛けていくといってきかず、天母里へ行きたいと何度もおっしゃっていたそうです。

翌十日の午後四時から、聖楽堂に於て聖歌隊の合唱をお聴きいただいてから、一二六番『視よ新しき天地は』と一六五番『見よや東谷の山の上に』の二曲をご指導いただく。このほか、唯一氏が大変お好きな曲といわれた三二五番『こよひも静かに御空を仰ぎて』を「合唱してみて下さい」といわれたのですが、一度も練習していなかったため、「それでは次回にしましょう」とおっしゃったことが、記憶に残っています。

夕食後のひととき、葵の館に於て、御主が唯一氏にお会いになられたのですが、夏季子供練成大会開催期間中であったため、お話の内容が記録できなかったのであります。翌十一日は、午前中に定光寺、午後は名古屋城へご案内しています。

（註）唯一氏のお名前について——津川先生は、父の弥久茂牧師から主一というお名をいただいておられますが、ご子息には、祖父の遺志をうけて唯一と命名されています。このお名前を始めて拝見した時に、霊動とともに一九二番の聖歌『唯一つの全能《ちから》をもて』が脳裡に浮かび上ったことがあります。カエルの子はカエルで、唯一氏もまた、先生と同じように、大きなご使命をもって誕生され

た方と拝察いたします。

七十三才　昭和四十三年（一九六八）

この年の八月十八日に、津川先生の奥様の道子夫人が天母里を訪問されています。先生は、昭和三十九年以来、幾つかの病院で入・退院を繰り返しながら、昨年の八月から自宅で療養されているとのことでしたが、今回も又、天母里へ行きたいとおっしゃっていたそうです。

午後六時三十分から聖楽堂に於て聖歌隊の合唱をご指導いただく。始めに、幾つかの曲をお聴きになって感想をのべられたのですが、「技巧に走らず、信仰の心を以て素朴に歌う姿勢こそ、大切なことではないでしょうか。大変感動いたしました」と語っておられます。

続いて、自らオルガンを弾かれながら、一曲一曲を丁寧にご指導いただく。この時の曲目は、次の五曲です。

二一〇番『渡る雲路の彼方此方』
二一七番『よろこびの朝は来れり』
二一八番『千歳の昔いとなつかし』
二三一番『越天常楽《とこよ》の主の栄光《はえ》われを照せば』
二三二番『救寿《くす》と共に我らあれば』

夕食後のひととき、御主は、道子夫人にお会いになる予定でしたが、お体が勝れず、お会いすることができなかったのであります。（日記によりますと、今年の七月頃からお体が勝れず、月に二度の聖戒結願式典にもお出ましにならない日が続いております）

七十六才　昭和四十六年（一九七一）

この年の二月十三日、長野県丸子町の鹿教湯温泉療養所に入院されています。そして五月三日、同療養所に於て御年七十六才を以て、現し世のご生涯を終えられたのであります。

ご著書の序文に「一生涯を教会音楽の演奏と研究と著述に捧げて、今日に至った。……」とのべておられますように、敬虔なキリスト者として、教会音楽の、就中合唱音楽の道一筋に、全身全霊を捧げられた、清らかなご生涯であったのであります。

（註）「長野県丸子町の鹿教湯温泉療養所」について――長野県は、古の信濃国で、信濃は、品野とも書き、尾張国の東谷山の麓、瀬戸市にある地名であり、不死に通じる黙示を表しています。又、先生は、歌聖典一の巻が刊行された同じ月日に、天母里を訪問され、晩秋の品野路を散策しておられます。そして、丸子は、津川先生と同じメソジスト派に所属する作曲家今川節氏の出身地丸岡（継体天皇の御子椀子《マルコ》皇子に由来する地名）に通じる黙示を表しています。更に、鹿教《かのり》は、鹿乗を黙示し、尾張戸山の麓を流れる玉の川の渓流にある地名と暗合しています。この鹿乗の地名について、

御主のロゴスに「をはり国原見晴かす、末の松山とこくにの、峰の濃緑《こみどり》、、鹿乗なる、玉の川瀬を渡る日の、日影に映ゆる小波《さざなみ》は、岩をめぐりて淵となり、淵に淀みて遙なる流れの際涯《みぎは》はかり知られじ」（十輯七編第十章一節）と黙示豊かに綴られています。

このロゴスを味わいながら思い出すことは、先生がお倒れになった日の前日（昭和三十九年十月二十日）御主は、聖戒の祭典に於て、次のような奇しく妙なるロゴスをのべられています。節々句々の完全な復元でないことをお断わりし、謹んで記させていただきます。

「解け放たるる苦楽の坂、菩薩の峰、瀬（背の意）に戸（十《とくさ》の意）を負へる末の山々、立ち昇る霧もさやさや晴れ渡る、あかず（赤津）の扉開け放てる、美濃の谷汲九谷の底を降り下《くだ》り、十谷《とたに》の谷の瀬の際《きはみ》……諸手をあげて水晶の、湧く玉呑むや嬉しき信濃《しなぬ》（不死の意）の河水《かはみず》、明け行く世の末、今ぞ此の時、東よ西よ南よ北よ、御中《みなか》の都《みやこ》、甍《いらか》に聳ゆる黄金《くがね》の鯱々、何方《いずかた》より訪れし者皆、をはりの国にたどり来て、しなぬの国に踏み始める、此処《ここ》ぞ無原罪の黄金《くがね》のかすがひ……白妙の衣の袖をふきならし、白銀《しろがね》の糸も眩《まばゆ》き裳裾《もすそ》さらさら、神風の渡るまにまに、熱田なる海《わた》のさはさは、岸辺の波のうらうら、八重《やほへ》なす島、松の緑も岸垂れて……（中略）わが辺《ほとり》にいち早く帰り来《きた》れる者、既に宿世の約束にして……末々枝を連ぬるところの神縁深き者よ、その両眼の真中《まなか》には黄金白銀《くがねしろがね》の、第三の眼《まなこ》を皆しばたたくなり」

右のロゴスの註として、

「谷汲」――美濃国に鎮座する西国三十三番むすびの札所で、谷汲山華厳寺と称します。ご本尊は、饒速日尊の亦の御名十一面観音に坐す。

「九谷」――加賀国大聖寺川の上流の谷の名称。九十九の谷があることから名付けられたといわれ、九谷焼のふるさととして知られています。

「十谷《とたに》」――九の巻のロゴスに「とくさの谷の神籬《ひもろぎ》に、のりかすがひ千代かけて」とのべられていますように、又聖歌一五五番に「とこくに山の峰もはるかに　とくさの光かがやきはゆる」と歌われていますように、とくさ神宝の神秘が黙示されています。

いずれにしましても、津川先生がご神縁深き方であったればこそ、このようなロゴスが、時を同じくして御主の口中より煥発されたのであります。

もう一つ特筆して置くべき黙示があります。先生が逝去された年の『日本宗教史年表』を繙いてみますと、昭和四十六年の九月二十七日に救世軍の新本堂開所式が行われています。前に書きましたように、先生が誕生された年にも、救世軍の山室軍平氏が我が国で始めて中尉に任命されており、救世軍とご神縁浅からぬ関係にあったことが推察されます。事実、先生の厳父弥久茂牧師が救世軍と深い関わりをもっていたメソジスト派の方であったわけであります。平凡社の『大辞典』に救世軍のことについて「ウイリアム・ブースによって創設されたキリスト教会の一派、通常の教会組織を避けて、軍隊式の集団を営み、可及的に大衆的且つ下層階級の伝道及び慈善、救済の事業を並行的に行う」と記述されています。つまり、心身ともに恵まれない底辺の人達に熱い眼差しが向けられていた宗教という点で、共通意識が濃厚であったということであります。

さて、これまで津川主一先生のご生涯について、年譜に従い、往時を偲びながら記憶を辿り、でき得るかぎり真実を書き残して置きたいとの思いで、記述してきました。しかし、書いてしまった後から書き洩らしたことに気付いたり、又新たな事実を思い出したりしましたので、断片的ではありますが、追加事項として記させていただきます。

追記

（一）聖歌合唱をご指導下さった折のお話の中で、一〇二番『野ばらは神の祝福受けぬ』という聖歌について、先生は「今日まで野ばらを主題にした曲は沢山ありますが、その中でもこの曲は、さわやかで一番味わい深い曲ですね」とのべられたことがあります。先生は、昭和三十年と三十五年、三十六年そして、三十八年に天母里を訪問されていますが、右のことをおっしゃったのは、昭和三十年か三十五年ではなかったかと思います。

(二) 昭和三十一年か三十二年の或る日のこと、聖歌の合唱が初めて、NHK名古屋放送局(JOCK)から放送されています。

これは、津川先生のご尽力によって実現されたもので、演奏は、東海メールクワイヤーによって行われています。曲目は、一六番『おかぐら歌』と一四〇番『霞深き山路に』の二曲でしたが、演奏の前に天母聖楽院のことが紹介されています。

(三) フォスターの音楽は、世界中で親しまれ、歌われているといわれていますが、日本で盛んに歌われるようになったのは、終戦直後、津川先生が、いち早く日本語に翻訳、編曲して紹介されたからといわれています。残念ながら、このことはあまり知られていないようです。先生は、フォスターの音楽の魅力の第一に、フォスター自ら詩を書き、曲を作られたことを挙げ、それが、貧苦や哀愁の中から生み出されていったことを指摘されています。先生が『フォスターの生涯』を音楽の友社から刊行されたのは、昭和三十六年で、御年五十六才の時でしたが、フォスターを景仰してやまない先生の熱い思いが全篇に漲っています。それから四年ほど経った或る日、奇しきご神縁によって、御主に啓示された曲の数々を混声四部合唱に編曲されることになったわけですが、次々に送られてくる詞と曲をご覧になって、「この方は、日本のフォスターとも称すべき素晴しい方だ」と、周囲の人に話しておられたとのことです。

後年先生は、歌聖典の序文の中で御主の歌曲のことを「この新鮮で、奥ぶかく、民族の魂に滲み入るような言葉と旋律」と表現しておられます。音楽家でもない、又師に就いて音楽を学んだことのない人が、どうしてこれだけ多くの聖なる歌曲を生み出されたのか、先生は、常に、驚愕と畏敬の眼《まなこ》を以て御主を観じておられたのではないかと思います。

なお、先生は「私の知るかぎりでは、一宗教家が、三百曲を超える聖なる歌曲を作詞され、作曲されたという例はなく、まことに稀有なお方であります」と、語っておられたことを伝え聞いたことがあります。

(四) 日記によりますと、先生は、昭和三十九年六月四日に放映されたＮＨＫテレビ番組『黄金の椅子』に出演されています。この番組は、当時人気のあった長寿番組の一つで、合唱音楽の父津川主一先生の業績が克明に描かれた、感銘深いものでした。

(五) 昭和五十二年に天降の聖歌レコード制作の話がもち上り、津川道子夫人に相談申し上げたところ、東京混声合唱団をご紹介下さり、七月十三日から二日間、青山のアバコスタジオで録音が行われています。録音期間中、道子夫人と日本合唱指揮者協会理事の辻正行氏がスタジオにこられ、録音の様子を視察、適切なアドバイスをいただいています。この時のデータは、次の通りです。

指揮　八尋和美　オルガン　木島道枝
合唱　東京混声合唱団
ディレクター　山崎透
収録曲目　十七曲
レコードは、同年十月末日に完成され、ジャケットの表面に「幸福《さち》の鈴塔」の写真、裏面に「作詞作曲者の略歴とその面影」「天降の聖歌について」に続いて、歌聖典に寄せられた津川先生の序文、そして「すすめのことば」として南山大学教授の国分敬治先生と日本合唱指揮者協会理事の辻正行氏の文章が掲載されています。収録曲は、A面に六曲B面に五曲計十一曲となっています。参考までにその曲目を記しておきます。

A面
一六番『おかぐら歌』　一〇〇番『花咲く樹影に我れたたずみて』　一〇二番『野ばらは神の祝福受けぬ』　一四〇番『霞深き山路に』　二三五番『かよわけれど汝《なれ》は強し』　一三五番『窓辺によりて祈る時』

B面
おはりど聖唱二二番、二〇五番『予言者《うらへびと》らはあまたあれど』　二七一番『永遠《とは》なる平和よ』
二〇四番『恩寵《めぐみ》の夜は来《きた》らん』

なお、すすめの言葉を寄せられたお二方の文章も、併せて記させていただきます。

「南山大学教授　国分敬治

すべて合唱が、すぐれているといわれるのは、その美しいハーモニーが、歌詞の内容に生命をあたえて、われわれに迫ってくるからである。

そもそも、いづれの宗教においても、聖歌は祈りであり、その合唱は祈りの合唱であり、聖なるハーモニーを生み出す。そしてその指揮者は見えざる神である。われわれは祈りの合唱の生み出す聖なるハーモニーのなかで、神と人間との根源的な連帯感を体験する。

ここに収められた十一の聖歌の合唱はまさしくそのことを証しだてている。それとともに、その歌詞の宗教性を美しいメロディの音楽性によって、なお一層高め、さいごに、合唱というジャンルにのせることによって、格調の高い宗教音楽として完成せしめようとする企画者の意図があきらかにうかがえる」

「日本合唱指揮者協会理事　辻正行

私と音楽との出会いは、石川県での高校時代、僧職にありながら高校の社会科の先生として赴任された、和田稠先生の大変熱心な合唱団作りに参加した事に始まるのです。

僧職にある先生から、ミサ・レクイエムから賛佛歌そして世俗曲に至るまで、それは、いつも心から溢れ、心に入ってくる音楽でした。今日、ともすると技術中心になりがちな我が国の合唱界に、我々日本人の、そして私にとっては郷土の偉人でもある清水信一先生の作詞、作曲によるこの曲集が、指揮、合唱共に我が国で一流のプロ合唱団によって歌われたことに大きな喜びをもつものです。単なる聖歌に終らず、職場や一般そして、高校大学まで広くアマチュア合唱団でもうたわれる事をおすすめします」

以上、津川主一先生のご生涯を、多くの資料を参考にしながら、書き綴ってまいりました。おわりに臨み、歌聖典の二の巻の扉に掲げられた御主のロゴスを記し、この執筆のむすびとさせていただきます。

「汝らよ、宇宙《ウニベルソ》を照り渡る太陽の現れ出づる如く、世に天津国《あまつみくに》訪れ来《きた》るなり。汝ら、既にその古《いにしへ》にありて、此時《このとき》の来《きた》らんことを神約《かみやく》したまへり。さらば汝らは茜《あかね》さす山の端《は》より喜ばしき永遠《とこしへ》の光の昇るを見るべし。
汝ら、人生《ひとのよ》は今ここに未《いま》だ見ざるものをば見ることとなりぬ。汝らの心より罪穢れは拭ひ取られて、雪の如く清く、羊の毛の如く白く清められて、永久《とこしへ》に若き生命《いのち》を得ん。
火明《ほあかり》の救世寿《みこ》は十《とくさ》の⦿《みね》より十《とくさ》の○《たに》に天降《あも》りたまふ。ああ、人類《ひとびと》よ、汝らの長く久しく待ちたる真金色《ほあかり》の主《みこ》を随喜《よろこば》しく奉祝《いは》ひて、その心の王宮《みあらか》に迎へよ」

（天暦四十四年平成二十年九月六日　聖戒発願の日に　謹書）

今回の執筆に当り、参考にさせていただいた文献は、次の通りです。

講談社『日本人名大辞典』
三省堂『コンサイス日本人名辞典』
平凡社『大辞典』
山折哲雄監修『日本宗教史年表』（河出書房新社）
丹羽基二著『姓氏家系大事典』（新人物往来社）
丹羽基二著『苗字と地名の由来事典』（新人物往来社）
三省堂『日本地名事典』
『播磨風土記』
津川主一著『讃美歌作家の面影』（ヨルダン社）
津川主一著『フォスターの生涯』（音楽之友社）
津川主一著『教会音楽五〇〇〇年史』（ヨルダン社）

津川主一著『合唱音楽の理論と実際』（音楽之友社）
『賀川豊彦全集』第二十四巻（キリスト新聞社）
谷川健一著『もうひとつの降臨神話』（ユリイカ第十七巻第一号）
小椋一葉『覇王転生』（河出書房新社）
渡部勇王著『古事記大預言』（徳間書店）
『全日本合唱連盟五〇年史』
日本合唱指揮者協会「辻正行先生を偲んで──去りゆく谺を憶って」
鳴戸市賀川豊彦記念館「常設展示図録」（二〇〇三年刊）

本年七月五日、以前辻正行氏が館長を務めておられた日本合唱センター資料館を訪問、全日本合唱連盟司書の露木純子様より、貴重な関係資料を提供していただきました。ここに、厚く御礼を申し上げます。

其の六

海軍大将　明治神宮宮司　有馬良橘翁について

まず初めに、平成十三年（二〇〇一）刊行の講談社『日本人名大辞典』から、有馬良橘翁についての記述を抜粋いたします。

「明治大正時代の軍人。文久元年（一八六一）十一月十五日生まれ。日露戦争で常備艦隊参謀として旅順港の閉塞作戦を起案し指揮する。第二艦隊参謀長、海軍兵学校長などを歴任後、大正六年第三艦隊指令長官となる。八年海軍大将。のち明治神宮宮司。国民精神総動員運動中央連盟会長などをつとめた。昭和十九年五月一日死去。紀伊和歌山出身。海軍兵学校卒」

又、平成十六年（二〇〇四）刊行の三省堂『コンサイス日本人名事典』には、次のように記述されています。

「一八六一―一九四四、明治大正期の海軍軍人（大将）㊓和歌山出身㊫海兵十二期　一八九〇（明治二十三）イギリスに出張（回航）し、帰国後千代田航海長、横須賀鎮守府参謀、常備艦隊参謀を経て、一九〇四年音羽艦長に配属された。その後、磐手艦長、第二艦隊参謀長、砲術学校長を経て、軍令部参謀（第一班長）となる。一九一二年以降第一艦隊の司令官、海軍兵学校校長、教育本部長、第二艦隊指令長官を歴任。一九一八年海軍将官会議員となり、一九二二年予備役、一九三一年枢密顧問官に任ぜられた。㊟中島武編「海軍大将有馬良橘閣下」一九三四年」

残念ながらこの記述には、肝心な明治神宮宮司のことが洩れていますが、これは、昭和五十一年（一九七六）の初版のまま改訂されず版を重ねてきたためと思われます。

ところで、去る八月二十二日に都立中央図書館で奇しくも出会うことになった、佐藤栄祐編『有馬良橘傳』の年譜によりますと、翁は、明治二十九年十月二十四日、御年三十六才の時に明治天皇の侍従武官として宮中に奉職されています。そして、明治天皇のご崩御に際し、大正元年九月十三日、同天皇の霊柩供奉の大役を努められたのであります。その後、大正八年（一九一九）五十九才の時に海軍大将を拝命、翌九年、旭日大綬章を受章されています。続いて、昭和六年（一九三一）九月十四日、御年七十一才を以て明治神宮宮司に就任され、以来ご逝去の前年の昭和十八年（一九四二）八月二十七日まで、凡そ十二年の永きに亘り宮司職に献身されたのであります。

蔽顔《おとばり》の救主《くじゅ》（当時真照《まてる》と呼称）が有馬良橘翁に巡り逢われたのは、明治神宮宮司ご就任期間中のことであり、昭和十年の秋頃といわれています。時に御主御年二十六才、翁七十五才でした。有馬良橘翁は、同じ年の春、京都に於て御主とご神縁を結ばれた山田耕民氏（註一）を通じて、あらかじめ齢《よわい》若き御主の評判を聞き及んでおられたのですが、ご面接の折、御主のお話にいたく感動せられ、次のような要旨のことばをのべられたのであります。

「あなたはやがて国のたからとならるるべき人なれば、決して世の栄光をさきがけて得んとは思い給うな。今世に多くの花が咲き競うてをれども、あなたの教は、これらの花の散り果てたる時咲いて実をむず世と人と国との宝であります」

山田耕民氏は、昭和六年（一九三一）頃から従兄の宮里熊五郎氏（註二）宅（東京渋谷）を拠点に、折々、各界の名士に御主を紹介されたといわれていますが、それらの方々の中で、御主のお心に強烈な印象を与えられた方が、有馬良橘翁であられたのであります。

（註一）山田耕民氏　元の名は堀主一郎、明治十四年生れ（推定）陸士第十五期生。同期に中島今吾中将がおられる。陸士卒業後姓名を山田耕民と改名。明治三十七年（一九〇四）二月十二日陸軍少尉を拝命。のち東印度拓殖（株）の社員となる。昭和四年頃、敬天愛人運動を推進、神戸で行われた帝国自覚会主催の念写実験と講演会場で、御主と三田善靖先生に巡り逢われる。昭和六年頃から上京、各界の名士に御主を紹介するために奔走。昭和九年七月二十一日、二十三日、京都岡崎の公会堂で、敬天愛人運動主催による「神霊の講演と実験　霊母の独唱」を開催。のち昭和十年三月十日、京都大将軍川端町の私邸に御主を迎えられる。（衣笠天母里の草創、昭和十三年二月まで滞在）

（註二）宮里熊吾郎氏　山田耕民氏の従兄、慶応二年（一八六六）十二月生れ。大正七年六月一日主計監、第四師団経理部長　同八年十一月一日関東軍経理部長、歩兵大尉。御主のことを「国の埋《うづ》み火」と表現されています。

さて、これから諸種の資料を基に、順次年譜に従って詳しく有馬良橘翁のご足跡を辿りながら、御主との奇しき巡り逢いを始め、明治天皇との深い関わりとその黙示を繙くことにいたします。なお、年令については、これまでと同様に数え年を以て表記します。

誕生　文久元年（一八六一）

有馬良橘傳編纂会発行の『有馬良橘傳』の冒頭の文章をそのまま抜粋しますと、次のようにのべられています。

「有馬家九代の主、枢密院顧問官、明治神宮宮司、海軍大将有馬良橘は、文久元年十一月十五日、

和歌山藩の奥御医師、有馬元函広徳の長男として、小松原通りの邸に生まれた。大将の烈々たる忠誠心と、その高潔な人格は、一世の師表と仰がれたが、『将相の出はおのずから家内に因る』といわれるように、その家系をたずねると、大将の美徳は遠く有馬家の祖先から綿々として継承されてきたものであることがわかる。清和源氏の流れをくむ有馬家の遠祖は、後醍醐天皇のお召しによって義兵をあげた赤松則村である。楠木正成が勤王の兵を起したとき、則村は六波羅を攻めて京都の治安を回復した元弘三年（一三三三）の功労によって、播磨の守護職を命ぜられた」

因に、太田亮編著『姓氏家系大辞典』の有馬の項を見ますと、「摂津国に有馬郡あり、和名抄訓じて阿利萬と云ふ。その他同じく紀伊国牟婁郡に有馬あり、日本書紀の神代巻に『伊弉冉尊故紀伊国熊野の有馬村に葬る』とある地にして最も古く、又肥前国高来郡の有馬も有力なる有馬氏を起せり」と冒頭に記述されています。続く各流家の筆頭に、先の赤松流を挙げて、「摂津国有馬郡有馬庄より起る」と解説されています。

良橘翁は、紀伊国和歌山のご出身ですから、右文中の『日本書紀』の記述を更に詳しく調べてみますと、一書の第五に「伊弉冉尊、火神を生む時に灼《や》かれて神退去《かむさ》りましぬ。故、紀伊国の熊野の有馬村に葬《はぶ》りまつる。土俗《くにひと》、此の神の魂《みたま》を祭るには花の時には亦花を以て祭る。又鼓吹幡旗《つづみふえはたも》を用て、歌ひ舞ひて祭る」と記述されています。

この『日本書紀』の記述は、熊野の花の窟《いわや》と称され、伊弉冉尊の陵とされていますが、伊弉冉尊は、のち、飛龍の大滝として有名な延喜式内の古社である熊野那智大社に遷されています。即ち、有馬良橘翁の御家系のルーツが、熊野那智大社の御祭神に深く関わっているということであります。

同社には、第一殿から第十三殿まで多くの御祭神が祀られていますが、第四殿に、先の伊弉冉尊の亦の御名に坐す熊野夫須美《ふすみの》大神と事解男《ことさかを》神が祭祀されています。社寺伝承作家の小椋一葉氏によりますと、この事解男神とは、第一殿に奉祀されている国常立尊とともに、饒速日尊の亦の御名であることを詳しく検証されています。饒速日尊は、八百萬神《やおよろずのかみ》といわれる数多い神々の中で、天照国照天火明奇玉饒速日尊という一番長いフルネームをいただいている大神であり、蔽顔《おとばり》の救主《くじゅ》を活ける宮居として降臨せられた御方であります。

スフィンクスの声九輯及び十輯（九・六・一二・一八）（一〇・一〇・八・一二）（一〇・九・一四・一三）に、この大神が天降の救世寿の亦の御名と啓示されていますように、御主ゆかりのこの御方が、有馬家発祥の地に祀られていたことは、御主と良橘翁が深い御神縁でむすばれていたという証しであります。

又、先に抜粋しました『有馬良橘傳』の記述の中に「小松原通りの邸に生まれた」とのべられていますが、小松原といえば、御主が山田耕民氏に迎えられて聖庵（純正家）を結ばれた場所が、京都大将軍の小松原というところで、等持院の池のほとりにあったといわれています。昭和十年の秋に、山田耕民氏の案内をうけて御主が山城国京都の小松原から上京され、紀伊国和歌山の小松原で誕生された有馬良橘翁（海軍大将）と明治神宮に於て巡り逢われたわけですが、この奇しき暗合からも、御主と翁の御神縁の一端を窺うことができます。

長くなって恐縮ですが、有馬良橘翁が誕生された文久元年という年は、西暦で一八六一年、干支では辛酉、天皇の御名に於ては、第百二十一代孝明天皇の御代に当っています。古くから辛酉の年は、一大変化、革新の年といわれていますように、歴史に残る大きな事象が生起しています。一例を挙げますと、一月二十一日に、ロシア軍艦ポサドニック号が、占領の意図をもって対馬に来航、四月十二日には、乗組員と対馬藩士民と激しく衝突しています。一方、孝明天皇の妹和宮内親王が、十四代将軍徳川家茂に降嫁されることになり、十月二十日京の都を後にされています。

先のロシアといえば、日露開戦時、良橘翁は、東郷平八郎連合艦隊司令長官のもと、第一艦隊の参謀として従軍されており、ロシアとの縁由の黙示を表しています。

七才　慶応三年（一八六七）

父の元函が紀州藩の軍医として従軍することになったため、母槌枝と四才の妹治《はる》との三人暮しとなる。

九才　明治二年（一八六九）

父が北海道の開拓使本庁に勤務することになり、維新当時の変動の事情もあり、小松原の屋敷町から鷹匠町に引越し、郷学所に一時入学する。この年の三月に東京遷都が行われる。

十三才　明治六年（一八七三）
文部省の新学制の実施により、広瀬小学校上等科に入学。

十六才　明治九年（一八七六）

広瀬小学校を卒業、私立英学校自修舎に入る。

広瀬小学校は、良橘翁にとって、よく学びよく遊んだ思い出深いところであったといわれていますが、後年、昭和十年の五月に祖先の墓まいりの折、母校に立寄られ、次のような訓話をのべられています。

「みなさん、私はむかしこの学校で立派な先生からよくみちびいていただいたおかげで、どうやら一人前の人間になりました。天子様も、みなさんを大みたからと仰せられておられますように、先生のお話をよくきいて、正直で、まじめによく学び、よく遊んで世の中の人のためになる立派な人になってください」

（註）昭和十年は、御年七十五才で、明治神宮の宮司として奉職されていた年に当っています。

二十一才　明治十四年（一八八一）

修学のため上京、慶応義塾、三田英学校に入学。

二十二才　明治十五年（一八八二）

九月三十日、念願の海軍兵学校に入学。翁が陸軍よりも海軍を志すことになられたのには、幾つかの理由があったからといわれています。まず第一に、水泳に対する自信が強固であったということです。これは、水軍の伝統をもつ御船奉行の名跡を継ぎ、野島流の達人として水泳四ヵ所の水場番頭を努めた、叔父恭太郎からの薫陶によるものといわれています。第二には、母方の実家（小具町の渡辺家）で見聞された江戸時代の御関船の模型と和歌の浦で行われる勇壮華麗な「和歌祭り」の様子に、言い知れぬ感興を覚え、海への憧憬が深く印象づけられていったからであるといわれています。また、紀州名物の豪快な捕鯨（御主ゆかりの太地町の伝統漁法）への興味なども、イメージの一つとなっていたようです。なお、表面上の動機は、官費で勉学ができ、且つ将来の進路が約束されていることに魅力があったからといわれています。

この年の一月に、かの有名な軍人勅諭が発布されていますが、これに呼応するかのように、海軍に生きる道こそ我が使命なりと観じられ、率先して志願されたのではないかと拝察いたします。

（註）軍人勅諭――忠節、礼儀、武勇、信義、質素が骨子となっています。

二十三才　明治十六年（一八八三）

紀州藩の軍医として北海道開拓に赴任中の夫の留守を護り、翁と三つ年下の長女治（翌年に逝去）の養育に献身してこられた母槌枝が逝去される。翁の悲しみと母の無念のお気持は、察するに余りあります。そんな中にも、ただ一つの救いといえば、翁が念願の海軍兵学校に入学されたのを見届けられたことであり、行く末、翁の大成を夢みつつ祈り続けられたのではないでしょうか。

二十六才　明治十九年（一八八六）

二月九日、演習艦「筑波」にて品川を出発、オーストラリヤ、ニュージーランド、フィジー、サモア、ハワイを経て十月十二日帰国。十一月七日海軍兵学校を卒業、海軍少尉候補生拝命、「高千穂」に乗艦。

二十七才　明治二十年（一八八七）

一月二十五日　明治天皇、皇后両陛下の京都行幸に際し、警護衛として神戸に回航。

二十九才　明治二十二年（一八八九）
八月三十日、簡易な手旗信号法を発明され、賞を賜る。七年後の三十六才の時に、同信号法の発明により単光旭章を授与されています。

三十才　明治二十三年（一八九〇）
一月十日、「千代田」航海士を拝命。英国で建造中の軍艦「千代田」の回航委員として出張を仰付られ、四月六日出発。

三十一才　明治二十四年（一八九一）
一月二十六日「千代田」を回航して英国を出発、四月十一日横須賀に到着。四月二十一日「千代田」航海長心得を拝命。のち釧路に赴任中の父元函を訪ね、詳細を報告される。その父も十一月に逝去され、深い悲しみを秘めながら任務に精励される。そして、この年の十二月十四日、海軍大尉並びに「千代田」航海長を拝命。翁の御事故、この由を謹んで父母の御霊前に奉告されたことと思います。

三十五才　明治二十八年（一八九五）

昨年拝命した「浪速」の航海長として同艦に乗船、威海衛攻撃の作戦準備のため呉に在泊中の一月九日、広島大本営に伺候され、畏くも大元師に坐す明治天皇に拝謁を賜る。この時陛下より御言葉を賜るとともに、軍務に御精励の様子を具に拝して感激、赤心報国の誓いを新たにかみしめられたといわれています。なお、この年の秋に、横須賀鎮守府参謀に任命され、のち、功五級金鵄勲章と勲六等瑞宝章を受章されています。

三十六才　明治二十九年（一八九六）

四月、先住の横須賀鎮守府参謀藤井較一少佐（後に大将）の勧めに従い、旧土浦藩槍術指南番の家柄である中山高明翁の二女栄子と結婚される。又、同じ四月に侍従式官制度が公布され、上司の推薦により十月二十四日、明治天皇の侍従武官を拝命し、宮中に奉職される。

この日は、良橘翁にとって、八十四年のご生涯の中で、最も光栄に満ちた記念すべき日となったわけですが、以後、常備艦隊参謀として再び海上の軍務に従事されるまで、三年二箇月に亘り陛下のお側近くで奉仕されたのであります。これ偏に、翁の高潔にして誠実なお人柄によるものではありますが、亡き父母の導きを始め、天皇の侍医として仕えた御先祖の奇しき御因縁があったからであります。

なお、ついでながら御神縁の黙示の一端を附言しておきますと、先に、由緒正しき家柄の中山高明翁の二女栄子と結婚されたことを書きましたが、中山家といえば、明治天皇のご生母も同じ中山の姓を名乗る家柄の方です。詳しくは、京都石薬師門内の権大納言中山忠能《ただやす》公の娘典侍《ないしのすけ》中山慶子といわれる方で、陛下は、中山邸で誕生され、胞衣《えな》が京都神楽岡に鎮座する、中山家ゆかりの吉田神社の境内に納められています。

さて、ここで良橘翁が侍従武官として奉職された、明治二十九年というその年に御詠せられた明治天皇の御製の中から、黙示豊かな幾首かを掲げ、大御心を偲ぶよすがといたします。

宮内廳侍従職所管の『明治天皇御製全集』（全百十冊）によりますと、明治天皇は、宝算六十一歳のご生涯に於て、九万三千三十二首の和歌（長歌を含む）を御詠せられたといわれています。この厖大な数量の中で、明治二十九年には、三三八首の御製が収められています。

良橘翁が奉職されたのは、秋の半ばでしたが、菊の花に言寄せて次の和歌が御詠されています。

二〇八七　いくたびもうたげして見むわが庭に　久しくにほへ白菊の花

二〇八八　わが庭の菊見る人も年年に　かずそふ世こそたのしかりけれ

二〇九一　わたつみのほかまでにほへ國の風　ふきそふ秋のしらぎくの花

（註）白菊の花を若き翁の姿（数えの三十六才）と重ね合わせることによって、翁にかけ給う大御心が偲ばれます。

二一四二　戦にかちてかへりしいくさ船　けふもかかれり品川の沖

（註）品川の語がのべられていますが、翁が二十六才の時、初めて乗船されたのが「筑波」艦で、品川沖から出航しています。

二一四七　萬代もうごかぬ國のいしずゑと　たのむは富士のたかねなりけり

二一四八　西の海なみをさまりて百千船《ももち》　ゆきかふ世こそたのしかりけれ

二一五二　うつせみの　世の人みなの　春されば　嵯峨山ざくら　秋されば　高雄のもみぢ　折りかざし　たのしぶまでに　四方の海　なみ風たえて　おだやかに　なりぬる世こそ　たのしかりけれ

（註）前三首の御製からは、何くれと騒しき中にも、心のやすらぎがほのぼのと伝わってまいりますが、宮中に侍従武官職が設けられたことに、お喜びを感じておられたのではないかと拝察いたします。又、二一五二番の御製は、明治二十九年のむすびに収められていますが、奇しくも長歌の形式を以て御詠されています。これは、極めて珍しいことであり、余程何かに御感あってのことと思います。その何かの一つが、御座所に参内申し上げることになった海軍大尉有馬良橘侍従武官のことであったのかも知れません。

ところで、佐藤栄祐編『有馬良橘傳』によりますと、その当時の宮内大臣は、土方久元、侍従長は、徳大寺実則、侍従武官長は、岡沢精陸軍中将であり、侍従と侍従武官は毎日伺候し、御座所の次の間に控えて御用をお待ちしたといわれています。この時の陛下の御様子について、翁が回想して綴られた一文に次のようにのべられています。

「神の如くに御在します御聖徳の数多き中《うち》に、特に自分の感激に堪えなかったことは、いかにも、大帝が厳正なる御人格に渉らせられ、日日の御生活が洵《まこと》に御規律正しくましましたことである。毎日午前十時の出御の御時刻は少しの御違ひもなく、正しく御守り遊ばされ、必ず御座所に於て政務を見そなはし給はった。……御座所の位置は、西が塞がってゐるため光線の工合悪しく、午後五時頃になると、御部屋の中は暗かった。蝋燭の灯の下にて御一人、国家のため、国民のため、御つくし遊ばさるる大帝の御姿は神の如く森厳に拝し奉った」（昭和二年十一月一日発行『キング』十一月号別冊附録「明治大帝」より）

三十七才　明治三十年（一八九七）

四月十七日、天皇皇后両陛下の京都行幸に際し、侍従武官として供奉の光栄に浴する。京都には八月二十一日まで駐輦せられたといわれていますが、この間、或る日のこと、小御所の階段のところで天皇が有馬武官に、「日清戦争の従軍記章の意匠は何から採ったものか、知っておるか」とおたずねになられたとのことです。翁が「承知いたしませぬ」とお答え申し上げると、階段の擬宝珠をお指しになって、「従軍記章はこれから採ったものである」と仰せになられた由。後日、陛下がこのことに触れ、御所内のことに精通しているといわれていた侍従武官のことを「有馬は咸鏡博士と見える」（咸鏡とは、辺境の地名で、田舎の物識りというほどの意味）と、おたわむれになっておっしゃったそうです。これは、陛下がユーモアを以ておからかいになられたものと拝されていますが、良橘翁は、これを無上の光栄と感じられ、後年、明治神宮宮司に就任された時、落款に「咸鏡」と刻して愛用されたといわれています。なお、この年の秋に、明治天皇は、次のような和歌を御詠せられています。

二二〇〇　露はらふ衛士《えじ》が袂もかをるらむ　まがきの菊はいまさかりなり

（註）衛士は、宮中の警護に当る武官の名称ですが、細やかなところにまで気を配り給う仁慈の御心が偲ばれる御製です。

又、この年のむすびに御詠せられた一首を掲げます。

二〇四四　咲きそめし梅より菊にうつるまで　見れどもあかぬ花のいろかな

この年の十二月一日に海軍少佐を拝命。

三十九才　明治三十二年（一八九九）

五月、父元函の弟に当る叔父神野介寿の次男寛を養子として入籍される。九月二十九日海軍中佐を拝命。十二月二十一日常備艦隊参謀を拝命。再び海上の軍隊に従事することに。侍従武官の大任を終え、辞するに当り、明治天皇より金時計を賜る。

四十一才　明治三十四年（一九〇一）

五月一日、英国で建造中の軍艦「三笠」の航海長を拝命。翌年に「三笠」が竣工し、三月六日英国を出航、五月十八日横須賀に到着。

四十三才　明治三十六年（一九〇三）

十二月二十八日、第一艦隊参謀を拝命。

四十四才　明治三十七年（一九〇四）

二月六日佐世保を出航、日露戦争に従事。開戦に当り、旅順口閉塞作戦が東郷平八郎連合艦隊司令長官の発令により、二月二十四日に実施される。閉塞船は、天津丸、報国丸、仁川丸、武揚丸、武州丸の五船で、有馬良橘中佐が総指揮官となって天津丸に乗船。以下七十七名が従事して決行される。作戦に当り志願兵を募集したところ、ただちに二千名の勇士が応募したといわれています。又この作戦は、有馬中佐の発案であったといわれています。

閉塞作戦は、戦闘に適さない老朽の船舶を旅順港に沈め、相手国の艦船航路を遮断するというもので、第一回目は、ロシヤ軍の攻撃に阻まれて所期の効果が得られなかったため再度敢行されています。二回目は、三月二十六日の未明に決行されていますが、決行に当って数千人の応募があり、厳選して五十六名が選抜されています。前回同様、総指揮官は有馬中佐で千代丸に乗船、続いて福井丸に広瀬少佐、弥彦丸に斎藤大尉、米山丸に正木大尉が夫々指揮官に当り決行。ロシヤ軍の猛射撃が続く中、広瀬少佐の率いる福井丸が魚雷を受けて沈没し、同少佐、杉野兵曹長らが戦場の犠牲となり、後、義勇談としてその壮挙が語り継がれることになったわけであります。後年、有馬中佐の作戦決行について、伊集院五郎元帥（一八五二―一九二一、海軍大将・男爵　月月火水木金金の生みの親）が、当時大本営幕僚であった上泉徳弥中将に語った談話が記録されていますので、その一部を記します。

「有馬中佐は、日露戦争に勝つ種子をまいた人である。その理由は、開戦当初には、日本がロシアに勝つとおもう外国人はいなかった。ところが、閉塞作戦で二度までも同じ指揮官によって決行されたので、外国人はみな、この必死必勝の闘魂におどろいて、この勢いで日本が勝つかもしれないと考えるようになった。日本駐在のイギリス海軍武官のごときは、「日本はかならず勝つ」と本国に報告したので、本国政府は日英同盟の関係もあり、利を見るに敏いイギリスは、日本にたいして公債発行や、武器や、情報に積極的な援助をおしまなかった。このように戦う日本の前途を明るいものにしたのは、実に有馬中佐の旅順口閉塞を企画し、それを自分で二度までも実行した不退転の精神力が、外国人を〝日本びいき〟にしたのである」

近年、日清・日露戦争に関する書籍や図表などが数多く刊行されていますが、他の将官に比べて有馬中佐についての評価が少ないのは残念なことです。これは、控え目で謙虚なお人柄に坐したからと思われますが、右の談話に証言されていますように、翁こそ、大切な影の功労者であったのであります。

なお、司馬遼太郎の名著『坂の上の雲』がＮＨＫ大河ドラマとして採り上げられ、昨年撮影を終了、一部放映されていますが、ここで、同書の中から、有馬中佐の閉塞作戦が克明に描写されているところを抜粋いたします。

「旅順の港口はじつにせまい。その幅は二百七十三メートルで、しかもその両側は底があさいために巨艦が出入りできるのはまん中の九十一メートル幅しかない。そこへ古船を横にならべて五、六隻沈めてしまう。『それ以外にないのだ』ということを、開戦の前からとなえていたのは東郷の参謀のひとりである有馬中佐と、戦艦朝日の水雷長である広瀬武夫少佐である。

有馬が、主導的にやった。かれは実行力に富んだおとこで、『つべこべ議論するより、準備をしてしまえ』ということで、開戦前、艦隊がまだ佐世保にいるときから半公式のかたちで準備をした。東郷はそれに対しつねににえきらなかった。有馬は、五隻の汽船まできめてしまい、それに積んでゆく爆薬その他も用意し、五隻にのせた。それらの準備をやったのは有馬ともうひとりいる。やはり東郷の参謀で松村菊勇《きくお》大尉であった。このふたりは参謀でありながら実施部隊の指揮官になるつもりであった。東郷はこの点でも気に入らなかった。

閉塞の実施計画については、中佐有馬良橘は、少佐広瀬武夫らと案を練った。

港口にしずめる汽船は、五隻である。天津丸、報告丸、仁川丸、武陽丸、武州丸でそれぞれ一隻について十四、五人乗る。総人員は指揮官、機関長をのぞくと、六十七人が必要であった。下士官以下の人員は、ひろく艦隊から志願者をつのった。たちまち三千人が応募し、有馬や広瀬をおどろかした。なかには血書をして志願する者もいた。

『このいくさは勝つ』と、広瀬は真之にいった。広瀬のいうには自分たちの士官は年少のころから志願し、礼遇をうけ、戦いて死ぬことを目的としてきたが、兵は外国でいうシヴィリアンの出身である。それらがすすんで志願したということは、この戦争が国民戦争であることの証拠である。広瀬がそんなことをいうのはかれがロシア通だからであろう。……

閉塞隊の五隻は、二月二十三日の薄暮、円島の東南二十海里の洋上にあつまった。ここを出発点とし、諸隊がそれぞれの航路をとって旅順にゆくことになる。

連合艦隊もかれらを見送るためにこの洋上に集結した。いよいよ出発というとき、三笠の軍楽隊が奏楽し、各艦では乗組員が発舷礼式をもって万歳を三唱した。

護衛のための第一駆遂隊が五隻の前衛になってすすみ、水雷艇千鳥以下四隻の第十四艇隊は衛艇としてその五隻の右側に位置し、第九艇隊はそれにつづいた。

陽が落ち、上弦の月がかかった。風浪のつよかった前日にくらべると、海はまず凪いでいる。総指揮官有馬良橘中佐の乗る天津丸を先頭に、広瀬の報告丸、仁川丸、武陽丸、武州丸とつづく。……

幾条もの探照燈が天津丸をとらえつづけ、そのいけにえに対して、あらゆる砲台から砲弾がおくられた。天津丸の船上は砲弾のはじける音や、命中弾の爆発で地獄のようになった。さらに探照燈が操舵員の目をくらませ、どこへ船をやってよいかわからない。このため港口に達することができず、それよりはるか手前の老鉄山の下の岩礁へ船首をのりあげてしまい、擱座した。有馬としてはやむをえない。無意味ではあったが、ここで船を爆破することにした。……

第一回閉塞はほぼ失敗におわったが、兵員の損害は、意外なほどに軽微であった。東郷はこのことに気をよくした。『さらにつづけたいと思います』という島村参謀長を通しての有馬良橘のねがいを、かれは容れた。大本営も、このことに積極的になった。さっそく閉塞船の準備をした。……

第二回は、四隻えらばれた。指揮官は、前回とおなじである。下支官以下は一度行った者は二度とやらせないというのが本則で、将校は何度でもゆく。総指揮官は有馬良橘。それに広瀬武夫、斎藤七五郎、正木義太である。……

二十六日午後六時半、閉塞船の四隻は根拠地を出発した。二十七日午前二時、老鉄山の南方に達するや、千代丸を先頭に単縦陣をつくり、福井丸、弥彦丸、米山丸の順で港口にむかって直進した。夜霧がやや濃く、月色も霧のためにぼんやりしている。閉口には条件がよかった。各船とも広瀬のいう『どんどん』行った。旅順要塞の探照燈が先頭の千代丸を発見したのは、午前三時三十分である。旅順の空と海は閃光と轟音でつつまれた。……

有馬良橘の一番船は前回と同様、探照燈にあてられつづけて目がくらみ、ふたたび港口がどこにあるかという方向をうしなった。港口からみれば、やや右へ舵をとりすぎ、黄金山下の海岸にちかい水道へ入り、陸上に船首をむけて投錨し、爆沈した」（司馬遼太郎著『坂の上の雲』第三巻より）

右に書きましたように、有馬良橘中佐の総指揮による閉塞作戦の様子が、高名な大家の手で見事に活写されていましたので、敢て、多くを抜粋いたした次第であります。

ここで、どうしても書き記しておきたいことは、二度に及ぶ閉塞作戦の決行に際し、三月二十九日に、明治天皇が東郷平八郎連合艦隊司令長官に次の勅語を渙発せられていることです。

「連合艦隊ノ再度旅順港口ヲ閉塞セントシタル壮挙ヲ聞ク　朕倍マス其事ニ与カリシ将校下士卒ノ忠烈ヲ嘉ス」

そして、この大御心を拝して、東郷司令長官が決行に従事した将卒一同に、ねぎらいの感状を発行されています。

（註）感状――手柄をほめて最高指揮官が与える賞状。

なお、後年明治天皇は、閉塞隊の記念として「千代丸」の舵輪を宮中建内府に陳列せられ、忠義のまごころを顕彰されています。

五月二十四日軍艦「音羽」艦長を拝命。

七月十三日海軍大佐を拝命。

十一月二十九日勲四等瑞宝章を受賞。

四十五才　明治三十八年（一九〇五）

五月二十七日、二十八日日本海海戦に従事。五月二十七日午前四時四十分、對馬海峡を哨戒中の「信濃丸」からの第一報を受けて、東郷司令長官が全艦隊に急速出航を命ずるとともに、大本営に「敵艦隊見ユトノ警報ニ接シ、連合艦隊ハ直チニ出動、コレヲ撃滅セントス　本日天気清朗ナレドモ波高シ」の電報を発信。そして敵艦隊が近ずいた午後一時五十五分旗艦「三笠」の檣頭に「皇国ノ興廃ハ此ノ一戦ニアリ、各員一層奮励努力セヨ」という信号が掲げられ、海戦に突入。この時、有馬中佐（前年に大佐を拝命されていたが、戦場のため、記録上は中佐となっています）は、第一艦隊参謀として東郷長官のもとで作戦に従事される。激戦の結果、日本海海戦は決定的勝利を以て終了。そして、十月二十三日に横浜沖に凱旋観艦式が執り行われ、明治天皇が御幸されています。

四十六才　明治三十九年（一九〇六）

四月一日　功三級金鵄勲章、勲三等旭日大綬章を受章。十一月二十二日「磐手」艦長を拝命。

四十七才　明治四十年（一九〇七）

十月十三日　皇太子殿下（後の大正天皇）行啓供奉任務のために仁川に回航される。

四十八才　明治四十一年（一九〇八）

十一月二十日　海軍砲術学校長に就任。

四十九才　明治四十二年（一九〇九）

十月二十日　正五位、十二月一日　海軍少将を拝命。

五十才　明治四十三年（一九一〇）

十二月一日　海軍軍令部参謀を拝命。軍令部は、陸海軍の最高機関といわれていますが、詳しくは、平凡社『大辞典』に次のように記述されています。
「陸海軍の統師に関し、勅定を経たる規定。その公示を要するものには、上諭を附し、親署、御璽を鈐し、陸海軍大臣之に副署す」
明治四十三年といえば、蔽顔《おとばり》の救主御生誕《くじゅ》の記念すべき年であり、この年に、侍従武官としてお仕えした良橘翁が、陸海軍を統師し給う明治天皇のおひざもとで、参謀として仕えることになったところに大きな意味があります。なお、参考までに記しておきますと、この明治四十三年に、陛下は次のような和歌を御詠せられています。
八一七五　まつりごとたすくる臣のあればこそ　みだれざりけれあしはらのくに
八二八五　天地の神のたすけをいのりつつ　わがうらやすの國をまもらむ
いずれも、臣下を思い、国を惟ひ給う大御心が拝される御製であります。
五十二才　明治四十五年大正元年（一九一二）
明治四十五年七月二十日、宮内省から明治天皇御重態が発表され、同月三十日崩御される。宝算六十一歳を以てそのご生涯をむすばれたのですが、翌日の東京朝日新聞の第一面に「天地諒闇」の四文字が掲げられ、悲報が発表されたのであります。又、元号が「大正」と改元され、御大葬が九月十三日から三日間執り行われることが発表されています。

九月十日、御大葬の儀に当り、霊柩供奉の大任を拝命。十三日午後八時から三時間に及ぶ行進の中、有馬良橘海軍少将は、御縁故武官として、伊東祐亨、井上馨、東郷平八郎、斎藤実、伊集院五郎の諸将とともに、霊柩供奉のお役を努められる。その翌日、京都桃山御陵に向う列車に供奉、そして十五日の未明にいたってとどこおりなく終了。この大任を終えられた良橘翁は、これより行く末御陵守となってお仕えしたいとの決意を秘めながら、斎藤実海軍大臣の宿舎を訪ね、辞職を願い出られたのであります。この時、斎藤大臣は、有馬少将の先帝陛下に対する純粋無比の忠誠心に深く感動されたものの、現時の国際情勢を鑑み、海軍に留まって国家のために献身するよう言葉を尽して勧告されたのであります。

十二月一日第一艦隊司令官に補せられる。旗艦は「鞍馬」、排水量一九、三〇〇トンで当時世界の最高水準をゆく国産の巡洋戦艦といわれています。

五十三才　大正二年（一九一三）

四月、明治三十二年に養子縁組をした嗣子寛の妻静子が入籍。（妻静子は、栄子夫人の姪で中山勝之助の長女）十二月一日　海軍中将を拝命。

五十四才　大正三年（一九一四）

三月二十五日　海軍兵学校長に就任。海軍兵学校は広島県の江田島にあり、良橘翁が二十二才の時に入学し、四年間修学した思い出の地で、総面積十万坪の中に五十四余棟の校舎と官舎が建ち並ぶ、名実ともに我が国随一の海軍士官育成機関であったわけです。就任後有馬校長は、海軍砲術学校長時代の経験を生かし、聖訓五箇条を奉じて軍人精神の素養を高めるとともに、和・情・意の整った人格育成に専念されたのであります。

五十六才　大正五年（一九一六）

十二月一日　海軍教育の最高府に当る海軍教育本部長並びに海軍将官会議員を拝命。

五十七才　大正六年（一九一七）

四月六日　第三艦隊司令長官を拝命。旗艦「香取」に乗船し、指揮される。長官の幕僚は、参謀長に飯田久恒海軍少将、以下斎藤七五郎海軍大佐、一条実孝海軍中佐、津留信人海軍少佐の三参謀、そして副官に、太田千尋海軍中佐が配属されています。時あたかも第一次世界大戦のさ中で、長官の拝命をうけた四月六日は、奇しくもアメリカ合衆国の対独宣戦の日に当っていたのであります。

五十九才　大正八年（一九一九）

十二月二十五日　海軍大将を拝命。その後再び海軍教育本部長並びに海軍将官会議員の要職に従事し、公平無私の精神を以て海軍の刷新と建設に尽力される。

六十才　大正九年（一九二〇）

十一月一日　旭日大綬章を受章。この年、我が国は、国際連盟に加入し、常任理事国になったものの、英米の二国は、極東に於ける唯一の近代的軍備を持ち、強大国となった日本に対し警戒感を強めていったわけですが、こんな中にあって有馬大将は、再び海軍教育本部長と将官会議員に就任され、人格本位の海軍建設に努力されることになったのであります。

六十一才　大正十年（一九二一）

この年、日本は、米英二国を中心とする大勢に押し切られた形でワシントン軍縮会議への参加を余儀なくされたため、八月一日付を以て有馬大将に特命が下り、海軍大臣加藤友三郎大将を全権とする一向に加わり会議に臨まれる。結果は、米・英・日の主力艦の保有比率を五・五・三とする不本意なものに終ってしまったわけです。これを聞かれた東郷元師は、「仕方がない。これからは訓練じゃ、訓練には制限があるまい」と淡々とのべられたとのことで、軍内の語り草になったといわれています。この時元師は、御年七十五才の由。

六十七才　昭和二年（一九二七）

九月　海軍有終会理事長に就任。

七十一才　昭和六年（一九三一）

九月十四日　明治天皇、照憲皇太后を奉祀する官幣大社明治神宮宮司を拝命。思えば三十六才の時、明治天皇の侍従武官として初めて御座所に咫尺し奉り、お仕え申し上げることになったのであり、万感胸に迫る心地で辞令をお受けし、「謹んで一身を捧げその大任にあたりたい」との決意を表明されたのであります。

この年、畏くも宝算三十一才に坐す昭和天皇は、「社頭雪」に言寄せて次の和歌を御詠されています。

「ふる雪にこころきよめて安らけき　世をこそいのれ神のひろまへ」

宮中の御事に精通しておられた良橘翁のこと故、この御製のこともお知りになっておられたに相違なく、我が身に賜った御製のように忝なく思われたことと拝察いたします。

なお、翁は宮司拝命後、伊勢神宮と桃山御陵に参拝して就任の奉告をされていますが、その帰途、京都の老舗「道喜」に立寄られ、明治天皇がご幼少の頃からお好きであった粽を買い求め、これを神前にお供えされています。

十一月二十六日　枢密顧問官を拝命。枢密顧問官とは「天皇の諮詢に応え、重要の国務を審議する憲法上の機関。元勲及び国務に練達の人で、年齢四十才以上の人を以て之に任じ、枢密院議長及び副議長と共に枢密院を組織する親任官」（平凡社『大辞典』）と記述されていますように、国民としての最高の栄誉職です。翁は、神宮での神霊奉仕に事欠くことがあっては申し訳ないと、拝辞するつもりでおられたのであります。ところが、この旨を聞かれた東郷平八郎元帥から電話がかかり、「今回の顧問官補充は、海軍側から選ばれることになったそうであるが、今日は国の内外に複雑な重要問題が多いときなので、海軍出身者の中で、貴殿のほかに適任者がないから謹んでお受けした方がいい」との懇切な助言に従って、受けられることになったわけです。この時の軍人出身の顧問官は、陸軍から六名、海軍からは鈴木貫太郎大将と有馬大将の二方が任命されています。

就任後翁は、平素より明治天皇の「よもの海みなはらからと思ふ世に　など波風のたちさわぐらむ」の御製を最高の外交理念と信奉し、「わが国を和平隆昌の位置におくことを祈ってやまない」との持論をもって対処されたいといわれています。

しかし、年毎に険悪化する国際情勢の中で、翌年の昭和七年には、上海事変、五・一五事件、八年には、国際連盟脱退、九年には、ワシントン条約の廃棄、続いてロンドン軍縮会議の脱退、二・

二六事件、国家総動員法の成立、そして十六年、遂に太平洋戦争に突入していったのですが、この間、枢密院顧問官の使命を充分に果し得ないまま、一部の強硬派の策動によってどうすることも出来ない方向へと事態が急変していったのであります。

七十三才　昭和八年（一九三三）

この年の十二月二十三日、継宮明仁親王殿下が誕生せられ、その吉報が設けられていたサイレンでいち早く報告されるとともに、ラジオを通じて全国に伝えられたのであります。そして、この日正三位勲一等功三級有馬良橘宮司に対して宮内省より「皇子浴湯の御儀鳴弦」の大役を仰せつかったのであります。この御儀は、御誕生七日目の吉日に当る二十九日に皇居御浴殿に於て執り行われ、古式に則り弓づるを鳴らして悪鬼を祓い、行く末を祝福し奉るという宮中の伝統行事の一つとして行われたものです。

七十四才　昭和九年（一九三四）

五月二十日、かつての日露戦争に於ける連合艦隊司令長官東郷平八郎元師が逝去され、その葬儀が国葬として六月五日、日比谷公園で執り行われる。この時、有馬大将が葬儀委員長を拝命し、加藤寛治海軍大将が司祭長を努められる。

儀式はまず、天皇陛下（昭和天皇）の御名代として徳大寺侍従が玉串を拝げて拝礼され、続いて皇后陛下、皇太后陛下の御使の拝礼が行われたあと、斎藤首相ら閣僚及び各国の大公使の拝礼が行われています。又、遠く海外からは、英、米、仏、伊、中国の儀仗水兵も参列し、列の長さが二キロに及んだといわれています。又、海軍の全艦隊が整列する中、「海の父」を送葬する弔砲を放ち、哀悼を表しています。なお、当時の記録によりますと、拝礼及び沿道で葬送した人は、百八十四万人余に達したといわれています。まさに、世紀の英雄、至誠の偉人を送るのにふさわしい荘厳盛大な葬儀であったのであります。

この項のむすびに、葬儀に際して天皇陛下より賜わった誄詞《るいし》を掲げ、東郷元師に寄せられた大御心を偲ぶよすがとさせていただきます。

「至誠神に通じて成敗の先幾を制し、沈勇事に臨みて安危の大局を決す。身国難に当り功海戦に崇《たか》し。朕の東宮に在る羽翼是れ頼り、卿の三朝に仕ふる股肱《ここう》是れ効す。徳望域中に充ち声華海外に溢る。洵《まこと》に是れ武臣の典型、実に邦家の柱石たり。遽《にわ》かに溘亡《きょぼう》を聞く、曷《なん》ぞ軫悼《しんとう》に勝《た》へむ。茲に侍臣を遣はし賻《ふ》を賷《もた》らし以て弔せしむ」

右天皇陛下の誄詞は、東郷神社発行の『東郷平八郎小伝』から抜粋させていただいたものですが、同冊子の一四〇頁に「葬儀委員長は、かつて旅順閉塞隊の指揮官であった有馬良橘海軍大将があたり……」と記述されていたことを附記しておきます。

東郷元師と有馬大将との関係については、佐藤栄祐編『有馬良橘傳』に詳しく記述されていますように、生涯を通じて睦まじい水魚の交りがつづけられたといわれています。元師の至誠尽忠の気高きお心、寡黙にして謹厳な容儀、そして克己奮励の修練を以て、ご自身の人格形成の指標とされたのであります。

七十五才　昭和十年（一九三五）

有馬良橘翁が明治神宮宮司に就任されてからちょうど四年経ったこの年の秋に、奇しき御神霊の導きにより、当時清水真照《まてる》と称されていた蔽顔《おとばり》の救主《くじゅ》に巡り逢われることになったのであります。

御主が在りし日を回想されて折々にのべられたお話（昭和三十九年一月十一日付ほか）や縁由深き方々に綴られた御書翰などから、当時の様子が、ほのぼのと脳裡に浮かび上ってまいります。

御主は御年二十六才、髪を長くし、黒の純正服（詰襟の長い洋服）を召されて面接を賜ったのであります。御二方がどのような口調でお話を交わされたのか、詳細は分りませんが、宮司のお求めに応えて、ご幼少の折にいただかれた七つの御神示のことや神ながらの道の真髄をのべられたといわれています。

有馬宮司は、齢若き青年の口から泉の水のように湧き溢れる言霊の調べに、うなずきながら聴き入られ、いたく感動せられたのであります。そして、お話のむすびに、やがて開かれるであろう御主の教の行く末を観じられ、慈父の如きお心を以てはなむけの言葉を贈られたのであります。

この言葉は、御書翰の中で次のようにのべられています。

「かつて明治神宮の宮司有馬閣下に面接を賜りましたる時、閣下は私に、あなたはやがて国のたからとならるべきひとなれば決して世の栄光にさきがけて得んとは思ひたまふな、今世に多くの花が咲きがけて咲き競うてをれども、あなたのをしへはこれらの花の散り果てたる時咲いて実をむすぶ世と人と国との宝であると仰せになりました。昔の人の云はれし十三年にしてやうやく花がつぼみ稔ては常ならぬ時に世人の役に立つ梅ぼしのごとくあれと、この教の存在に対しての道ゆきを有馬閣下も明治の帝のかむづかえの宮司としてみかどの大御心を私にそれとなくおつたえなされてくだされたのでございませう」（原文のまま）

この御書翰は、天暦二年昭和四十一年六月三日に、九洲の清水もと子、中島松枝両夫人に宛てて認められたもので、日記に謹写させていただいたものです。

御主は、昭和十年の前後に、敬天愛人運動を推進しておられた山田耕民氏やそのほかの方々の案内で多くの各界の名士に逢われていますが、それらの方々の中で、一番感銘をうけ、鮮烈に印象に残っておられた方が、有馬良橘翁に坐したのであります。

それから七年の月日を過ぎた昭和十七年（一九四二）の七月、御主は遍歴の旅を終えられて尾張国（愛知県）に入られたのであります。そして、天火明尊を始め八柱の神を祀る延喜式内の古社、東谷山尾張戸神社の麓に神約の聖地天母里を定礎され、昭和二十三年十一月二十日、宗教法人令に基づき天祖光教を開教されたのであります。

ことわざに「桃栗三年柿八年梅は酸い酸い十三年」とありますように、ちょうど十三年の時を経て、かの日良橘翁が御主に語られたことが実現されることになったのであります。この地で御主は、天祖のロゴスを始め、聖なる歌曲の数々を啓示されたのであります。後日、これらの啓示が集大成され、御教の二大聖典としてスフィンクスの声と歌聖典が完成されたのであります。

今、この天啓のロゴスの中から、良橘翁が花のみのりのむすびの教と仰せになられたそのお心が黙示されたところを、謹んで抜粋いたします。

「さて汝らよ、今し世は、恰も春の野面《のもせ》なり、すみれ、たんぽぽ、れんげ、百合、千種《ちぐさ》八千草《やちぐさ》群《むれ》と咲く。さはさりながら、これら皆、花なる故に花なれば、実よりも先に咲き初めて、実に先だちて散りてゆく。ここにむすびの実の一つ、花咲く時にはなかりせど、万《よろづ》の教の花散りて、をはりに出でて実をむすぶ、それこの道は花散りて、後《あと》にぞむすぶ実なりとは、天祖《あめのみおや》の心にて、綾に畏き法《みのり》なり。観よ、世の人の霊座《たまくら》に、天《あめ》の火明《ほあけ》の奇玉《くしたま》の、法《みのり》は遂に結ばれん」（九輯七編第九章十―十三節）

「汝らよ、この教門《をしへ》は教《をしへ》といふ教の、その始を完成《まつた》うせし完結《むすび》の教門《をしへ》なり。神意成就の教門《をしへ》なり、神国完成の教門《をしへ》なり。世の諸《もろもろ》の教草《をしへぐさ》は花の稔を指せるなり。結実《みのり》にいたる教《をしへ》なり。汝、この教法こそ正に完成《むすび》のものなれ、霊《たましひ》の故郷《ふるさと》より世に生来《せいらい》して、而して漸く今、その窮極の目的の岸辺にぞ辿り着きたるなり。汝らは最早その心の旅を続行《つづく》る者にあらず、永遠《とこしへ》の生命《いのち》の国の真中《みなか》に久遠神、我の実体なるものを認識して、三世今生の我を神秘荘厳する黙想をなし、祈祷するなり」（十輯七編第四章一―六節）

ところで、この御教が花の稔、諸教のむすびであるというからには、然るべき根拠がなければならないわけでありますが、このこと（天降の神学に於ける五公理と三定理）については長くなりますので、後日、稿を改めて記述することにいたします。

さて、もう一つどうしても書き加えておきたいことがあります。それは、昭和十年というこの年に、良橘翁が貴重な和歌を詠まれているということであります。

明治神宮には、以前から献詠会というのがあり、翁はこの会の会長として、会の運営推進に並々ならぬ努力を注がれたといわれています。献詠は、毎年題を定めて全国から募集し、これをまとめて当神宮の御祭神に捧げる習わしになっていますが、この年のお題は「読書」となっており、有馬宮司は、次のような和歌を詠まれています。

「日の本の千代ゆるぎなきいしずゑは　古事《ふること》ぶみを読みてこそしれ」

普通一般には、日本神典の『古事記』のことを「こじき」と読んでいますが、良橘翁は、古訓に則り「ふることぶみ」と読んでおられることから、言霊の真理に通暁しておられた翁のお心の一端が思い偲ばれます。

先の献詠会に於ける献詠は、一年一詠で、翁の宮司ご就任期間が十二年でしたので、十二首の和歌が献詠されています。どの和歌も、やまとことばの美しく格調高いものばかりですので、ここに、すべてを年代順に記させていただきます。
昭和六年「聞蟲」
　夜をふかみ竹の葉ずれの音たえて　むしのね高し庭のくさむら
昭和七年「兵當月」

けさぬきしあたの屯《たむろ》につはものの　かりねの夢をてらす月かな
昭和八年「秋田」
たたかひのにはより帰り来し子らと　ともに稲かるけふのたのしさ
昭和九年「海上月」
さしのぼる月にかかりしくもはれて　おほ海原はかがやきにけり
昭和十一年「山紅葉」
初しぐれときはの木々もそめつらむ　錦いろなりみねのもみじ葉
昭和十二年「暁霧」
あかつきの霧はれそめて鳥船の　いさをつみつつかへりくる見ゆ
昭和十三年「軍馬」
いくさうま神の霊産《むす》びしつとめをば　遂げしいさをぞたふとかりける
昭和十四年「軍艦」
よもの海みくにの力のびゆくも　道をひらくは戦ひの艦
昭和十五年「社頭祈世」
世のためにおのれをすてて国たみの　つくす誠をみそなはせ神
昭和十六年「農家」

つちとともに生きむとちかふ若人が　星いただきて荒田たがやす

昭和十七年「国旗」

南蛮の児らもみいづにてらされて　国旗うちふり万歳をよぶ

七十七才　昭和十二年（一九三七）

七月七日、蘆溝橋事件が突発したことを契機に日華事変へと拡大していく中で、近衛文麿内閣が国内策として、挙国一致・尽忠報国・堅忍持久の三大指標を掲げ、国民精神総動員の一大運動を展開することになり、その目的を達成するために全国七十有余の団体が参加する中央連盟が結成されることになったわけです。そして、その会長に有馬大将への就任要請が行われたのですが、日々、神宮奉仕に身を捧げているお立場を思い、又一方、陸軍中核の暴走ぶりを憂慮しておられたことから、老令を理由に辞退されたのであります。

ところが、政府からは国難な時局を乗り超えるべく再三に亘って決意新たな要請があったため、「会長就任によって日々の奉仕に多少欠くることがあっても、国家への奉仕は即ち御祭神への奉仕であるから、それに微力を尽さんとする自分の志を嘉みさせ給い、必ずや御許しあそばされるであろう」とのお考えを以て神前に奉告せられ、就任を受諾されたといわれています。

この国民精神総動員中央連盟の結成式は、十月十二日日比谷公会堂に於て挙行されていますが、有馬大将は、会長として次のような挨拶をのべられています。当時の状況と翁のお心を知る上での貴重な資料でもありますので、前半の一部を記しておきます。

「国民精神総動員中央連盟は、ここに来賓の閣下各位御参列のもとに結成式を挙行致しますことを欣幸に存じます。

今次の支那事変は、皇国の安危に関する重大事件であります。その勃発以来、忠勇義烈なる皇軍は善謀善戦しきりに偉大なる戦績を収めつつあることは、まことに感謝感激にたえざるところであります。崇高なる東洋精神文化をもって欧米物質文化に寄与すべき使命を有する両国民が、干戈をとって相撃つことはなんたる悲しむべきことでしょう。しかしながら百年の太平を開かんがためには、忍びてこれを撃たざるを得ません。今や支那は百戦百敗し、国家機能の活動も危殆に瀕せんとする状態であります。しかしわが最終の目的を達せんには内外にわたり前途なお幾多の難局に遭遇することあるを覚悟せねばならないと存じます。ひるがえって国際政局を顧みまするに、列国の中には事変の真原因とわが国の正義とを解せず、みだりにわが行動を非難し、あえて不当の圧力を加えんとする策動のおこなわれることは、ソ連の活動とともに世界平和のため遺憾とするところであります。

この事態にたいしわれわれはいかなる圧力にも屈することなく、あくまで日支の提携により東西の和平を確保して共栄の実を挙げんことを希求し給う大御心を貫徹せんがため、万難を排して邁進するの覚悟を固くしなければならないと信じます。これわれらがこの中央連盟を結成して、国民精神総動員を一層強化する必要あるゆえんであります」

その後、推移してこの会は、平沼騏一郎内閣になって第二期運動に入り、改組も行われ、筑紫熊七理事長を始め、二十三人の理事が選出され、その中に吉田茂、吉岡弥生、緒方竹虎などの顔ぶれも見えています。

七十九才　昭和十四年（一九三九）

四月十八日、全国青年の統一組織である大日本青年団の初代団長に就任。翁は、青年団の前途を推進すべく、三つの綱領を策定されています。念のため掲げておきますと、

一、我等は大日本青年なり。肇国の皇謨に則りて忠孝の精神を発揮し、同心団結以て国運の進展を期す。

二、我等は大日本青年なり。養正大和の精神を一貫して隣保協同、厚生の実を挙げ、共励切磋、道義世界の建設を期す。

三、我等は大日本青年なり。心身を鍛錬して進取明達、力を研究創造に効し、勤労奉公各自

職分の遂行を期す。

というものですが、この理念に基づいて尽忠報国の赤誠を産業経済の分野にも具現達成すべく努力されています。その結果、全国の開墾面積が大幅に増加するとともに、推肥の生産も増大し、所期の実績をあげることができたといわれています。

八十才　昭和十五年（一九四〇）

この年は、紀元二千六百年の記念すべき年に当っていますが、明治神宮に於ては、鎮座二十年の年に当っており、十一月十五日に天皇、皇后両陛下の御参拝があり、謹んで迎えられる。又この年、特旨を以て宮中杖（鳩杖）を賜る。

このほか特筆すべきことは、二月十一日の紀元節の佳き日をトして、品川区に鎮座する荏原神社に、良橘翁が揮毫された「明治天皇御東幸内侍所奉安所」の石標が建立されていることです。この文字の左脇には、「海軍大将　有馬良橘敬書」と記されています。これは平成二十年三月二日に同社を参拝した折に発見したのですが、執筆の準備を進めていた矢先でもあり、感慨深く石標を拝見いたした次第です。

なお、社伝によりますと、荏原神社は、元明天皇の御代和銅二年（七〇九）九月九日、大和国の丹生川上神社から高龗神（龍神）を迎えて祭祀したのが始まりとされ、往古より貴布禰大明神、品川大明神と称され、親しまれてきたといわれています。明治天皇は、東京遷都の際を始めとして四度当社に行幸され、その内三度内侍所とされたのであります。

八十二才　昭和十七年（一九四二）

十一月三日明治節を迎え、天皇、皇后両陛下に「明治天皇を偲び奉る」と題して談話を奉上申し上げる。これは、十月十二日付で百武三郎侍従長から正式に、元侍従武官有馬良橘宛に文書を以て天皇（裕仁陛下）の思召しを伝えられて実現されたものです。翁は、明治天皇の日々の御様子と御高徳を申し上げるとともに、陛下の御下問に対し謹んでお答え申し上げ、両陛下は、深く感動遊ばされたといわれています。

なお、昨年の十二月八日、真珠湾の奇襲攻撃を以て太平洋戦争に突入、以来戦局が日増に拡大していく中で、当神宮にも戦火が及ぶことを心配され、本殿脇の地下に宝庫を設けて御霊代の奉安所とされたのであります。

八十三才　昭和十八年（一九四三）

八月二十七日を以て明治神宮宮司を拝辞。老令のため十二年余の神宮御奉仕のお役目を終えられる。有馬宮司は、拝辞に当って、その前に伊勢神宮と桃山御陵への参拝を願い出られ、国家の安泰と行く末を祈願せられるとともに、十二年間に亘る宮司生活を回想しつつ、御奉仕の喜びと感謝の気持を奉告されたのであります。

八十四才　昭和十九年（一九四四）

太平洋戦争が日毎に激烈を極める状況下にあって、有馬大将の病状も急激に悪化したため、築地の海軍医学校に入院される。入院前翁は、「戦傷病勇士の寝台を一つでもふさいでは申し訳ない」とのお気持から入院を固く断られたのですが、学校当局の熱心なすすめでようやく入院されることになったといわれています。

思えば、この海軍医学校は、翁が御年二十二才の時に志願して入校された旧海軍兵学校であったことから、感慨ひとしおの思いで入院されたことが窺えます。入院されたものの、日々翁が気がかりなのは、戦局と国家の安泰のことばかりで、とくに四月上旬に、永野軍令部総長が見舞にこられた時には、その思いが極度に達し、苦しい病状の中から何度もたずねられたといわれています。

その後、島田海軍大臣がこられた時は、更に病状が悪化、そして、五月一日の午後一時、関係の方々に見守られながら逝去されたのであります。時に八十四年のご生涯を終えられたのであります。

有馬大将逝去の報が宮中に伝えられると、昭和天皇は、深い悲しみの御心を表明せられ、畏くも旭日桐花大綬章が下賜される運びとなったのであります。

翁の葬場祭は、五月六日青山斎場に於て執り行われています。葬儀に当り、鈴木貫太郎海軍大将が委員長に就任され、以下野村吉三郎海軍大将を始め、山梨勝之進、小林躋造、藤田尚徳、豊田貞次郎の各大将及び、林桂、林茂清両陸軍中将の七名が就任されています。佐藤栄祐編『有馬良橘傳』には、右の記述の通りとなっていますが、このほかに、副委員長として、良橘翁とご親交の深かった飯野益雄氏が就任されています。

飯野益雄氏は東京青山穏田の行者飯野吉三郎翁の甥に当る方で、この時御年四十才でした。益雄氏の話によりますと、日露戦争時、良橘翁の上司であった連合艦隊司令長官東郷平八郎元師（当時は中将）が吉三郎翁の御神示を固く信奉しておられたことから、良橘翁も吉三郎翁のことを信頼しておられたといわれています。この年の二月三日、吉三郎翁が七十八才を以て逝去されたため、そのお心を承けて益雄氏が良橘翁の葬儀副委員長として影になって誠意を尽されたのであります。昭和十九年といえば、戦時体制の真只中にあり、凡ての物資の供給や調達が困難な状況であったわけです。そんな中にも、式場は荘厳に整えられたのであります。葬儀の概要を記しますと、次の通りです。

中央に「枢密顧問官海軍大将正二位勲一等功三級有馬良橘之霊」と記された銘旗とともに海軍正装の大将のお写真が掲げられ、霊壇には、宮中からの御下賜品を始め、各宮家からの御供物と御榊、そして各方面からの品々が飾られています。

喪主は、嗣子有馬寛海軍中将、斎主吉田光長ほか祭官、奉幣、献饌が行われた後、祭文が奏上され、つづいて弔辞が捧読される。このあと、関係者及び参列者の拝礼が行われ、葬場祭の儀が終了する。会葬者は、凡そ千五百名。後日、青山墓地に、吉野から切り出された浄材で清水東大寺管長による墓標が建立されています。

なお、当日、及後会会長加藤隆義海軍大将、東郷会、東郷元師記念会会長米内光政海軍大将及び建武義会副会長菱刈陸軍大将の三閣下が弔辞を捧呈されていますが、ここでは、加藤大将のものを記させていただきます。

弔辞

枢密顧問官海軍大将正二位勲一等功三級有馬良橘閣下薨去せらる。閣下夙に身を海軍に委ね、至誠一貫克く報効の悃を奉す。出でては数次の征戦に参じて赫々たる偉功を樹て、入りては幾多の要職に歴任し、或は枢密顧問官として政務至高の府に列し、又久しく明治神宮に奉侍し、勲績愈々彰はれ、声望常に隆く、真に武人の儀型たり。今や訃音忽ち至る。いづくんぞ痛惜に堪ふべけんや。茲に葬送にのぞみ謹みて哀悼の至忱を捧げ、以て敬弔の微衷を表す。

昭和十九年五月六日

及後会長海軍大将子爵　加藤隆義

良橘翁ご逝去後、翁の真のお人柄について、山梨勝之進海軍大将は、「世間では、あの謙譲で温良なものごしが、大将の性格であるとおもっているようだが、実は非常に剛毅不屈の方で、それが修養によって表面に出されないまでのことである」とのべられています。又、岡田啓介海軍大将は、「有馬大将は、凡俗の遠く及ばないところをもっておられた」と明言されています。

顧みますと、有馬良橘翁は、八十四年のご生涯に於て、海軍を志してより海軍に身を置き、海軍一筋に生の限りを尽されるとともに、明治天皇の侍従武官としてお側に仕え申し上げ、そして、明治神宮の宮司に奉職されて、ひたすら御皇室の弥栄と国家の安泰のために、献身されたのでありです。

奇しくも良橘という御名に象徴されていますように、時じくのかくの木の實の如く、橘の香りもゆかしい密柑のふるさと、紀伊国和歌山に誕生され、そして、紫宸殿の右近の橘の黙示の如く、宮中に奉職する身となられた御神縁深き方であったのであります。

終りに臨み、蔽顔《おとばり》の救主《くじゅ》が、『太占の真言』巻の一の奥書のことばの続きに、「待ちて来し日」と題して詠まれた詩句の一節とみうたを掲げ、本文のむすびとさせていただきます。

待ちて来《こ》し日を
千歳の巌を占《し》めて　卜相《うらへ》なす
万歳の亀の福寿《ほぎごと》　南洽《あまねくも》　北暢《あまねかる》
その好日《よきひ》　何時《いつ》か来《きた》らむ
神変発動　龍虎の神示
その秘文の七封の印検《いんけん》を解く
神機の妙用　創化の暁旦を仰がしむべし
黄金《くがね》なす　花橘《はなたちばな》の実をつくし
その香もゆゆし　天《あま》の原
安の河瀬の流れ　かがよひ
わく玉の音のすがしき

をはりなき世のしるしなれ黄金《くがね》なる
花橘の実とぞむすべる

（昭和四十年八月十八日）

追記

一、先に、青山穏田の行者飯野吉三郎翁と甥の飯野益雄氏のことを書きましたが、吉三郎翁の日露戦争に於ける秘話について記しておきます。明治三十七年に日露戦争が始まると、翁は、児玉源太郎総参謀長とともに渡満し、白衣と筮竹と算木をもって出仕、戦況を占ったといわれています。陣営にみそぎ場を設け、しめ縄を張って水垢離をとり、天神地祇に祈りを捧げ、次のような神託の言葉を煥発されたのであります。

「明治三十八年三月十日、奉天の大開戦には必ず大風あり、それを煙幕として早暁から総攻撃をすべし」と。これが的中して児玉大将の吉三郎翁に対する信頼が絶大なものになったといわれています。又、海軍に於ては、東郷平八郎連合艦隊司令長官が、バルチック艦隊を迎え撃つに際し、軍司令部よりの命令に逆らってまで朝鮮海峡に留まったことについては、長官が翁の建言を固く信頼されたからといわれています。後日、東郷元師揮毫の扁額が、吉三郎翁の故郷の岩村の神社に献上されており、その信憑性を物語る傍証の一つといえます。

なお、ついでながら附言しますと、先の吉三郎翁のことについて、陰陽道平沢流第九世河鍋魯安翁（東京都世田谷区に在住）が、小冊子『神秘道』の中で次のように記述されていますので、抜粋しておきます。

「日露戦争のときのことである。戦場のざんごうの上を、すっぱだかの男が、ひと流れの旗をふりかざしながら、狂人のようにおどりまわったものだ。弾丸雨あられと飛ぶその中をである。これには敵も味方もどぎもをぬかれたという、この大胆不敵、けたはずれの男こそ、たれあろう。穏田の行者飯野吉三郎が十死に一生をかけた一世一代、神秘絶妙の晴舞台の姿であったのだ。この非凡の霊行によって明治の朝野、大衆の信仰を一身にあつめた彼の奇妙不可思議な神秘道の数々は、実に息長く、大正を経て昭和初期に至る三代にかけて、その雷名とどろかせているのである」（原文のまま）

二、有馬良橘翁が、色紙などに好んで書かれた言葉の一つは、「赤心報國」といわれていますが、この言葉に通じる「清明」という言葉を座右の銘として大切にされたといわれています。

日記によりますと、昭和五十六年七月二十三日のことです。吉三郎翁の甥に当る飯野益雄氏（当時御年七十七才、愛知県安城市御幸本町に在住）を訪問した折、応接間に通されて最初に目に飛びこんできたのが、墨痕鮮やかな「清明」という文字だったのです。横書の文字の左脇に「飯野益雄兄　有馬良橘」と書かれてあり、良橘翁が明治神宮宮司時代に揮毫されたもので、飯野家の家宝の一つとなっているとのことでした。

ところで、清明といえば、春分の次に来る二十四節気の一つですが、毎年四月五日頃となっています。清明は、清浄明潔の略といわれ、別名桐始華《きりはじめてはなさく》、虹始見《にじはじめてみる》とも称されています。この清明の話については、御主のロゴスにその真義が如実に解き明されていますので、幾節かを記すことにいたします。

「汝ら、大和人《やまとびと》の神典《みふみ》には人間《ひと》の心の様相《さま》をば、清明心《あかきこころ》、又は黒心《くろきこころ》とぞ書き記されてあり、人々はその清明心《あかきこころ》を讃めて、その黒心《くろきこころ》を讃めざりき。汝ら、清明心《あかきこころ》は直日《なほひ》にして黒心《くろきこころ》は禍津日《まがつび》なり。汝ら、人々の清明心《あかきこころ》を好みて黒心《くろきこころ》を好まざるは、恰も暗《くらき》を厭《いと》ひて燈火《ともしび》を点ずるが如し」（十輯五編第六章一―三節）

右のロゴスは、本文執筆期間中の二月十一日、建国記念日（戦前は紀元節と呼称）の早暁に賜ったものですが、別な章にも次のようにのべられています。

「汝ら、此の世が神の心の真実をうつしたる世界の故にこそ、まこと心よりまことの業《わざ》を以てまことを語らひ、まことを習ひ、神ならに清《きよ》く明《あきら》けく生きざるべからざるなれ」（十輯六編第六章二節）

「是ぞ、現在世《うつせみのよ》に生れ来し現身人《うつそみびと》の、古《むかし》より今も伝ふる清明心《まごころ》にして、神と人との不断《たちがた》き永遠《とは》の縁《えにし》の真相《すがた》なり」（十輯十一編二章十七節）

「ああ、汝ら、現象人《うつそびと》の日暮しはその嬰児《みどりご》なるより老人《をいびと》の、その百歳《ももとせ》の齢《よはひ》に及ぶ。言ふも畏きことながら、神ながらなる清明心《あかきこころ》を、咲く花の香ふが如く、現世《うつせみ》の代々に現してゆくべくも、人身《ひと》こそ世には生れたるなれ」（十輯の四編第十三章二十七節）

「清明心《あかきこころ》よ、幣《にぎて》の袱紗《ふくさ》を持《たも》ち、鏡の面《おも》をば夜に日にかけて拭《ぬぐ》ひ磨け。汝ら、夜も日も神火《かみび》を点し、扉を念じて寿詞《よごと》を誦《とな》へよ、清明心《あかきこころ》もて誦へ出づる祝詞《のりとことば》は、奇しき力を振動《ふりゆるが》して、写現《うつ》る因業《カルマ》の隠影《かげ》を伊吹戸《いぶきど》に、科戸《しなど》吹く風の随間《まにま》に祓ひ掃《やら》はん。汝ら、清明心《あかきこころ》に想念《おもひ》を凝らし、一つに祈る寿言《みほぎごと》は奇火《くしび》の力を現さん」（十輯六編第一章八節――十一節）

これらのロゴスに仰せのように、清明という語が、如何に深遠な意味を秘めた言葉であったことか、認識を新にいたした次第ですが、この言葉を座右の銘とされた翁の慧眼には驚くばかりで、まことに敬服の至りであります。

三、かつて良橘翁が宮司として奉職されていた明治神宮について調べていたところ、翌日（二月十五日）の東京新聞二十二面に「装束戦火越え技師の心刻む—九十年前明治神宮完成式で着用」との見出しで、愛知県出身の建築家平林金吾氏のことが掲載されていました。明治天皇ゆかりの品を収蔵する宝物殿の設計管理を担当し、その完成式に装束を着用して臨んだという内容のものですが、この記事に出会ったことで、今年平成二十二年が明治神宮鎮座九十年という記念すべき年に当っていることを知り、当神宮に十二年余の永きに亘り宮司として奉職された良橘翁の御事が、ことのほか感慨深く思い偲ばれたわけであります。

四、良橘翁は、明治二十九年御年三十六才の時に、明治天皇の侍従武官として宮中に奉職されていますが、若い時から天皇を景仰し奉るとともに、日々御製を拝誦して心の糧とされたといわれています。この態度は、終生変らず、とくに昭和六年明治神宮宮司に就任されてからは、極度に高まったといわれています。そして、翁の嗣子有馬　寛と靜子夫妻の間に誕生した三人の愛孫の命名には、明治天皇の御製と照憲皇太后の御歌にちなんで付けられています。

明治天皇の御製から

うつせみの人のまことを万代に　のこすや歌のしらべなるらむ（長女和歌）

あさみどり澄みわたりたる大空の　広きをおのが心ともがな（二女澄子）
照憲皇太后の御歌から
夜ひかる玉も何せむ身をてらす　ふみこそ人の宝なりけれ（三女文子）
後年、翁は三人の愛孫をつれて東郷平八郎元師を訪問、色紙に右の和歌三首を揮毫していただき、それを各自に与えておられます。

なお、御製についての話題がでたことから、この際どうしても書き残しておきたい重要な事柄があります。それは、先に書きましたように、奇しき御神縁によって有馬良橘翁に巡り逢われることになった蔽顔《おとばり》の救主《くじゅ》が誕生された明治四十三年（一九一〇）というその年に御詠された明治天皇と照憲皇太后の和歌のことであります。

今年平成二十二年は、蔽顔の救主御生誕百年の記念すべき年に当っていますが、御生誕の明治四十三年には、明治天皇が四四四首の和歌を御詠されています。今ここに、その中から黙示に満ちた幾首かを謹んで抜粋し、大御心を偲び奉りたいと存じます。

（一）明治四十三年に鶯に因んで詠まれた和歌二首について

七八九三　たのしみのおほきが中にたのしきは　うぐひすのこゑきく日なりけり
七八九四　梅が枝にふりかかりたる雪はれて　かすむ日かげにうぐひすのなく

（註）御製の上の数字は、昭和三十九年十一月三日明治神宮発行の『新輯明治天皇御集』に記載されている番号です。御主は、鶯のことを聖なる歌曲を奏でる籠の鶯とのべられていますが、昭和四十年（一九六五）天暦の御代を開顕された年の始めに次のように二首を詠まれています。

「くれ竹をまつよにかけてなきいづる　初音すがしき鶯の声」
「くれ竹の不しの志らべぞめでたけれ　まつの世をほけるかごのうぐひす」

（二）御主の姓「清水」に関わる黙示の和歌について

明治天皇の御製二首より

七九八二　松かげの岩井のしみづしづかにも　むかふこころぞすずしかりける
八〇〇一　山かげのしみづむすぶと見しゆめは　さめての後もすずしかりけり

更に奇しきことには、同じ明治四十三年に昭憲皇太后陛下が右の御製に呼応されたかのように、次の和歌を詠まれています。

（四三八三）わきいづるわが山かげのま清水は　むすばてみるもすずしかりけり

（註）（　）内の数字は、『新輯昭憲皇太后御集』所載の番号です。天皇・皇后両陛下が、明治四十三

年という時を同じくして「清水」に因む和歌を御詠され、しかも、上の句に「山かげの」、下の句に「すずしかりけり」と同じ言の葉を以て表現されていることに、霊妙不可思議な思いがいたします。

（三）やまとことばに寄せられた黙示豊かな御製について

八二一三　きき しるはいつの世ならむ敷島の　やまとことばのたかきしらべを
八二九六　すなほなるやまとごころをのべよとて　神やひらきし言の葉の道

（註）初めの和歌の大方の意味を繙いてみますと「古より言霊の幸はふ国といわれたわが日の本の国の、やまと言葉の気高くも美しい調べを、この私の耳に伝え聞くのはいつの世のことであろうか」と拝察することができます。「いつの世ならむ」と仰せの如く、その日の到来を熱き想をこめて心待ちにしておられる様子が伝わってまいります。

この二つの御製を拝誦するにつけ、脳裡に浮んでくるのは、御主に啓示された天のロゴスのことであります。とりわけ、『スフィンクスの声』と『歌聖典』は、「やまとことばのたかきしらべを」と御詠せられていますように、人類にとってかけがえのない、やまとことばによる信仰の遺産であります。余談となりますが、この御製に込められた明治天皇の大御心を承けて、この年に「日本言葉の会」が設立されています。これは、やまとことばの伝統を守持し、育成する趣旨を以て、大槻文彦、上田万年、巌谷小波、高崎正風等、当時の国語、文学界の重鎮を中心として設立されたものです。

（四）加賀国から尾張国への黙示を物語る御製について

八三二二　鯱鉾《さちほこ》のかがやくみれば愛知《あゆち》がた　名古屋の城こそちかくなりけれ

（註）『新輯明治天皇御集』の明治四十三年の項の最後一つ前に登載されている御製ですが、尾張国名古屋城のことが詠まれている珍しい一首です。又、『かがやくみれば』の中に、御主ご生誕の地加賀国のことが黙示されており、加賀国から始まり尾張国でむすばれた仕組のことが窺われます。いみじくも、明治天皇に仕えられた有馬良橘翁が、御主に予言の言葉をのべられてから十三年（梅花結実）後の昭和二十三年に、宗教法人令に基づき天祖光教が尾張国に於て開教されることになったのであります。

（五）歌聖典の巻頭に掲げられている御製三首について

四四三五　あさみどりすみ渡りたる大空の　ひろきを己が心ともがな（宝算五十三歳）

七六五四　さしのぼる朝日のごとくさわやかに　もたまほしきはこころなりけり（宝算五十八歳）

四七八五　よものうみみなはらからとおもふよに　などなみ風の立ちさわぐらん

（宝算五十三歳）

（註）歌聖典巻末の年譜によりますと、三首ともテーマが一九二四・八　曲が一九五五・八・二六となっています。テーマの一九二四年は、大正十三年で御年十五才の時で、曲の一九五五年は、昭和三十年で御年四十六才の時です。又、御製の三首が一つの曲としてまとめられ、和声的短音階を以て構成されており、荘重で厳かな旋律《しらべ》となっています。

五、執筆期間中の四月四日のこと、ふと思い立って明治神宮外苑にある聖徳記念絵画館を訪ね、明治天皇と昭憲皇太后両陛下の御事績を描いた壁画を拝観しました。壁画一枚の寸法が、縦三米、横二・七米もある巨大な画面に、一流の画家によって揮毫された八十点が展示してあり、荘厳静寂な雰囲気が漂う館内でしたが、奇しくも、一番最後の八十番の壁画で有馬良橘翁のお姿に出会うことになったのであります。この壁画は、明治天皇の御大葬を主題に和田三造画伯が描かれたもので、葱華輦の前部左脇に供奉する有馬海軍少将のお姿が克明に描写されています。なお、附言しておきますと、全壁画の一つ一つに、奉納者の名前や名称が記録されていますが、この八十番の壁画には、「昭和八年七月明治神宮奉賛会」と記載されており、翁の明治神宮宮司ご就任中に奉納されたものであります。

（天暦四十六年平成二十二年五月十日
蔽顔の救主御生誕百年記念春季とくさまつりの佳き日に　謹書）

本項を書き終わって、ふと、二年前に後輩の不磨司教（本名　平川貴一《よしひと》　昭和十六年生れ　尾張戸神社の鎮座する東谷山麓に居住）から送られてきた曽我部浄身著『大白日光』の記述の黙示が脳裡に浮かんできましたので、紹介させていただきます。

著者の曽我部浄身氏は、兵庫県のご出身で、お名前のように律を重んじ、清浄のお心をもって仏道に献身された方です。仏典を始め和漢両学に造詣深く、福井市大宮三丁目五―二にある関東妙国寺の二十八世を継承され、後に仏立真円宗法王にご就任、昭和五十四年（一九七九）に逝去されています。

不磨司教が同氏の面接に浴し、高説を拝聴の上ご著書をいただいたのは、昭和四十一年（一九六六）の夏とのことです。金沢市長町の宣教所の玄関で打ち水をしていたところ、たまたま通りかかった佐々木という青年が声をかけ、どうか自分の師に会っていただけませんかと懇願、金沢大学附属病院前の師の居宅に案内されたわけです。

さて、ここに同書『大白日光』の本文から、黙示豊かな章節を抜粋させていただきます。

氏は、随所に経典の文章を掲げながら、諄諄と説示しておられますが、詳細は別の機会にゆずり、ここでは要所の一部だけを記すことにいたします。

「法華経には『如来の滅後、後の五百歳』と示されてありますが、涅槃経並に大法皷経には『正法滅せんと欲す余の八十年』と、詳明にその年期を示して居られます。然らばその年期は、何時かと言いますならば、仏が、人間世界に出現されたのが、現代の人間の良識を以て検討されたのは、昭和九年を以て、仏は誕生を示現されてから二千五百年です。仏の御聖寿八十年でありますから、御涅槃に隠れられましたのは、昭和九年を以て、入涅槃後二千四百二十年になります。その故に、法華経に宣説されてあります所の『後の五百歳』とは、仏入涅槃後二千年過ぎた後の五百年です。昭和九年が二千四百二十年になりますから、今日昭和四十年にて、仏入涅槃後二千四百五十一年目であります」

「その昭和九年の時、年二十五歳の男子が現われて、五十余歳に成れば、仏の真実の教法を顕わし説く、その者が、『後五百歳濁悪』の世界を救うべく、仏が勅命を以て遣わす使者である、と法華経の信解品第四、と従地涌出品第十五に、明瞭に説き顕わされてあるのです。

法華経、大法皷経、大般涅槃経、無量義経等の経典の義を綜合せねば、是の意味が顕われないように、仏は是の『二十五歳の男子』を大切に秘して、末法濁悪の世界を救う大導師として勅命されたのです。其の勅命された者でなければ、解き難いように隠して宣説されたのです」（原文のまま）

右の文中に、「昭和九年の時、年二十五歳の男子が現われ、五十余歳に成れば、仏の真実の教法を顕わし説く」とのべられていますが、これまで本書に記述してきましたように、昭和九年といえば、まさに蔽顔《おとばり》の救主《くじゅ》の御年が二十五歳であり、翌年の昭和十年には、明治神宮宮司有馬良橘翁の面接をいただき、花のみのりのむすびの教えのお言葉を賜ったのであります。

又、釈尊入滅後二千四百五十一年が昭和四十年に当っているとのべられていますが、奇しくも昭和四十年は、蔽顔《おとばり》の救主《くじゅ》が御教の完成成就という第三の使命にお立ちになって、「天暦《てんれき》」の御世が開顕された年に当っています。

そして、この昭和四十年には、御年《おんとし》五十六歳に坐し、仏典にいう弥勒下降の五十六億七千万年の数霊の秘義が黙示されていたのであります。

この追記の文章を急いで書き終えてから、神前に祈り、忝くも次のロゴスを賜りました。『大白日光』の文章と併せてご覧いただければ幸いに存じます。

「汝ら、弥勒《みろく》の世は五十六億七千万年、野を過ぎ、山を越え、海を渡り、砂漠を旅して、終《つひ》にその年月《としつき》末法の世の果《はて》に及びて、華《はな》降る浄土の現れ来《きた》れるなり。応《まさ》に然り、汝ら、菩提樹《ぼだいじゅ》の下《もと》に於て成道なしたまへる喬答摩《ゴーダマ》が、この現在世に来《きた》りたまひてより、既に二千有余歳の時は経過《たち》ぬ。ああ、汝ら、真《まこと》に世の年月《としつき》の過ぎゆくことの速《すみやか》なる哉。喬答摩《ゴーダマ》の世に生来して、衆生のために仏道を説きたまひてより、既にその時二千有余歳を経《けみ》して、今人類の世界は、正《まさ》に大禍の兆《きざし》を観るに至れり。そは末法の世の終果にして、その予告の成就《なしとげ》らるる機《とき》の来《きた》れるなり。末日近き世の門《かど》に、衆生救度《しゆじやうきうど》の御旗《みはた》かざして、昧眠《ねむ》れる人性《ひと》の、七識《まよひ》の幻影《ゆめ》を覚寤《よびさま》す、天祖《みおや》の愛の聖願《きよきねがひ》よ。今、難信の秘義解けて、限りある世の限りなき世と、成り出でしそれよりも、尚不可思議のことにして、この恩寵の秘厳《ひごん》こそ、甚深難解《じんしんなんげ》の妙法なれ。奇《くす》しき哉、宇宙秘蔵の妙法、妙なる哉、天帝秘封の黙示」（十輯十二編第五章二――十三節）

今回の執筆に当り、参考にさせていただいた文献は、次の通りです。

宮内庁編『明治天皇記』第一、第三、第九巻（吉川弘文館発行）

『新輯明治天皇御集』上・下（明治神宮発行）

『新輯昭憲皇太后御集』（明治神宮発行）
『大正天皇御製歌集』上・下（宮内省図書寮発行）
『キング』昭和二年十一月号別冊附録「明治大帝」
『明治神宮』（新人物往来社発行）
『聖徳記念絵画館壁画』（明治神宮外苑発行）
佐藤栄祐編『有馬良橘傳』（昭和四十九年有馬良橘傳編纂会発行）
『東郷平八郎小傳』（平成二十年東郷神社発行）
『日本人名大辞典』（二〇〇一年講談社発行）
『コンサイス日本人名事典』（二〇〇四年三省堂発行）
『歴代天皇総覧』（『歴史と旅』臨時増刊秋田書店発行）
米川雄介編著『歴代天皇年号事典』（吉川弘文館発行）
司馬遼太郎著『坂の上の雲』（二〇〇九年文春文庫発行）
『人物でよくわかる坂の上の雲』（二〇〇九年アスペクト発行）
『地図で知る日露戦争』（二〇〇九年武揚堂発行）
左方郁子著『飯野吉三郎』（歴史と旅平成四年四月号）
河鍋魯安著『神秘道』

太田亮編著『姓氏家系大辞典』
『日本史年表』（河出書房新社発行）
小椋一葉著『消された覇王』（河出書房新社発行）
『大辞典』（平凡社発行）

あとがき

これまで、どうしてもこれだけは書き遺しておきたいという切実な思いから、蔽顔《おとばり》の救主《くじゅ》のご幼少に於ける七つの御神示と、特に御神縁の深かった六人の方々について記述してきました。

執筆にあたっては、聖典を始め、種々の参考資料と七十四冊に及ぶ日記帖をもとに、出来るかぎり真実を記述すべく心がけてきましたが、なかなか大変な作業の連続でした。然しながら、書いていくうちに、御神霊のお導きや奇しき黙示の数々をいただき、御陰様にて、ようやく上梓の運びとなり、感謝感激の至りであります。

執筆期間中、常に、あたたかい眼差しをもって激励下さった方々に、心から厚く御礼を申し上げます。

なお、最後に私事にわたり恐縮ですが、この紙面を借りて私自身のことについて、概略を記させていただきます。

私は、昭和十年（一九三五）台湾北東部の風光明媚な田園都市宜蘭に生れました。数えの十一才の時終戦となり、翌年の三月に日本へ引揚げ、一時、父の郷里の千葉県保田で過ごし、その後、母の郷里の石川県大聖寺に移り住みました。

母は、酒造業を営む旧家の出で、すぐ年上に大本の教に熱心な信仰家の姉がいました。この叔母から、直接出口王仁三郎聖師のことをお聞きしたのであります。

当時、宜蘭無縁電信局長をしていた父のもとへ、出口聖師がおしのびで台湾を訪問されることになったので、お迎えをしてほしい、との叔母からの要請があり、父が各地をご案内申し上げながら、電信局の官舎にも宿泊いただいたのであります。時に、出口聖師御年六十五才、父裕亮《ひろあき》四十二才、母育代三十五才、兄泰一郎十二才、姉和代四才で、私は、まだ母の胎内にいるときでした。

叔母の話では、父から届いた書翰の中で、入浴の折聖師の背中を流してさしあげたところ、御身に例のオリオン星座が顕現されていて大いに驚き、合掌したという旨のことが書かれていたとのことです。

このオリオン星座の黙示について、御主は二年後の昭和十二年二月十八日に、「久遠の宇宙を仰ぎ見る」という聖歌を啓示され、その中で次のようにのべられています。

「視よ　オリオンの星かげは

天《あめ》の岸辺《きしべ》に明滅《めいめつ》し
流転の時を知るべして
世の栄枯《えいこ》を物語る」

そして、曲は、みろくの年を象徴する昭和三十六年の十月十九日に啓示されています。ついでながら附言しておきますと、御主が十七才の頃、出口聖師の面接をいただかれた時に、この子は神の申し子だから大切にお護りするようにと、お伴の方にのべられたといわれていますが、ご生母で、髪結いをしておられた桑村すみ夫人が、熱心な大本の教の信徒であられたことから、ご因縁のほどが窺われます。又、桑村家の姓氏のルーツを辿っていきますと、祖神に天火明尊《あめのほあかりのみこと》(御主を活ける宮居として降臨された神の御名)をいただく物部氏族の流れに行きつくことからも、摂理の仕組が感じられます。

ところで、私は、昭和三十五年(一九六〇)に金沢大学法学科を卒業後、すぐに尾張国愛知県で開教された天祖光教の聖地天母里《てんぼり》根本教座に奉職することになりました。この地は、天火明尊を始め、八柱の神を奉祀する延喜式内の古社、東谷山尾張戸神社を東に臨み、田園の広がる景勝の地でしたが、ここで、内侍職としてお仕え申し上げ、十余年にわたり蔽顔《おとばり》の救主《くじゅ》から身近に御指導を賜ったのであります。

そして、昭和四十四年（一九六九）一月十日、御主が御遷座遊ばされると弥勒寿様（本名清水照子　大正十二年のお生れ）が、御教を継承され、教主となられたのであります。

以来、時は移ろい世は変り、御教においても種々様々な事柄がありましたが、昭和六十一年（一九八六）二月四日、立春の日を以て天母里を離れ、旅立ったのであります。この日を決するに当り、御主におたずね申し上げたところ、三度にわたって、次のような、同じ章節のロゴスを賜ったのであります。往時を回想し、ここに謹んで抜粋させていただきます。

其の一

「汝ら、時来《きた》らば此処《ここ》より出《い》でて、世を益し人を益すべし。当《まさ》に時来《きた》りて、遍《あまね》く世界に振り蒔かれたる実証《あかし》の種子《たね》よ、或時は海原を漂ひ、或時は砂漠の砂に埋れ、或時は荒野《ハルマゲドン》の荊《いばら》の繁みに転び、或時は須弥《すみ》の山の雪に閉ざされん。ああ、斯《か》くてこの種子《たね》、世の人より振り返りて見らるることもなく、幾年《いくとせ》の長きを経《へ》なん時もあるべし。さりながら、これらの種子《たね》はうちに含めるところの天降《あも》の秘厳《ひごん》を忘るることなく、天に向ひて萌ゆるの故に、何時《いつ》の日かは天の栄光を地に現して、大いなる散らぬ花を咲かせ、生命《いのち》の実を成ずるものなり」（九輯

六編第六章一―四節）

其の二

「汝らよ、主の栄光は平（たひら）なる地に成就せられん。さらば汝ら、荊棘《いばら》を刈りて、曠野に道を開き、大河に橋を架《か》けて、世を益し人を益すべし。汝ら、世を益し人を益するもの、即ち主の栄光を成就するものなり。そは世を益し人を益することは、即ち天の父より出《い》でたる永久《とこしへ》の生命《いのち》と光明《ひかり》とに充《み》て満る恩寵にかなうればなり」（九輯五編第四章十一―十二節）

其の二の冒頭のロゴスには、「平成」の御代の開顕のことが如実に黙示されています。即ち、このロゴスを賜った凡そ三年後の昭和六十四年に、迪宮裕仁《みちのみやひろひと》天皇が崩御せられ、改元により、「昭和」から「平成」の御代が開顕されたのであります。

そして、この「平成」の御代とは、どのような御世かと申しますと、畏くも、「これ皆、世の低きを高きへ、高きを平にして、凡《すべ》てのものを等しく幸《さいはひ》にせんとての恩寵なり」（九輯六編第四章十八節）と仰せになっておられたのであります。

これらの奇しき事柄は、天母里を辞するに当って、蔽顔《おとばり》の救主《くじゅ》がこの私に、それとなく行く末の真実をお伝え下さったのであります。

いつしか時は流れ、平成の御代も二十二年となりました。

顧みますと、今年二〇一〇年は、蔽顔《おとばり》の救主《くじゅ》の御生誕百年の記念すべき年に当っています。この意義深き年の一月十六日の早朝、感応の赴くままに、横須賀線で逗子の海岸へ直行しました。波打ち際に立って、カメラのファインダー越しに富士の霊峰を眺めていましたところ、どこからともなく二艘の帆掛船が現われ、よくみますと、白帆に22と26の数字が描かれていました（口絵写真参照）。22の数字は、平成二十二年のことを象徴していますが、歌聖典の天降の聖歌二二番に、

「よろづのみ文に　ささやかれたる
高天原《たかまのはら》の　とびらぞひらく
ときこそ来《き》つれ　天《あめ》が下には」

と黙示豊かに歌われています。

一方、26の数字については、本書の「蔽顔《おとばり》の救主《くじゅ》の御神縁の人々　其の六」に書いてありますように、御主が御年二十六才の砌《みぎり》、海軍大将有馬良橘明治神宮宮司に巡り逢われたことの黙示を表わしています。そして、同じく歌聖典の天降の聖歌二六番には、

「ああ太陽の　光調《みひかり》に
生きたる幸《さち》を　感謝せん
千萬《ちよろづ》の父　太陽よ
生きたる幸《さち》を　感謝せん」

と厳かに太陽の黙示が歌われています。

逗子のこの地は、石原慎太郎、裕次郎ご兄弟のゆかりの地といわれていますが、奇しくもその浜辺に、岡本太郎画伯の太陽の塔の彫像と、「太陽の季節　ここに始まる」という、石原慎太郎東京都知事の揮毫による記念碑が建立されています。

太陽といえば、御主に降臨された天火明尊《あめのほあかりのみこと》（鐃速日尊《にぎはやひのみこと》）は、太陽神としての御神格を持たれた御方であり、遠き古、大和国（奈良県）において我が国を「ひのもと」と命名された、いやちこな神に坐す御方であります。

出口聖師は、この御方のことを日之出大神と称しておられたといわれていますが、いよいよこの御方によって、平成の御代に岩戸開きが行われるという、その時期《ときじく》を迎えることになったのであります。

私も、既に古稀を過ぎ、やがて喜寿を迎えて老境の人となっていくわけでありますが、高令化の現象が極度に進む今日からみれば、未《いま》だ若令の身といえます。

これからのちも、蔽顔《おとばり》の救主《くじゅ》に啓示された天のロゴスを齢《よわい》の杖となして、日々精進怠りなく、世のため人のために尽してまいりたいと存じます。

本書の執筆に際し、天祖光教聖典普及会発行の図書から多くを引用させていただきました。ここに、深く感謝の意を表します。

「いづれも皆貴《たふと》かりき、徒《あだ》なるは一つだになかりき。そは今し世の真実を悟り知るべきのえにしにてありたればなり」

このみことばは、昭和十七年、蔽顔《おとばり》の救主《くじゅ》が、尾張戸神社の御神霊に観じていただかれた「諸天の結願と讃美の寿詞」の一節であります。神が蔽顔《おとばり》の救主《くじゅ》のご生涯を嘉し給われてのべられたものではありますが、人類すべての人々に贈られた大慈のメッセージでもあります。

天暦四十六年平成二十二年九月十日　点燈祭の佳き日に

藍寿《らんじゅ》こと吉田演男《のぶを》

この書を謹んで睦聖者様、光子聖女様並びに一品斎寿、斎女真祷寿　そして高光真道弥知日子命、高光真道育堂日女命の御霊に捧げます

追記

本書の原稿を書き終えてから、御色紙を始め、表紙と口絵の写真を添えて出版社にお渡ししたのが、昨年の十一月二十五日でした。

刊行までに四、五ヶ月を要するとのことで、年が明けて、校正刷が出来上るのを待っていましたところ、三月十一日に、突如宮城県の牡鹿半島沖を震源とする巨大地震が発生したのであります。

地震の規模を示すマグニチュードが、九・〇という国内観測史上類例をみない最大の地震により、列島の広範囲に渡って痛ましい被害を蒙ったのであります。特に、太平洋沿岸の都市や集落、漁港、原子力発電所など、激震と津波によって壊滅的な被害を受け、多くの尊い人命が失われたのであります。

このたびの東日本大震災で亡くなられた方々の御霊のご平安をお祈り申し上げますとともに、あの厳しい寒気のさ中に被災された多くの方々のご苦難を思い、心から御見舞申し上げます。

生きる希望の光をみつめながら、互いに助け合ってこの悲しみを乗り越え、一日も早く復興への

道が開かれんことを祈念してやみません。

むすびにあたり、蔽顔《おとばり》の救主《くじゅ》に啓示された天降《あも》の聖歌の中から、二四一番『みひかりの主よともにまして』、一二三五番『かよわけれど汝《なれ》は強し』、一四〇番『霞深き山路に』の三曲を掲げ、震災への祈りの言葉とさせていただきます。折に触れて讃唱いただけましたら、幸いに存じます。

日日点燈福寿無量《にちにちてんとうふくじゅむりょう》　天降《あも》の救世寿《くせじゅ》

平成二十三年四月五日　清明の日に

235　かよわけれど汝《なれ》は強《つよ》し

一、あはれやさし野辺《のべ》の花《はな》よ
春《はる》も過《す》ぎて真《ま》夏来《なつきた》り
大地《だいち》燃《も》ゆる日盛《ひざかり》にも
萎《な》へてしぼむ暑《あつ》き日《ひ》にも
耐《た》へて忍《しの》ぶ　野辺《のべ》の花《はな》よ

二、あはれやさし野辺《のべ》の花《はな》よ
秋《あき》も暮《く》れて野山《のやま》黙《もだ》し
冬《ふゆ》となりて水《みづ》も凍《こほ》り
木枯《こがらし》吹《ふ》く冬《ふゆ》の夜《よ》にも
耐《た》へて忍《しの》ぶ　野辺《のべ》の花《はな》よ

三、あはれやさし野辺《のべ》の花《はな》よ
神《かみ》も汝《なれ》を愛《め》で給《たま》ひて
天《あま》つしらべ聞《き》かせ給《たま》ひ
永遠《とは》の幸《さち》をめぐみ給《たま》はん
永遠《とは》の幸《さち》をめぐみ給《たま》はん

四、あはれやさし野辺《のべ》の花《はな》よ
かよわけれど　汝《なれ》は強《つよ》し
夏《なつ》の日《ひ》にも　冬《ふゆ》の夜《よる》も
朽《く》ちぬ花《はな》のその生命《いのち》よ
朽《く》ちぬ花《はな》のその生命《いのち》よ

なへてしぼむ、あつーき日にも、
こがらし吹く、ふゆーの夜にも、
とはのさちを、めぐーみたまはん、
くちぬはなの、そのーいのちよ、
(日夜たの ににまち も、も、はん、よ、)
たへてしのーぶ、野辺のはーなーよ。
たへてしのーぶ、のべのはーなーよ。
とはのさちーを、めぐみたーまーはん。
くちぬはなーの、そのいのーちーよ。

235

かよわけれど汝《なれ》は強《つよ》し

241

みひかりの主《しゅ》よともにまして

一、星《ほし》もかそけき暗《くら》き道《みち》を
我《われ》　唯《ただ》ひとり歩《あゆ》みて行《ゆ》く
みひかりの主《しゅ》よ　共《とも》に在《ま》して
我《わ》が行《ゆ》く道《みち》を照《てら》し給《たま》へ

二、我《わ》が行《ゆ》く方《かた》は　いと遙《はる》けく
なやみの谷《たに》はよこたはりぬ
みひかりの主《しゅ》よ　共《とも》に在《ま》して
かよわき我《われ》を守《まも》り給《たま》へ

三、浮世《うきよ》の夜《よる》の闇《やみ》は深《ふか》く
行方《ゆくへ》も知《し》れず　我《われ》さ迷《まよ》ふ
みひかりの主《しゅ》よ　共《とも》に在《ま》して
我《わ》が行《ゆ》く道《みち》を示《しめ》し給《たま》へ

四、我《わ》が践《ふ》む道《みち》は　いと険《けは》しく
苦難《くなん》の峰《みね》はそそり立《た》てり
みひかりの主《しゅ》よ　共《とも》に在《ま》して
かよわき我《われ》を助《たす》け給《たま》へ

241

みひかりの主よ、ともにまして

かよわきわれを、まもりたまへ。
わがゆくみちを、しめしたまへ。
かよわきわれを、たすけたまへ。

ゐをかぎりに、ひとをよべど、た
なとをさして、こぎゆくにも、み
れーかーこたへん、ふーかきやまぢ、か
ちーのーしるべや、いーまはあらじ、ひ
へすこゐは、ただやまびこ、あー
びくものは、ただしほのね、
あーわが主よ、われをーまもりて、ちー
はー
ちのみもとに、みちびきたまへ。
はのみなとに、みちびきたまへ。

140

霞《かすみ》深《ふか》き山路《やまぢ》に

140

霞《かすみ》深《ふか》き山路《やまぢ》に

一、霞《かすみ》深《ふか》き山路《やまぢ》に　迷《まよ》ひ入《い》りし旅人《たびびと》
行手《ゆくて》知《し》れず　帰《かへ》る道《みち》も
今《いま》は絶《た》えて　見《み》えずなれば
声《こゑ》を限《かぎ》りに　人《ひと》を呼《よ》べど
誰《たれ》かこたへん　深《ふか》き山路《やまぢ》
かへす声《こゑ》は　たゞ山彦《やまびこ》
あゝ我《わ》が主《しゅ》よ　我《われ》を守《まち》りて
父《ちち》の御座《みもと》に　導《みちび》きたまへ

二、狭霧《さぎりふか》深き海路《わだち》に　小舟《をぶねこ》漕げる舟人《ふなびと》
行手《ゆくて》わかず　漂《たたよ》へども
すべはあらじ　遠《とほ》き舟路《ふなぢ》
港《みなと》をさして　漕《こ》ぎゆくにも
道《みち》のしるべや　今《いま》はあらじ
ひゞくものはたゞ潮《しほ》の音《ね》
あゝ我《わ》が主《しゅ》よ　我《われ》を守《まも》りて
母《はは》の御国《みなと》に　導《みちび》きたまへ

あまつさかえ　とこはに

2011年8月15日　初版発行

著　　　者　吉田《よしだ》　演男《のぶを》

発　行　者　高橋　秀和
発　行　所　今日《こんにち》の話題社《わだいしゃ》
東京都港区白金台3-18-1　八百吉ビル4F
TEL 03-3442-9205　FAX 03-3444-9439

印刷・製本　佐藤美術印刷所

ISBN978-4-87565-603-6　C00114